U0591313

本书系国家社科基金西部项目"构建农村留守儿童、妇女、老年人关爱服务体系研究"（项目批准号：14XRK002）的中期成果之一

西南大学教育学部
现代教育文库

农村"三留守"教育
救助问题研究

夏海鹰 著

人民出版社

图书在版编目（CIP）数据

农村"三留守"教育救助问题研究 / 夏海鹰 著.—北京：人民出版社，2018

ISBN 978-7-01-019042-6

Ⅰ．①农… Ⅱ．①夏… Ⅲ．①乡村教育－研究－中国 Ⅳ．①G725

中国版本图书馆CIP数据核字(2018)第045281号

农村"三留守"教育救助问题研究
NONGCUN SANLIUSHOU JIAOYU JIUZHU WENTI YANJIU

著　　者：夏海鹰
责任编辑：阮宏波　韩　悦
出版发行：人民出版社
地　　址：北京市东城区隆福寺街99号
邮政编码：100706
印　　刷：廊坊市海涛印刷有限公司
版　　次：2018年6月　第1版
印　　次：2018年6月　河北第1次印刷
开　　本：710毫米×1000毫米　1/16
印　　张：20
字　　数：260千字
书　　号：ISBN 978-7-01-019042-6
定　　价：58.00元
销售中心：(010) 65250042 65289539

版权所有　侵权必究

目　　录

序

27747 万农民工[①]对我国现代化建设作出了重大贡献，也造成了 6000 万儿童、5000 万妇女，5000 万老人留守。"三留守"作为一种社会问题，不仅困扰着农民工家庭，也是全面建成小康社会的短板。习近平总书记明确提出要重视农村"三留守"问题，近几年的中央一号文件都把"建立健全农村留守儿童和妇女、老人关爱服务体系"放在显著位置。《中共中央、国务院关于打赢脱贫攻坚战的决定》则把"健全留守儿童、留守妇女、留守老人和残疾人关爱服务体系"作为扶贫攻坚的重要任务，具体提出了"对农村'三留守'人员和残疾人进行全面摸底排查，建立详实完备、动态更新的信息管理系统"，"建立家庭、学校、基层组织、政府和社会力量相衔接的留守儿童关爱服务网络"的救助措施。"三留守"问题已经进入顶层决策的视野，受到党中央和国务院的关注。"三留守"关爱体系正在逐步建立，并且不断完善；各级政府围绕"三留守"关爱做了大量的工作，积累了宝贵的经验。

"三留守"作为关爱对象研究取得了突破性的进展，但作为关爱主题的教育救助却显得十分薄弱，除了留守儿童的教育救助引起各方面广泛关注外，留守妇女、老人则基本被教育救助遗忘。究其原因，可能与留守儿童天然就该受教育，而学校是教育救助的主体，在原来的政策框

---

① 国家统计局《2015 年农民工监测调查报告》，国家统计局网站，2016 年 04 月 28 日。

架中对留守儿童作特别关照也顺理成章有关。留守妇女、老人被公认已经过了学校教育年龄，又地处边远农村、居住分散、要求多元，教育救助既无机构依托，又无经费保障，顺其自然成了惯性选择。在终身学习、教育扶贫双重理念的驱动下，留守妇女、老人教育救助已经成为不可回避的时代要求。

"扶贫必扶智"，[①]"输血关爱"不及"造血关爱"。激发"三留守"的内生动力，不断增强造血功能和自我发展能力；实现"人人有学上、个个有技能、家家有希望"的教育救助已经提上议事日程。夏海鹰教授的《"三留守"教育救助研究》一书系统地回顾了我国"三留守"的产生及其历史发展，总结了"三留守"教育救助的实践经验，构建了以组织、制度、机制为核心的留守儿童、妇女、老人教育救助体系，提出了实施的组织、程序、监督三大保障系统；特别是提出助推理论研究成果转化为政策，借助模糊评价模式评估教育救助实施绩效很有创意。

"三留守"教育救助是一个新课题，只有永不自满、永不懈怠，不断地在实践中探索、创新，才能提出真知灼见，为国家决策提供有价值的参考，愿与作者共勉！

黄百炼

2017 年 4 月 26 日

---

① 《"平语"近人——习近平的扶贫思考》，新华网，2016 年 07 月 21 日。

第一章　导论

第一章　引言

改革开放以来，全国 27747 万农民工活跃在各条战线上，[①] 为我国经济的腾飞插上助推的翅膀。农民工为我国经济建设做出的卓越贡献，有目共睹，但"截至到 2015 年 1 月，全国有 6000 万留守儿童、5000 万留守老人和 4700 万留守妇女"[②] 又成为不争的事实；虽然 2016 年 11 月由于统计口径、时效的变化，留守儿童下降到 902 万，[③] 但留守老人、留守妇女变化不大，况且留守儿童在农村儿童中占的比重也不小。"三留守"不仅困扰着农民工个体，也对全面建成小康社会增加了阻力。农村"三留守"问题已经进入党和国家领导人视野；"健全农村留守儿童、妇女、老年人关爱服务体系"已经进入顶层决策系统。研究农村"三留守"的现状，揭示其生存发展困境，建立关爱系统，对于推进社会主义新农村建设、全面建成小康社会、实现中华民族伟大复兴中国梦，都有着极其重要的现实意义和极其深远的历史意义。

"三留守"作为一种社会现象，在我国源远流长，但作为特定含义的社会学范畴，却是改革开放以来才出现的。研究"三留守"范畴的历史演变、揭示发展的轨迹、探索教育救助提出的社会历史背景是"三留守"教育救助研究历史和逻辑的起点。

---

① 国家统计局：《2015 年农民工监测调查报告》，2016 年 4 月 28 日，见 http://news.xinhuanet.com/politics/2015 – 09/15/c_ 128228797. htm.

② 新华网：《甘肃农村"留守"群体受帮扶：老人知血压 儿童渐活泼》，2015 年 9 月 15 日，见 http://news.xinhuanet.com/politics/2015 – 09/15/c_ 128228797. htm.

③ 新华网：《我国农村留守儿童数量刷新为 902 万人》，2016 年 11 月 14 日，见 http://news.xinhuanet.com/gongyi/2016 – 11/14/c_ 129362952. htm.

第一节　"三留守"的历史演变及教育救助提出的背景

一、"三留守"的历史演变

（一）"三留守"的内涵

"留守"是居留下来看管、维护原址，使原生活居住条件不发生本质改变的活动总称。"留守"分四种形态：坟墓留守、故居留守、守备留守、机关留守等。留守的原因是组织或家庭因发展而必须分离成至少两处：一是原居住或发展的处所；二是新开发或准备发展的处所。前者留下的人员成为留守人员，所从事的主要事业是对原处所进行看管和维护；后者重新开拓处所而成为开发人员，所从事的主要事业是经营发展新处所。

"三留守"是改革开放以后新产生、具有中国特色的概念，特指农村劳动力、特别是男性劳动力转移到就近城镇或外地打工后，父母、妻子、未成年儿女留在原地继续守家、护家，种承包地的人群。子女外出务工持续3个月以上，留在原户籍所在地60周岁以上的父母称"留守老人"；丈夫外出务工6个月以上，留在原户籍所在地60周岁以下的妻子称"留守妇女"；父母双双连续外出打工3个月以上，留在原户籍所在地16岁以下的未成年子女称"留守儿童"。① 留守老人、妇女、儿童合并简称为"三留守"。

（二）"三留守"的事实演变

"三留守"作为事实，已经有两千多年历史。在秦统一以前，中国属于农耕社会，农民不离开土地，除非遇到苛政、战乱、灾荒等迁徙离开外，全家围绕土地居住是唯一选择。徭役主要在诸侯国内，距离很近。天子、诸侯都不设常备军，战争来了，国内的农民就成了军人，开

---

① 　参见《国务院关于加强农村留守儿童关爱保护工作的意见》，2016年2月14日，见 http://news. xinhuanet. com/politics/2016 – 02/14/c_ 128717518. htm.

赴前线打仗；战争一结束，农民还是农民，又回家种田。所以，这时没有"三留守"这种现象。

秦始皇统一六国后，国家制度发生了根本性变化：一是国土范围扩大，徭役在三个月以上的常有；二是有专门的军队，军队常要打仗，与家人团聚的机会少了。徭役和兵役都是男丁，男丁离开后，父母、妻子、儿女留在原籍，从事原来的营生，这样"三留守"就产生了。据史书记载和民间流传，秦始皇统一六国后，修万里长城的民工就有三十多万，历时十五年；开发五岭的戍卒达五十万；触犯秦律的犯人，"赭衣塞路"。① 男丁或戍边，或修万里长城，或服兵役离家半年以上，必然造成妻、子、父母在原籍留守，虽然没有数据记载，也与现代的"三留守"有本质区别，但"留守"却是客观事实。孟姜女哭长城虽然是民间传说，却反映了战乱徭役造成妇女留守的现实状况。

秦以后，我国巨大的工程建设和战争都会形成"三留守"事实：隋炀帝修大运河、宋徽宗运花石纲、明成祖重修万里长城是最典型的工程建设造成"三留守"的事实；汉武帝征匈奴，隋炀帝征高丽，唐太宗东征西讨，成吉思汗远征俄罗斯金宋，清雍正征准噶尔是最典型的战争造成"三留守"的事实。封建帝王哪一个不为彰显文治武功或一己之私利征调成千上万的男丁服徭役打仗，哪一个盛世王朝不是建立在数以万计"三留守"的斑斑血泪基础上的。"三留守"在中国古代虽然没有这一名词，但却是客观存在的事实。杜甫的《新安吏》《石壕吏》《潼关吏》《新婚别》《无家别》《垂老别》是战争征集男丁而造成妇女、老人留守的真实写照。杜诗中虽然没有父亲被征用、儿童留守的记载，但男丁被征用造成未成年子女留守应该是无可争辩的事实。隋唐开科取士，进京赶考的仕子家属也加入了留守行列，只不过留守面小、量少而已。优秀传统剧《琵琶记》中的赵五娘、《铡美案》中的秦香莲都

---

① 班固：《汉书·刑法志》，中华书局 1999 年版，第 929 页。

是科举制度下戏剧化的"留守妇女"代表。民国年间，军阀混战，常备军队超过 1000 万；仅解放战争时，国民党的常备军就有 800 万，抓壮丁前后持续十年。这种规模的常备军不知要造成多少老人、妇女、儿童留守。

留守作为一种社会现象，虽然不同时期有不同特点和原因，但却伴随我国几千年来的社会发展，成为社会生活的组成部分。

（三）"三留守"的范畴演变

与"三留守"出现的事实紧密相联，"留守"一词在我国古代出现很早，最早见《汉书》。《汉书·淮阳宪王刘钦传》："博上书愿留守坟墓，独不徙"；《汉书·张良传》："沛公乃令韩王成留守阳翟"。这时"留守"的内涵比较简单，就是留居看守。后来，演变为守备或故居留守：《宋书·武帝纪上》："五月，至下邳，留船，步军进琅邪，所过筑城留守"，这里的留守就是指留下守备；清代吴骞《扶风传信录》："仲仙北征，伯叔留守故居"，这里的留守是指故居留守。近现代演变成为留驻守备：郁达夫《出奔》关于"（董玉林）向立在岸上送他们出发、替他们留守的长工，嘱咐了许多催款、索利、收取花息的琐事"的记载；部队、机关、企业离开时在原驻地设立留守处，担任守卫、联系等工作，这里的留守就是留驻守备。不管哪种情况，"留守"从词源上看，在汉代就有记载；从内涵上看，具有留下守备的涵义。"留守"是一个关系范畴，涵义中内在地包括了离开和留下的相关性，如果没有离开，就没有留守。在这里，"三留守"没有明确的提出，因而中国古代未形成特定的"三留守"范畴，这时只有"留守"的范畴。

新中国成立后，虽然也有兵役、招工等造成夫妇两地分居，农村也出现了军、工、干"三属"，但规模不大，而且国家每年安排了探亲假，让一家团聚；人民公社、生产大队、生产队还有义务照顾"三属"，虽然有留守的意思，但既不是古代的留守，又不是现代意义上的留守，也没有形成"三留守"的概念。

古代"三留守"是封建皇帝为了满足自己的一己之私欲,强征男丁服役打仗而造成的,男丁服役打仗无自己的直接利益,因而并不心甘情愿。"三留守"既无补贴,又无救助手段,从某种意义上说,"留守还成了封建社会改朝换代的原因之一,隋炀帝修大运河和征高丽造成大量留守人员,使成千上万家庭长期分离,最后造成隋王朝的灭亡,唐王朝的兴起。"

"三留守"的范畴明确提出是21世纪前后,改革开放特别是城镇化进程提速,我国经济发展需要大量的劳动力,而农村实行责任承包后,又出现大量剩余劳动力。城市建设需要劳动力,农村积压大量剩余劳动力,供需结合就是农民进城务工,一时间近3亿的农民工活跃在经济建设的各条战线上。农民工男女比例2:1,如果夫妻双双一起打工,再带上孩子,最多剩下留守老人;如果男丁单独外出打工必然形成父母、妻子、未成年子女留守原籍的"三留守"。"三留守"作为一种社会现象,已经成为经济社会生活中不可回避的事实,这样"三留守"的范畴应运而生。

古代的"三留守"与当代的"三留守"有本质的不同:古代的"三留守"是由封建国家穷兵黩武、强征徭役造成的,而当代的"三留守"则是农民以打工增加收入、提高生活质量造成的,既是自愿的,又是家属支持的。只不过,"三留守"作为弱势群体需要社会关注而已。党和国家出台了建立留守老人、妇女、儿童的关爱体系的政策措施,既保证了"三留守"的社会救助,又进一步将农村民生保障和改善工作落地见实效。

二、"三留守"教育救助提出的背景

"三留守"是我国改革开放以来积极壮大的新型社会群体,这个群体出现的直接原因是青壮年男劳动力输出。"三留守"教育救助就是在留守人员急剧膨胀、留守关爱体系建立、留守救助方式创新的背景下提出的。

(一)留守人员急剧膨胀

1979年，农村家庭联产责任承包拉开了以经济建设为中心的改革开放序幕。1984年，《中共中央关于经济体制改革的决定》把以企业放权为核心的城市经济体制改革推向了第一线。资本和劳动力是资本主义经济腾飞的两大支点，这一理论对我国经济体制改革有重大的启迪——城市经济发展必然要求大批劳动力进入二三产业；农村责任承包后，节约了劳动力——富余劳动力成为农村的一大特色——劳动力转移被提上议事日程。计划经济条件下，劳动力转移是通过招工计划实现的，户口、粮食关系、岗位与劳动力一起转移。市场经济条件下，除户口外，粮食关系取消，岗位由固定变更为临时——正式工大量减少，连国有企业的正式工也变成了合同制工人——临时工、合同工成为主要用工形式。同时，由于工农业产品价格的剪刀差，造成农民种地受益远远低于打工受益，成千上万的农民奔赴城市，进入二三产业打工。百万川军南征北战成为打工洪流中的一道风景线，全国民工潮汹涌澎湃，很多区县打工收入成为农民增收的主渠道。2.77亿民工造成了1.57亿[1]留守人员。留守老人几乎丧失了劳动力，留守儿童除了吃饭还要读书学习，留守妇女上有老下有小中间丈夫又不在。正是这支庞大的"三留守"队伍构成了农村特殊的弱势群体，帮助他们保护自己、发展自己是社会全面发展的要求；而帮助他们最好的方式是提高素质、实施自救——教育救助成为首选。只有通过教育救助，提高老人、妇女、儿童的自救能力，才能真正解决农村1.57亿留守人员的生存和发展问题，也才能最后在农村全面建成小康社会。党和国家提出了建立老人、妇女、儿童的关爱服务体系，号召全党和全国人民关爱"三留守"人员。

---

[1] 新华网：《甘肃农村"留守"群体受帮扶：老人知血压 儿童渐活泼》，2015年9月15日，见 http://news.xinhuanet.com/politics/2015-09/15/c_128228797.htm.

(二) 留守人员三大困境凸显

1.57 亿留守人员面临生活、心理、发展三大困境，成为农村的弱势群体，社会关爱救助刻不容缓。

生活困境凸显——留守人员大多数没有自己的收入，主要靠外面打工者寄钱养家糊口。据调查，外出农村劳动力 299 万，[①] 留守的老人、妇女、儿童 300 余万，靠做一点承包地、就近搞一点家政、养点家禽家畜、卖点菜维持家用，主要生活来源由外出务工者汇回。20 世纪 90 年代中期有人统计，开县、云阳等打工大县从邮局汇回的钱款超过了县财政。由于留守人员本身劳动力不强——老人 60 岁以上最多做点承包地，很难自己养活自己；妇女虽然可以打工，但当地经济不发展，岗位又少，重体力活又无法干，还要照顾老人和孩子，因此，也只能做点承包地，养点家禽家畜，维持日常零花；儿童更是嗷嗷待哺——张嘴吃饭、冷了添衣，好在现在义务教育期间不交学费。老人、妇女、儿童都无法通过自己的劳动来维持自己的生活，成为弱势群体是必然。而外出务工者本身要能挣钱，其次还能按时寄钱，才能让留守的老人、妻儿生活有着落，否则留守人员不仅不能过上丰衣足食的生活，还有可能日愁三餐，夜愁一宿。这种生活困境一直影响着留守人员的生活质量，迫切需要家人和社会关爱，特别需要提高自身素质，以实现生产自救。

心理困境凸显——三留守人员一个最大的特征是家庭残缺，尽管具有暂时性，但对老人、妇女、儿童都会形成巨大的影响。老人按规律一年比一年老，寿终正寝是最好的归宿。老年心理问题主要表现在孤独寂寞，挂牵在外打工的儿女，有时吃不下饭睡不着觉，有老伴的还好一点，鳏寡老人显得特别孤独，连说话的人都没有。调查中发现老人最希望的是儿孙满堂，都在身边，最怕的是孤独，是否有人照顾还在其次。孤独心理一直是留守老人的大敌。留守妇女虽然有守望家庭的责任，但

---

① 徐江等：《库区劳动力转移的途径及保障措施》，《中共重庆市市委二届九次全委会重点课题调研报告专集》，2006 年 6 月。

丈夫长期不在身边，家庭压力、孤独、性爱等心理问题随时困扰着妇女的身心健康，抑郁自杀的现象时有发生。据调查留守妇女76%左右都有不同的心理问题，心理压力大是留守妇女普遍面临的问题。留守儿童也渴望有一个完整的家庭，有的是爸爸或妈妈一人外出打工，有的则是父母都在外打工，与爷爷奶奶姥姥姥爷住在一起，还有的就干脆与父母的亲戚或朋友住在一起。根据国外儿童心理学研究，儿童最好与父母住在一起，由父母关爱教育，否则对童年心理健康不利的影响将成为一生发展的阴影。据调查，留守儿童一般缺乏安全感，还有些具有自闭、性格孤僻等异常心理，这种状况将影响到儿童成年发展。正是"三留守"心理困境凸显，要求家人和社会关爱，实施心理健康教育救助以恢复其身心健康。

发展困境凸显——三留守作为弱势群体，本来发展空间就狭窄，并且越留守越窄。具体说，老人一般不谈发展。有人曾经说过"青年面对未来，老人总是回忆过去"，主张老人不再发展，这个说法有弊端，其实老人也需要发展。发展一需要空间，二需要时间。老人发展的时间越来越短是事实，但发展的空间却越来越大，特别是互联网进入人类生活，"秀才不出门，能知天下事"成为现实。城市的老人可上老年大学、上网、跳坝坝舞、在老年活动中心交流、谈黄昏恋、参与"老有所为"的夕阳红工程。农村则无此条件，特别是留守老人，大多数在偏僻的山村，成天"面朝黄土背朝天"，做点包产地，既没有发展空间，又没有发展平台。据调查，有相当一部分留守老人认为是在家"混时间"、"等死"、"寿终正寝不知是几辈子修来的福气"。老有所为成虚话，困扰着留守老人的发展。留守妇女主要是中青年，本来有很大的发展空间，但由于丈夫外出打工，要留下来照顾老人和小孩，因此失去了继续提高学历、参与技术培训、选择就业、参与社会工作、提高知名度等机会；农村的机会也几乎全部丧失——农村培养妇女干部，一般很少选择留守妇女。留守妇女发展的空间越来越窄，导致她们人生的道路也越走越窄，每天围绕老人、孩子转，不知不觉红颜老，最后还有失掉家庭的风险。儿童是祖国的未来，民族的希望。儿童的发展虽然强调德智体，但身体、学习却是发展的主体。留守儿童由于父母不在身边，身心健康发展就必然受限。身体发展基本是顺其自然，吃的是粗茶淡饭，不像城里的孩子面包、牛奶、水果为主，因而身体发展受食品限制较大。心理发展前面已经讲到，不赘述。学习是儿童完善自身发展自身的基本手段。留守地的学校大多教育资源欠佳，几乎没有县及其以上的重点中学；教学硬件设施跟不上，各种辅导班要收费，而辅导质量、水平也一般，因而在起跑线上就输了一大截。音乐、体育、美术等教学水平差，未能为留守儿童提供音体美的拓展训练。正是这种教育状况制约了留守儿童的发展，直接导致留守儿童升学率低，特别是升入好学校的比例低。没有受到良好的教育、提高素质，必然影响后天的就业和发展。

"三留守"发展受限是与城市相比较，正是留守老人、妇女、儿童健康发展受到很大的限制，才必然要求通过一定的手段和措施实施"老有所养、妇有所归、童有所教"的救助。

（三）扶贫攻坚聚焦

党的十八大强调：在中国共产党成立一百年时全面建成小康社会，在新中国成立一百年时建成富强民主文明和谐的社会主义现代化国家。[1] 全面建成小康社会要完成 7000 万贫困人口的脱贫致富，任务十分艰巨。贫困人口集中在西部十一省（市、区），而十四个连片特困区的主要生计就是外出打工。据统计，全国 27747[2] 万农民工中约 21000 万人集中在西部，造成 1.57 亿 "三留守" 人员。扶贫攻坚主要在连片特

---

[1]　胡锦涛：《坚定不移沿着中国特色社会主义道路前进　为全面建成小康社会而奋斗》，2012 年 11 月 19 日，见 http://www. xj. xinhuanet. com/2012 – 11/19/c_113722546_ 3. htm.

[2]　国家统计局：《2015 年全国农民工总量 27747 万人》，见 http://www. ce. cn/xwzx/ gnsz/ gdxw/201602/29/t20160229_ 9167452. shtml.

困区，落实到具体农户又集中在务工人群，而务工人群中"三留守"又是扶贫的主要对象。要在 2021 年实现贫困人口完全脱贫，重点在提高"三留守"的收入水平和生活质量。"输血扶贫"在过去三十年中收到了显著成效，但造血功能不足导致脱贫又返贫的现象不断发生。提升贫困人口造血功能必然要求国家在输血的同时实施造血工程，既"输血"又"造血"。因此"扶贫必扶智"，扶智必然要求对"三留守"实施教育救助。通过教育救助使留守老人提升自身素质，懂得自我保护、自我救助、自我调适，参加简单的谋生技能培训，力所能及地增加收入；使留守妇女运用法律武器保护自己，提高种养殖、家政等方面的技能，力争解决自己的生存问题；使留守儿童"接受良好教育……阻断贫困代际传递"。[①] 正是扶贫攻坚聚焦在既"输血"又"造血"，"三留守"教育救助才成为精准扶贫的首要任务。

（四）关爱体系构建落地

留守老人、妇女、儿童成为农村的弱势群体，党中央国务院多次提出建立关爱体系，但多年来口头讲得多，会上喊得多，学者写的文章多，落地生根少。据调查，好一点的村社和社区，鳏寡孤独进幸福院（福利院）由村社出一部分资金，国家补助一部分资金，以救助这一群体；留守老人除了自己子女和亲属外几乎没有人关注。子女外出打工，留守老人自做自吃用，平时几乎无人管；最好的社区或村社在留守老人生病时还代表组织去看望问候，这种社区所占比重低。留守妇女一般比较年轻，自我生存能力较强，丈夫不汇款也能靠劳动力生活。留守妇女主要涉及权利的自我维护、利益的自我争取、义务的自我奉献等问题。教育救助也是留守妇女关爱的盲点。留守儿童，虽然条件好一点的社区或村社建立了学习社区，开展课余辅导，但大多数社区没有这种机构，

---

① 新华社：《习近平给"国培计划（2014）"北京师范大学贵州研修班参训教师回信》，2015 年 9 月 9 日，见 http://www. wenmin. cn/specials/zxdj/xjp/zyjh/201509/t20150909_ 2847183_ 1. shtml.

有的儿童还时常吃不饱穿不暖，有些地区儿童被拐卖现象突出。

在这里要特别指出的是"三留守"中留守儿童关爱体系建立尤为重要。据调查留守儿童中有一个分支叫流浪儿童，流浪儿童由三个部分组成：一是父母打工地点变迁，儿童跟随父母变迁出现从一个地点流浪到另一个地点；二是留守儿童被拐卖到人贩子手中，人贩子将其略加训练，流落街头表演节目，吃饭混日子；三是留守儿童从家里跑出，沦为乞丐，然后被别有用心的成人组织起来要饭要钱，这一类被称之为新时代的"丐帮"。流浪儿童与留守儿童有区别，但多是由于父母外出务工造成留守或流浪。留守儿童是留在原籍，流浪儿童则是离开父母，流落社会。两种儿童总量超过了1亿，成为巨大的社会问题。

"三留守"关爱体系构建刻不容缓，其中，教育救助至关重要。正是教育救助提高"三留守"的自救能力，才能使"三留守"这一弱势群体自觉运用自身智力和政策法律武器，维护自身的利益，进而改善弱势的现状。这是留守老人、妇女、儿童关爱体系构建的核心组成部分；"三留守"关爱体系构建的尘埃落定，必然要求充分发挥教育救助的作用，这一体系的要求促进教育救助从后台走向前台——提上议事日程。

第二节 "三留守"教育救助的研究对象及理论框架

"三留守"作为一种社会现象，教育救助在关爱体系建立过程中有着极其重要的位置。揭示"三留守"产生的社会基础，明确教育救助的研究对象，建立教育救助的理论框架，是建立"三留守"教育救助体系的基础。

一、"三留守"教育救助的研究对象

任何一个研究领域，一个课题都有特定的研究对象，而且要揭示这个研究对象的基本矛盾及其运动方式，揭示其特殊运动形式。研究对象规定了研究目标、研究过程、研究结论，它是课题研究的主体。

（一）"三留守"教育救助的基本矛盾

"三留守"教育救助的研究对象就是指在特定教育救助过程中的特殊矛盾及其运动方式。具体说，教育救助主体与"三留守"——教育救助客体，构成这个特殊矛盾的两个方面。这一特殊矛盾贯穿于教育救助活动的全过程，是"三留守"关爱体系的有机组成部分。

教育救助主体一般由政府或社会组织担任这一角色，它由机构和人员组成。发达国家，"三留守"比较少，一般由社会组织自发扮演救助角色，主要资金来源于慈善组织募集，政府也采取购买的方式实施教育救助。发展中国家，由于劳动力转移，"三留守"人员比较多，有的还酿成社会问题，因此救助的主体是政府。我国"三留守"成为重大的社会问题，是改革开放以后的事，近年来，政府倡导建立"三留守"关爱体系，教育救助提上议事日程。政府既是倡导实施的主体，又是投资主体。归纳起来，社会组织、政府及其相关的人员，构成了"三留守"教育救助的主体。

教育救助客体指"三留守"人员。由于"三留守"人员的群体构成差异很大，因而这个救助客体的分散性决定了教育过程及方法的复杂性。作为教育救助客体的留守老人，年龄都在六十岁以上，有的还做一做包产地，帮助儿媳妇做做家务事，看看孙子，因此教育救助对他们来说没有直接的经济目标，但作为老人，也有接受教育的需求——健康、安全、心理调适——决定教育救助的特殊性。作为教育救助客体的留守妇女，丈夫在异地打工，妇女本人既承担了照顾老人和小孩的责任，又要维持正常的生计——从事种地、养殖、就近打工、做手工产品等营生，这些维持生计的正当营生必然要求学习提高，同时留守妇女与丈夫长期两地分居，心理压抑较严重，渴望交流，自身安全等也渴望有人指导。作为教育救助客体的留守儿童，虽然留守地有学校，能保证适龄儿童免费接受九年制义务教育，相当一部分也可通过正常考试升入高中，这一部分的教育救助任务主要由学校完成。但学龄儿童就读的学校的教育质量不高，父母又不在身边，没有人管学习，辅导作业。按照"不让一个孩子掉队"的教育理念，针对留守儿童课外辅导、心理咨询、安全等教育救助的需求，实施儿童有效教育救助，保证不让一个孩子落下。

留守老人、留守妇女、留守儿童作为教育救助客体的需求，决定了教育救助的内容、方式、评价等一系列问题。因此，在教育救助过程中，社会组织、政府与"三留守"的矛盾是基本矛盾。

（二）"三留守"教育救助的矛盾运动

政府、社会组织作为实施教育救助的主体成为矛盾的主要方面，决定着教育救助组织的设立、资源的提供，包括教育救助组织、平台、方式、内容、目标、程序、监管等，但组织与资源是否适合"三留守"的需求则需要在实践中检验。供应与需求必然构成矛盾：政府、社会组织一般是按照传统的教育模式进行教育救助，虽然也做需求调查，但由于供方处于矛盾主要方面，对需求的调查预测不可能完全符合实际，因而在实践中必然会出现供应与需求的不适。同时，"三留守"的需求也是动态的，不确定因素很多，又随着时空的运动而发展；即使供方提供的教育救助方案是科学的，但需方的情况发生变化必然引起方案的滞后，或者是盲点增加；更何况方案本身不可能尽善尽美，因而矛盾成为必然。

这种供需适应程度构成矛盾运动的基本结构和基本形式，这种矛盾运动的规律性是政府、社会组织实施教育救助的政策、制度、策略，一定要适应"三留守"需求状况的规律。在这一规律中，"三留守"上升为矛盾的主要方面，也就是说政府和社会组织制定的"三留守"教育救助方案，只有适应"三留守"需求状况，才能收到事半功倍的效果；如果不适应，不仅教育救助无效，还会有带来负面影响的可能。因此，就必须调整方案以适应"三留守"的需求。

当然，在这个规律中，"三留守"对教育救助的需求一般处于自发状态——很多时候他们自己都不知道需要什么。因此，作为教育救助主体，首先必须摸清"三留守"对教育救助的各种需求是什么，然后制定有针对性的救助方案作为救助实施的依据，并在救助实施中发现新问题，研究新情况，得出新结论，不断地修订、完善救助方案。从这个意义上讲，救助主体是矛盾的主要方面，正是这两方面相互转化实现对立统一——教育救助卓有成效——"三留守"通过救助提高了造血功能，而救助主体完成了救助使命，取得了救助成就，进而推动了"三留守"关爱体系的建立与完善。

二、"三留守"教育救助研究的基本内容

"三留守"教育救助是一个重大的实践问题，也是一个新开辟的研究领域，围绕"三留守"教育救助的基本矛盾展开。导论是全书的"帽子"，提出了"三留守"研究的对象及拟解决的问题。第二章主要对国内外"三留守"研究的成果进行了学术梳理，肯定了现有研究的价值和存在的问题，预测研究发展趋势。第三章对我国"三留守"出现的历史背景、存在的现状、关爱情况、教育救助实施现状进行了剖析，肯定了"三留守"教育救助的成就。第四章分析了农村"三留守"存在的问题，教育救助存在的问题，揭示了"三留守"问题产生的原因。第五章研究了我国"三留守"教育救助对常规教育模式的借鉴，从面上思考了救助借鉴问题。第六章主要研究了"三留守"教育救助对专题教育救助模式的借鉴，分析了移民教育、社区教育等专题教育救助模式对"三留守"教育救助的启示。第七章明确了"三留守"教育救助体系建构的指导思想、原则和方法，坚持将"三留守"教育救助体系构建放在指导思想明确、原则清楚、方法科学的基础上。第八章揭示了留守儿童、妇女、老人对教育救助的需求，并将"三留守"教育救助体系建立在客观需求的基础上。第九章分别将留守儿童、妇女、老人教育救助体系的内涵明确，提出构建的科学方法、路径，并将留守儿童、妇女、老人作为研究对象，构建统一的"三留守"教育救助体系。第十章主要研究了"三留守"教育救助体系实施的程序、保障条件，

以保证"三留守"教育救助体系有条不紊地实施。第十一章主要研究
了经验、计量、综合评价方法对"三留守"教育救助实施绩效评价，
特别研究了模糊数学的方法，对"三留守"教育救助实施绩效评价的
应用。结束语提出，国家通过教育救助提升"三留守"自身素质，鼓
励农民工回乡创业，加速社会主义新农村的建设和落实农民工市民化相
关政策，从根本上消除"三留守"。

三、"三留守"教育救助研究的逻辑框架

"三留守"教育救助研究从时间上历时近四十年，空间上主要分布
在中西部农村。第一、二、三、四章为一个单元，是研究的逻辑起点，
由第一章研究动态及发展趋势提出理论问题，而第二、三章则从"三留
守"教育救助实践出发，厘清现状、找准问题，查明原因，为进一步研
究提供实践支撑；第五、六章为一个单元，是研究的逻辑展开，为本书
研究提供模式借鉴；第七、八、九章为一个单元，是研究的逻辑深化，
也是逻辑发展的必然结果，将"三留守"教育救助体系构建的指导思
想、原则、方法和"三留守"对教育救助的需求作为体系构建的两大
支点，提出消除农村"三留守"教育救助问题产生原因，构建以组织、
制度、机制为主体的"三留守"教育救助体系，完成从实践到理论的
转变。第十、十一章为一个单元，是研究的逻辑终点，实现从理论到实
践的飞跃，并运用模糊数学评价方法评估这种飞跃的真理性。最后标本
兼治——从根本上消除"三留守"，实现新中国成立一百年城乡一体化
发展的宏伟目标。

第三节 "三留守"教育救助研究目标、思路、方法、价值

"三留守"关爱体系构建教育救助是关键节点。明确"三留守"教
育救助的研究目标，理清研究思路，坚持科学的研究方法，揭示其价
值，是"三留守"教育救助体系建设的现实基础。

一、"三留守"教育救助的研究目标

通过研究，形成"三留守"教育救助的理论模式，并将其转化为比较完善的指导发展的政策框架，推动教育救助科学发展，凸显教育救助在"三留守"关爱体系中的支点作用。

首先，通过研究查明"三留守"的规模，对我国农村全面建成小康社会的影响，进而形成符合"三留守"教育救助理论模式，并自觉以这一模式作参考，助推我国农村"三留守"教育救助政策的制定、实施；其次，在理论模式的规范下，研究农村"三留守"教育救助的政策框架。这一政策框架涵盖我国农村"三留守"教育救助的组织、制度、载体、投入、运行机制、评估等，并在现有政策法规基础上进一步建立完善的政策创新机制。最后，根据农村"三留守"教育救助发展变化的规律，建立农村"三留守"教育救助实施系统，最终将"三留守"教育救助落地见实效，真正实现"三留守"关爱体系良性运转。

二、"三留守"教育救助的研究思路

本书采取问题导向的基本思路——以实证调研摸清农村"三留守"分布的区域、数量、现存的问题及"三留守"关爱服务体系构建的问题，并深入到教育救助存在的问题，以此为逻辑起点，进而查明"三留守"教育救助问题产生的根本原因，运用人口分布、迁移、抚养系数、两性分工、家庭资源配置、系统工程、教育学、社会学等理论总结"三留守"关爱服务体系构建的成功经验，特别是教育救助的成功经验。以国外关爱服务模式，特别是教育救助模式为借鉴，建构消除原因、解决"三留守"教育救助问题的组织、制度、机制体系；进而将这一理论系统转化为政策；最后以政策实施与评价反馈，推动教育救助体系不断创新为逻辑终点。

坚持问题导向，实行层层深入的分析方法，紧紧抓住"三留守"教育救助的特殊矛盾和特殊问题，针对现存的问题构思对策，最终提出的措施、办法才能收到事半功倍的效果。

三、"三留守"教育救助的研究方法

文献研究与实地调研相结合：文献梳理国内外"三留守"关爱服务体系构建，特别是教育救助的共性经验与个性特征，收集农村"三留守"分布的区域、数量、问题的现存统计资料；运用社会支持量表，通过分区抽样的方法随机抽取1000户"留守家庭"共计4000名"留守人员"作为调查样本进行问卷调查和个体访谈，并运用聚类分析、相关分析及回归分析法等进行统计分析，获取农村"三留守"及其关爱服务体系，特别是教育救助的最新材料。

个案分析与系统研究相结合：对国内外"三留守"的典型个案及其教育救助体系的典型模式进行研究，特别是分别对老人、妇女、儿童的教育救助的特殊性进行归类分析，对我国农村"三留守"教育救助体系构建的先进经验进行归纳总结，形成具有中国特色的"三留守"教育救助经验及理论模式。在对老人、妇女、儿童教育救助个性进行分析的基础上，运用系统科学理论进行综合，创新构建"三留守"教育救助体系。

实验追踪与信息反馈相结合：中期成果完成以后，选择5—10个行政村、社区居委会、"三留守"援助中心或教育救助站，对留守儿童、妇女、老人各100名实施为期半年的教育救助服务，将教育救助服务情况、效果反馈回课题组。在实验追踪中，校正、完善救助方案。

模糊评价与定性分析法相结合：建立模糊数学模型，将"三留守"教育救助服务体系实施效果的数据量化，在定量的基础上揭示教育救助体系的本质和构建规律。模糊评价是一种定性分析量化，使其更接近真理性的方法，通过这种评价方法，使定量分析更科学，更能把握"三留守"教育救助方案、政策的科学性、可行性。

四、"三留守"教育救助的研究价值

通过研究，建立农村留守儿童、妇女、老年人教育救助体系的理论模式，对于促进教育学、人口学、社会学、社会心理学、人口政策学、

社会人类学、福利社会学研究的深化；引导人口学、社会学的研究重心向农村弱势群体转移；推动"三留守"教育救助体系创新；摸清"三留守"及其教育救助体系构建的问题，查明原因，有针对性地提出消除原因解决问题的对策；为各级政府出台教育救助政策、完善教育救助组织、健全教育救助体系构建的长效机制有着极其重要的价值和意义。

构建农村留守儿童、妇女、老年人教育救助体系的理论模式：总结农村留守儿童、妇女、老年人教育救助经验，建立农村留守儿童、妇女、老年人教育救助体系的理论模式，用以指导农村"三留守"的教育救助工作，进而推进"三留守"的法律、心理、就业、安全等社会关爱和低保、特困、医疗等社会救助的综合研究，形成具有中国特色的"三留守"教育救助理论系统，形成具有中国特色的"三留守"关爱理论系统。

引导人口学、社会学的研究重心向农村弱势群体转移："三留守"本来是弱势群体，他们需要关爱，需要救助，但社会关爱救助缺失是不争的事实。本书将视角指向农村"三留守"这一巨大的弱势群体，并将这些弱势群体纳入教育学、人口学、社会学的视野，进而引导教育学、人口学、社会学家们广泛关注近1.8亿"三留守"人员。

推动"三留守"教育救助体系构建的进程，实现留守地长治久安：通过研究，真正把"三留守"教育救助体系落实到组织、政策、资金上，推动农村"三留守"教育救助由务虚到务实——使幼有所养、老有所终、妇有所归，实现留守地长治久安。

整合法律政策资源，形成"三留守"教育救助体系的政策框架：本书将推动"三留守"教育救助的法律政策资源整合，形成法律政策框架，将"三留守"教育救助的理论模式转化为实施政策，规范"三留守"教育救助的过程和结果，避免政策盲点。

推进新型城镇化进程，源头解决"三留守"问题：本书在强化构建"三留守"教育救助体系的同时，倡导通过新型城镇化进程，减少外出务工人员或举家进城落户，缩小"三留守"规模，从源头上解决"三留守"问题。

建构"三留守"由输血向造血转化的自救工程：近些年来，对"三留守"的关爱主要停留在送送温暖、发发补助，逢年过节组织人看望，至多在社区或村委会建立儿童学习室，为留守儿童辅导作业。留守老人、留守妇女、留守儿童要自我保护、自我发展，就必须不断学习，教育救助是实现输血向造血、他救向自救转化的重要手段。只有通过教育，提高"三留守"的素质，留守人员才有资本实施自救。这才能从根本上解决留守人员的问题。

第二章 "留守"及"三留守"教育救助研究动态及趋势

"三留守"作为一种社会现象，主要集中在发展中国家，而发展中国家又集中在一些欠发达地区。因此，发达国家不研究本国"三留守"问题，但发达国家的学者往往会去专门研究发展中国家"三留守"问题。我国作为发展中国家，改革开放近四十年来，经济持续增长，相应地要求劳动力与之相适应。大规模的农民工队伍造成的"三留守"群体已经引起学界的广泛关注。弄清楚国内外"三留守"关爱体系建立，特别是教育救助的研究动态和发展趋势，对于构建"三留守"教育救助系统是非常必要的。

第一节　国外"三留守"教育救助研究动态及趋势

国外有"三留守"的事实，没有"三留守"的概念，一般按照留守儿童、妇女、老人进行分类，而且国外造成"留守"的原因主要是移民和劳工。学者的研究主要集中"留守"存在哪些问题，如何解决，并没有出台专门政策，更强调社会救助的作用。社会救助中对教育救助也有比较深入的研究。

一、国外"三留守"的理论研究动态及发展趋势

发达国家"留守"人员数量少，又将其作为私权范畴，因而探索相关政策的研究很少。而一些发展中国家虽然因出国、打工导致"三留守"现象较普遍，但规模较小，同时也是作为私权范畴来处理的，因此国外一般很少研究相关政策，更关注社会救助；研究方法侧重个案分

析，着力点在对留守儿童、妇女、老人的问题的揭示，并提出解决对策，而对策中更强调社会救助功能的完善，是一种对策性的研究。

（一）国外"三留守"理论研究动态

国外研究坚持问题导向——按照分析留守儿童、妇女、老人的问题，弄清问题产生的原因，构思对策的逻辑展开，具体按留守儿童、妇女、老人分类进行。

留守儿童研究。留守儿童是国外理论界研究的重点，主要集中在三个问题上：一是留守儿童产生的原因，代表作有 Battistella、Conaco 的《劳动力转移对留守儿童的影响：一项关于菲律宾学校儿童的基础研究》（1998）[①]，格雷厄姆、乔丹的《东南亚家庭的父母移民与留守儿童心理健康问题》（2011）[②] 等。这方面的研究主要集中在东欧、南美、非洲和东南亚国家，认为留守儿童是劳动力转移或父母移民形成的。正是由于父母出国或到异地打工，又无经济实力承担子女在打工地的生活和教育费用，只好把子女留在原籍，形成留守儿童。这支留守队伍人数较多，生活、生理、心理、学习等问题不少，并呼吁社会广泛关注留守儿童的健康发展。二是经济对留守儿童的影响，代表作有 UI 中心《在东南欧洲，理解贫困孩子已经显示出经济复苏的迹象》（2006）[③]，丽莎·亚诺维奇的《移民和汇款及其对摩尔多瓦留守儿童的影响》

① Battistella G., Conaco MCG, "The Impact of Labour Migration on the Children Left Behind: A Study of Elementary School Children in the Philippines", *Journal of Social Issues in Southeast Asia*, 13(2) 1998, pp. 220 – 241.

② Glspeth E., Jordan LP., "Migrant Parents and the Psychological Well – Being of Left – Behind Children in Southeast Asia", *Journal of Marriage and Family*, 73(4) 2011, pp. 763 – 787.

③ Centre U. I., Innocenti Research Centre, Understanding Child Poverty in South – eastern Europe Have Shown Signs of Economic Recovery, *Innocenti Social Monitor*, 79(3) 2006, p. 21.

（2007）①，绍尔布的《摩尔多瓦的孩子为了应付父母的经济移民》（2007）② 等。这方面的研究也主要集中在发展中国家。这些研究集中针对东南亚、欧洲等地的移民对经济的影响因子进行分析，通过留守儿童的贫困程度以及父母的经济移民倾向进行分析，探讨了留守儿童的贫困、教育等问题。三是留守儿童家庭融入问题，代表作有狄龙、沃尔什的《留守儿童：加勒比地区父母移民的经历》（2012）③，亚当斯的《将儿童融入移民中的家庭：一个加勒比裔美国人的案例研究》（2000）④ 等。这方面研究主要分析了父母移民或者劳务导致儿童留守，留守儿童离开原家庭后融入监护人家庭的过程；这个过程与父母移民的经历有关——造成儿童留守的原因，经历了父母移民委托原籍亲朋好友照管留守孩子的过程，进而得出留守儿童融入留守地的新家庭或进入移民区新家庭过程的困难性和长期性。

留守妇女研究。国外留守妇女的研究主要集中在留守原因和健康、救助三大领域。一是妇女留守原因，代表作有宾佐的《埃及男性国际移民：留守妇女的劳动力供给反应》（2011）⑤，迈克尔·哈拉夫的《男性移民与黎巴嫩家庭：对留守妻子的影响》（2009）⑥，卡洛琳和阿尔尚博

① Lisa Ianovici, "Migration and Remittances and Their Impact on Children Left Behind in Moldova", *UNICEF Moldova*, 2007.

② Sarbu, A., "Moldovan Children Deal with the Econoncic Migration of Their Parents", *UNICEF Moldova*, 2007.

③ Dillon M., Walsh C. A., "Left – behind Children: Experience of Migrant Parents in the Caribbean Region", *Journal of Comparative Family Studies*, 2012, pp. 871 – 902.

④ Adams C. J., "Integration of Children into the Family of Migrants: a Case Study of a Caribbean – American", *Journal of Social Distress and the Homeless*, 9(1) 2000, pp. 19 – 27.

⑤ Binzel C., Assaad R., "Egyptian Male International Migrants: the Labour Supply Responses of Women Left Behind", *Labour Economics*, (18) 2011, pp. S98 – S114.

⑥ Khalaf M. C., "Male Migration and the Lebanese Family The Impact on the Wife Left Behind", *Journal of Middle East Women's Studies*, 5(3) 2009, pp. 102 – 119.

的《坦桑尼亚妇女的留守、迁移、夫妇分离和自治权》（2010）①，法蒂玛·萨迪吉的《摩洛哥移民与性别：移民对留守妇女的影响》（2008）②，詹巴的《刚果民主共和国男性迁徙对女性地位的影响》（2004）③，塞尔玛、玛丽亚菲罗拉的《外出务工对越南农户和留守妇女的影响》（2009）④等。这些研究主要分析了引起妇女留守的原因是移民和劳务输出。正是由于发展中国家的男性公民移民到发达国家，特别是在发达国家取得长期居住权，将妻子留在原居住国造成长期留守。分析国际移民和劳务输出导致妇女留守的现状、规模、引起的问题，呼吁本国政府和社会广泛关注留守妇女问题，也呼吁国际移民的男性公民承担对留守妇女的责任。二是留守妇女健康问题，代表作有坎纳斯、莱昂廷·维瑟、安可·尼霍夫的《社会文化气质和留守妇女健康：一个在尼泊尔的农民工家庭情况》（2012）⑤，哈菲佐拉·伊玛迪的《压抑、阻力和妇女在阿富汗》（2002）⑥等。这方面的研究主要把视角关注点集中在留守妇女的生理和心理健康上，分析了留守妇女情绪压抑、生活压力、生存阻力等，建议社会广泛关注留守妇女的身心健康，并建立相应的关爱体系，以维护留守妇女的人权。三是留守妇女的社会救助，代表

---

① Archambault C. S. and Archaimbaud. , "Women, Stay, Migration, Separation, and Autonomy of Women in Tanzania", *Signs*, 35(4) 2010, pp. 919 – 942.

② Fatima Sade, "Migration and Gender in Morocco. The Impact of Migration on the Women Left Behind", *Trenton*, 2008, pp. 498 – 500.

③ Ngondo S., Djamba Y. K., "Implications of Male Migration on Female Status in the Democratic Republic of Congo", *Journal of Social Development in Africa*, 19(2) 2004.

④ Paris T. R., Chi T. T. N., Rola – Rubzen M. F., et al. , "Effects of Out – migration on Rice – farming Households and Women Left Behind in Vietnam", *Gender, Technology and Development*, 13(2) 2009, pp. 169 – 198.

⑤ Cannas H. N., Visser L., Niehof A., "Socio – cultural Dispositions and Wellbeing of the Women Left Behind: A Case of Migrant Households in Nepal", *Social Indicators Research*, 108(3) 2012, pp. 401 – 420.

⑥ Emadi H. , Repression, Resistance, and Women in Afghanistan, *International Journal of Gynecology & Obstetrics*, 2002, Volume 70(Suppl1), pp. 65 – 65(1).

作有《对阿富汗妇女的国际援助》，贝克·阿里的《阿富汗妇女与塔利班回归》（2010）①，塔尔诺夫的《阿富汗：美国对外援助国会研究服务》（2010）②，奥特森的《集成技术进入一个妇女中心的使命：运用科技创建一个女性社区》（1999）③ 等。这方面研究主要集中在对留守妇女实施国际援助，呼吁发达国家对发展中国家留守妇女实施援助，特别对女性社区的建设提出了有价值的见解——将集成技术进入妇女中心作为科技创建女性社区的技术支持，从而在点、面上实施对留守妇女的救助。

留守老人研究。国外留守老人的研究集中在留守原因、健康两个方面。一是留守原因，代表作有弗兰齐斯卡、梅丽莎·西格尔和米夏拉·瓦德勒的《移民对摩尔多瓦留守老人的影响》（2012）④，斯宾塞的《"空巢"：母亲角色的过渡》（1971）⑤，斯莱克等人的《乡—城迁移之于抑郁的留守老龄家庭成员》（2009）⑥ 等。这方面的研究分析了空巢老人、留守老人形成的原因是移民、城乡迁移，呼吁社会在移民、城乡迁移引起大面积空巢、留守老人时应关注其生活、居住、身体等，进而呼吁政府要建立对留守老人的救助关爱，使空巢和留守老人老有所养、

① Baker A., Afghan Women and the Return of the Taliban, *Time International*, 14(2) 2010, pp. 233 – 254.

② Tarnoff C., *Afghanistan: U. S. Foreign Assistance, Library Of Congress Washington D. C. Congressional Research Service*, June 2010.

③ Otterson L., Dufner D., "Integrating Technology into the Mission of a Women's Center: Creating a Women´s Community with Technology", *Technology and Society*, 1999, pp. 393 – 398.

④ Gassmann F., Siegel M., Vanore M., et al, *The Impact of Migration on Elderly Left behind in Moldova*, United Nations University – Maastricht Economic and Social Research Institute on Innovation and Technology (MERIT), 2012.

⑤ Spence D., Lonner T., "The Empty Nest: a Transition within Motherhood", *Family Coordinator*, 1971, pp. 369 – 375.

⑥ Abas M. A., Punpuing S., Jirapramukpitak T., et al., "The Hometown – city Migration of the Left – behind Elderly Family Members of Depression", *The British Journal of Psychiatry*, 195(1) 2009, pp. 54 – 60.

有所依。二是留守老人健康问题，代表作有哈金斯的《空巢的过渡期对自我心理和身体健康的影响》（1978）①，安特曼的《墨西哥成年子女移民之于留守的年迈父母的健康问题》（2010）② 等。这方面的研究分析了由于子女离家造成留守老人身心健康的问题，要求成年子女移民后应该关注留守父母的身心健康，多回家看看，抽时间多陪陪他们。同时，也要求社会广泛关注留守老人的身心健康，特别是由于子女的移民或外出务工或进城导致空巢——老人留守。政府应作为主导干预空巢留守老人的身心健康，这种干预以社区为主体，形成较完善的工作机制，以减轻留守老人的孤独与寂寞。

（二）国外"三留守"理论研究发展趋势

国外"三留守"从地域上主要集中在东北欧、非洲、东南亚等地，很显然，都集中在发展中国家，造成留守的原因主要集中在国际移民和劳务输出两大领域。研究的重点是儿童，揭示的主要问题是儿童、妇女、老人与留守之间的矛盾，解决的主要问题是身心健康。这种研究有两大发展趋势：一是"三留守"越来越多，造成的社会问题越来越严重，引起了发达国家人类学家的重视。今后将有大批发达国家的专家学者介入"三留守"的研究，使这种研究更客观、更原则、更接近真理性。二是随着本国学者研究的深入，政府的责任开始彰显，对政府出台相应政策的要求越来越强烈，政府与社会共同承担"三留守"的关爱责任，必然成为学者们的共同愿望，进而推动将私权问题变成公权问题。这种趋势已经初露端倪，发达国家学者对我国、对东南亚"三留守"问题越来越关注，在今后 20 到 30 年中将会有突破性的进展。

二、国外"三留守"社会救助研究动态及发展趋势

国外将"三留守"作为私权范畴，普遍认为是留守家庭自己的事，

---

① Harkins E. B., "The Influence of Transition Period of Empty Nest on Self – Psychology and Physical Health", *Journal of Marriage and the Family*, 1978, pp. 549 – 556.

② Antman F. M., "The Health Problems of the Elderly Parents of Mexican Adult Children Who Are Left Behind", *The American Economic Review*, 100(2)2010, p. 205.

与政府无关，问题多了应由社会来解决。这种"小政府，大社会"的体制，决定了社会救助是解决"三留守"问题的主要形式。

（一）国外"三留守"社会救助研究动态

实施社会救助是国外普遍认同的解决"三留守"问题的理念。其依据是法权，采取的手段是建立健全社会支持系统。

社会救助的法权依据研究。国外特别是发达国家认为留守儿童、妇女、老人的救济既然是私权问题，就应该由私法约束，不涉及公权力，不归公法约束；同时"三留守"又是社会问题，应该由社会来行使救助职能，但这种救助不带有强制性。在这种理念的指导下，欧美国家立法强调的是儿童、妇女、老人一般的权利义务，社会救济没有专门针对留守儿童、妇女、老人救助的政策和立法。建立社会支持系统以实现"三留守"的救助成为普遍认同的理念，因而政策研究只限于一般规定，没有特殊规定，相反对社会支持系统的研究比较完善，这种状况符合发达国家"小政府、大社会"的特点。

社会支持系统内涵研究（如平克斯 Pincus、米纳汉 Minahan、索茨 Thoits、韦尔曼 Wellman）。社会支持就是通过获取社会资源，建立社会支持系统。社会资源分三大类：一是由家庭、朋友、邻居、同事、亲戚等组成的社会资源，这为"三留守"提供物质与精神的帮助、具体的服务和资源，是获取和使用正式社会资源的非正式资源系统；二是由群团、企业、协会等组成的社会资源，这种社会资源是运用组织的力量提升成员的福利与利益，直接为"三留守"提供赞助并呼吁救助，是获取和使用社会资源的正式系统，也称组织系统；三是由学校、医院、各种社会服务机构、派出所等组成的社会资源，这种社会资源是为适应社会公众生活与活动建立起来的满足人们短期或特别需要的机构，是"三留守"社会救助的重要支持系统，也称机构系统。社会支持系统是以社会资源为基础的，是运用社会关系、社会组织、社会机构对"三留守"人员的情感、物质、自尊、归属等进行救助的社会性资源系统。正是这些社会资源形成综合实力，对“三留守”实施救助，才使留守人员获得感情支持、新的归属、物质援助。

社会援助模式研究（如塞拉芬 Seraphin、法蒂玛·萨迪吉 Fatima Sadiqi、詹巴 Djamba）。国外对“三留守”社会救助模式研究主要分两大块：一是着重在“三留守”社会救助模式建构上。这些地区的学者们对“三留守”问题做了深入分析，对产生问题的原因做了较深入的挖掘，将对策和建议集中在援助模式设计上。凯瑟琳·奥利弗（Cathryn E. Ollif）的《28 天能有区别吗？社区援助国外社区领导计划的案例研究》① 一文从个案上分析了社区援助的产生、实施、领导计划等问题，明确了援助模式的社区特色。二是着重在“三留守”关爱服务模式上。学者们对“三留守”问题的研究主要从世界移民的视角出发，研究对象范围比“农业流动人口”更广，其中摩洛哥、刚果民主共和国、阿富汗、越南等国的学者对留守人员关爱服务模式的研究很有特色。但研究“三留守”的关爱服务只停留在一般方法、对策上，对“三留守”关爱服务体系构建的研究不足。

（二）国外“三留守”社会救助研究发展趋势

国外现有的研究重点在留守人员的问题和社会救助两大领域：对留守原因、留守人员面临的问题分析得十分透彻；对社会救助支持体系、救助模式的研究也很深入，提出了很多有价值的见解。国外的这种研究将有助于社会救助系统进一步完善，但由于社会救助本身带有自发性，缺乏机制保障，因而又让“三留守”自生自灭的现象。这一现象已经引起联合国人权组织和世界银行相关部门的关注。研究的进一步发展趋势必然推进社会救助与政府行政关爱有机结合，建立健全“三留守”的关爱服务体系。同时，国外社会援助模式研究的重点将进一步集中在

---

① Cathryn E. Ollif , "Can There Be Any Difference Between the 28 Days? Case Study of Community – assisted Community Leadership Program in Foreign Countries", *Australian Geographical Studies*, 39(3) 2001, pp. 353 – 364.

社区，涉及援助方式是政府政策与运用政府购买服务，调动社会因素；而救助主体由社会组织向社区转变，最终建立政府、社会、社区、志愿者"四位一体"的"三留守"救助体系。很显然，国外现行的社会救助模式以及相关的研究成果对我国"三留守"救助模式的创新有着十分重要的借鉴意义。

三、国外"三留守"教育救助研究动态及发展趋势

"三留守"专门教育救助在国外是一个新课题。一般情况下，研究者把关注点放在儿童、妇女、老人三个方面，虽然也涉及一些留守儿童、妇女、老人的教育问题，但仍需要将其放在广义教育里进行研究。

（一）国外"三留守"教育救助研究动态

留守儿童教育救助研究。赫尔巴特认为，"一种良好的教育应当使我们在幼年时期就养成思想正确与心善的习惯，于是我们就会嫉恶如仇。"[1] 正是儿童教育对于人的成长起着关键的作用，因此国外儿童教育救助的研究集中在两个领域：

一是一般儿童教育救助研究。这个研究主要从政策和理论两个方面开展，政策研究的代表作主要有 2002 年小布什签署的《不让一个孩子掉队法案》，[2] 虽然重点在教育公平，但落脚点却是儿童教育质量提升。2015 年，奥巴马签署《每一个学生成功法案》[3] 取代了已经施行 10 多年的《不让一个孩子掉队法案》。这个《法案》不仅强调了不让一个孩子掉队的重要性，还将不让一个孩子掉队上升到每一个学生都必须成功的层面上，从而把儿童教育落实在每个学生的成功上，进而使儿童教育为高等教育奠定坚实的基础。既有效地实施了教育公平，又将儿童教育

---

[1] Harkins E. B., "Effects of Empty Nest Transition on Self-report of Psychological and Physical Well-being", *Journal of Marriage and the Family*, 1978, pp. 549–556.

[2] Holcomb M. H., Mcintosh D. E., *No Child Left Behind Act of* 2001, Springer New York, 2011.

[3] Act E S S. S. 1177, 114th Cong, (2015).

推向新的发展阶段，具有里程碑的意义。理论研究主要代表作有杜威的《儿童与教材》，苏霍姆林斯基《我把爱心献给孩子》、《公民的诞生》，彼得·利昂和坎迪斯的《适当教育，少年教养，不让一个孩子掉队》(2004)[1]。杜威主张教育应以儿童为中心，"教育的措施"是"围绕他们而组织起来"的；因此儿童教育是为每一个孩子开展的教育实践活动。苏霍姆林斯基主张在教育中把爱心献给孩子，在爱护中培养儿童的智力、体力，而中学教育的任务则是培养合格的公民，通过教育帮助青少年完成社会化，顺利进入成人发展的大道。彼得·利昂和坎迪斯则对不让一个孩子掉队做了解读，主张教育公平，让所有的儿童都接受良好的教育。这些政策和理论研究都主要针对一般儿童教育，我们把它叫做"泛儿童教育"或"广义的儿童教育救助"，留守儿童教育救助也属于这一领域。

二是留守儿童教育救助研究。其代表作有麦肯齐和拉波波特的《迁移会减少教育成就？数据来自墨西哥的华盛顿特区：世界银行》(2011)[2]，明赫逊的《移民与中国儿童福利：留守儿童的教育和健康》(2011)[3]，詹姆斯·戴伦思的《健康相关的"留守儿童"的生活质量：中国农村的调查》(2010)[4]，巴蒂斯特拉等的《劳动力迁移对留守儿童

① Leone P. E. , Cutting C. A. , "Appropriate Education, Juvenile Corrections, and No Child Left Behind", *Behavioral Disorders*, 2004, pp. 260 – 265.

② Mckenzie D. , Rapoport H. , "Migration Will Reduce Educational Achievement? Data from Washington, D. C. , Mexico: World Bank", *Journal of Population Economics*, 24 (4) 2011, pp. 1331 – 1358.

③ Ming – Saxon, "Migration and Children's Welfare in China: The Schooling and Health of Children Left Behind", *The Journal of Developing Areas*, 44(2) 2011, pp. 165 – 182.

④ Jia Z. , Shi L. , Cao Y. , et al, "Health – related Quality of Life of ' Left – behind Children': a Cross – sectional Survey in Rural China", *Quality of Life Research*, 19 (6) 2010, pp. 775 – 780.

的影响——以菲律宾市小学儿童为例》(1998)①，诺贝斯的《父母在国外：墨西哥地区的迁移，暂住的父亲参与和儿童教育》(2011)② 等。这些研究分析了国际移民、劳动力转移引发儿童留守，留守儿童的身心健康教育是重点，智力提升教育，学历教育是应享受的基本权利，学校对留守儿童关注不够导致留守儿童智力和非智力因素与非留守儿童产生较大的差异，呼吁社会各界广泛关注留守儿童的身心健康、教育质量提升等。特别是这些研究者呼吁政府、社会、留守儿童的父母都来关注留守儿童的教育，实施有效的教育救助，保障留守儿童健康发展。

当然，国外留守儿童主要存在于发展中国家，父母主要移民去发达国家，留守儿童所处的教育环境、享有的教育资源与发达国家相比优劣十分明显。这既是一个研究课题，也是需要解决的实际问题。

留守妇女教育救助研究。国外留守妇女教育救助研究非常少，原因是留守妇女本身是成人，成人教育属于私权范围，公权不干预；同时，留守妇女数量不像我国这样规模巨大。妇女教育集中在一般教育上，其代表作有莎玛的《印度"反自由主义"视为背叛：状态、女权主义和女性的教育项目》(2012)③，凯丁斯等人的《印度高等教育改革的经验和观点》(1993)④ 等。这些研究主要从女性这一特殊群体来思考教育问题，也从女权主义和女性教育项目实施总结的视角分析女性教育存在

① Battistella G., Conaco M. C. G., "The Impact of Labour Migration on the Children Left Behind: A Study of Elementary School Children in the Philippines", *SOJOURN: Journal of Social Issues in Southeast Asia*, 1998, pp. 220 – 241.

② Nobles J., "Parenting from Abroad: Migration, Nonresident Father Involvement, and Children's Education in Mexico", *Journal of Marriage and Family*, 73(4) 2011, pp. 729 – 746.

③ Huang H. "'Neoliberalization' as Betrayal: State, Feminism, and a Women's Education Program in India", *Journal of International Women's Studies*, 13(3) 2012, pp. 201 – 202.

④ Chitnis, Suma, Ed., Altbach, Philip G., (eds.), *Higher Education Reform in India: Experience and Perspectives*, 1993, pp. 438.

的问题，整体研究比较弱。

留守老人教育救助研究。当今世界人口老龄化已经成为全球的一大特色，破解人口老龄化的难题——让老人老有所为、老有所养都离不开教育救助。国外研究人口老龄化社会的教育需求，实施有效教育救助已经成为热点。有代表性的研究成果主要有：汤姆和安妮的《英国老年教育和培训：一个来自卡耐基调查的初步报告》(1992)①，维克多的《满足人口老龄化的教育需求：澳大利亚的经验》(1992)②，库伯等的《退休的教育工作者为促进老化的K－12教育主张》(1999)③，斯坦的《退休老人的教育》(1980)。

韦弗的《作为特殊问题的老龄教育：为第二十一世纪的介绍做准备》(1999)④，斯坦福的《在全球范围内老年教育》⑤ (2005) 等。这些研究从老人的教育需求出发，总结了老人教育的经验，提出促进老年教育的措施，并向社会广泛呼吁，把老年教育作为21世纪的特殊问题来关注。1996年国际教育发展委员会主席埃德加·富尔任在向联合国教科文组织提交《学会生存：教育世界的今天和明天》⑥ 的调研报告中也强调老年学习是终身学习的重要组成部分，主张积极推进老年教育。

———————

① Tom, Anne, "British Senior Education and Training: A Preliminary Report from the Carnegie Investigation", *International Review of Education*, 38(4) 1992, pp. 375 – 392.

② Victor, "Meeting the Educational Needs of an Aging Population: The Australian Experience", *International Review of Education*, 38(4) 1992, pp. 403 – 416.

③ P. Couper, Annette S. Norsman, Brenda Sulick D., "Retired Educators as Advocates: Promoting K – 12 Education About Aging", *Educational Gerontology*, 25(6) 1999, pp. 519 – 530.

④ Weaver J. W., "Special Issue: Aging Education: Preparing for the 21st Century Introduction", *Educational Gerontology*, 25(6) 1999, pp. 475 – 477.

⑤ Stanford, "In the Global Context of Education for the Elderly", *Gerontology & Geriatrics Education*, 26(1) 2005, p. 1.

⑥ 埃德加·富尔：《学会生存——教育世界的今天和明天》，联合国教科文组织国际教育发展委员会，1996年。

老年教育虽然是"夕阳教育",但由于老龄化社会的发展,国外的研究方兴未艾,还有进一步深化的趋势。

由于留守老人在国外相对分散,因而对其的很少有人专门研究教育救助,一般都将其纳入老年教育体系或终身教育体系。

(二)国外"三留守"教育救助研究发展趋势

国外在"三留守"救助中强调私权的权能作用,把"三留守"救助看成是留守家庭自己的事,因而这种法权理念必然要求把自救作为主要手段。研究自救必然研究教育自救,发达国家强调"天赋人权","人人生而平等","追求自由是人的天性","这个世界最值得信任的是自己","只有自救才是摆脱贫困的唯一选择",这些理念必然要求学者探索"三留守"脱困的自救道路,而教育是自救最佳选择。现有研究中对留守儿童的研究已经提上议事日程,留守妇女、留守老人的教育还未专门讨论。随着国际移民和国际劳务输出的进一步发展,"三留守"将长期困扰发展中国家弱势群体的发展,研究他们的教育自救,社会提供教育救助成为学者们不可回避的任务。

第二节 国内"三留守"教育救助研究动态及趋势

国内"三留守"关爱体系和教育救助研究主要集中在政策和理论两个方面。政策研究集中在解决救助的具体政策,而理论研究则集中在问题、对策等领域。不管政策研究还是理论研究,对"三留守"关爱体系建设比较关注,教育救助虽然有些研究,但相对显得比较薄弱。

一、国内"三留守"政策研究动态及趋势

政策和策略是党的生命,也是"三留守"救助落到实处的政策依据。一般情况是国家研究出台全国性的"三留守"关爱政策,部委根据各自的职能在研究国家宏观政策的基础上出台具有行业特色的"三留守"关爱政策,省(市、区)则以国家宏观政策为指导研究出台具有地方特色的实施细则。

（一）政策出台

"三留守"现象引起党和国家领导人的关注，在国家层面明确提出"关爱留守儿童、留守妇女和留守老人"是 2012 年的《政府工作报告》。2013 年的《中共中央关于全面深化改革若干重大问题的决定》进一步提出，"健全农村留守儿童、妇女、老年人关爱服务体系"。[①] 2014 年 1 月 19 日，中共中央、国务院印发了《关于全面深化农村改革加快推进农业现代化的若干意见》，再一次强调"加强对农村留守儿童、留守妇女、留守老年人的关爱和服务"。[②]《十三五规划纲要》把"建立健全农村留守儿童和妇女、老人关爱服务体系"[③] 作为国家规划。这些文件是党中央国务院明确的政策，正是这些政策把"三留守"问题上升到国家决策层面。特别是《中共中央国务院关于打赢脱贫攻坚战的决定》对"健全留守儿童、留守妇女、留守老人和残疾人关爱服务体系"提出了具体政策："对农村'三留守'人员……进行全面摸底排查，建立翔实完备、动态更新的信息管理系统。加强儿童福利院、救助保护机构"，"社区儿童之家等服务设施和队伍建设，不断提高管理服务水平。建立家庭、学校、基层组织、政府和社会力量相衔接的留守儿童关爱服务网络。加强对未成年人的监护"，"对低保家庭中的老年人、未成年人、重度残疾人等重点救助对象，提高救助水平，确保基本生活。引导和鼓励社会力量参与特殊群体关爱服务工作"。[④]

---

① 《中共中央关于全面深化改革若干重大问题的决定》，2013 年 11 月 12 日，见 http://www.cnrencai.com/zhongguomeng/103291.html.

② 《2014 年中央一号文件公布》，2014 年 1 月 20 日，见 http://www.sei.gov.cn/ShowArticle.asp?ArticleID=237121.

③ 《十三五规划纲要》，2016 年 3 月 18 日，见 http://sh.xinhuanet.com/2016－03／18/c_135200400.htm.

④ 《中共中央国务院关于打赢脱贫攻坚战的决定》，2016 年 12 月 19 日，见 http://www.huoqiu.gov.cn/DocHtml/1/16/12/xxgk_2016121934573.html.

在国家出台的政策中，留守儿童是"三留守"关爱的重中之重。今年2月，《国务院关于加强农村留守儿童关爱保护工作的意见》明确要求乡镇人民政府（街道办事处）"建立翔实完备的农村留守儿童信息台账，一人一档案，实行动态管理、精准施策"。① 并从"强化家庭监护主体责任"，"落实县、乡镇人民政府和村（居）民委员会职责"，"加大教育部门和学校关爱保护力度"，"发挥群团组织关爱服务优势"，"推动社会力量积极参与"等五个方面将留守儿童关爱体系落到实处。教育部基础教育司《关于加强义务教育阶段农村留守儿童关爱和教育工作的意见》，在"高度重视留守儿童工作"② 的前提下，明确了"留守儿童工作的基本原则"，把"切实改善留守儿童教育条件"、"不断提高留守儿童教育水平"、"逐步构建社会关爱服务机制"作为留守儿童关爱和教育工作的任务。团中央青年志愿者工作部《关于进一步加强共青团关爱农民工子女志愿服务行动项目专员队伍建设的指导意见》③ 则从规范共青团关爱农民工子女志愿服务项目着手，对留守儿童实施关爱。

党中央、国务院也十分关注留守老人。留守老人与留守儿童相比，没有出台专门的政策，但也有相关政策，对留守老人的关爱做了规定。除前面出台的"三留守"文件外，全国人大通过的《中华人民共和国老年人权益保障法》、《国务院关于加快发展养老服务业的若干意见》虽然没有专门讲留守老人，但有关"积极发展养老服务业，引导养老服务企业和机构优先满足老年人基本服务需求，鼓励和引导相关行业积极

---

① 《国务院关于加强农村留守儿童关爱保护工作的意见》国发［2016］13号，2016年2月16日，见 http://www. mca. gov. cn/article/yw/shgzyzyfw/fgwj/201602/20160200880164. shtml.

② 《教育部等5部门关于加强义务教育阶段农村留守儿童关爱和教育工作的意见》教基一［2013］一号，2013年1月4日，见 http://www. moe. gov. cn/srcsite/A06/s7053/201301/t20130104_ 146671. html.

③ 《关于进一步加强共青团关爱农民工子女志愿服务行动项目专员队伍建设的指导意见》，2013年5月7日，见 http://www. zgzyz. org. cn/content/2013－05/10/content_ 8381169. htm.

拓展适合老年人特点的文化娱乐、体育健身、休闲旅游、健康服务、精神慰藉、法律服务等服务，加强残障老年人专业化服务"对于留守老人也适用。

留守妇女既是一个社会问题，也是国家政策关注的关爱对象。《中华人民共和国妇女权益保障法》、《中国妇女发展纲要（2011—2020年)》等文件对妇女权益保障做了明确规定，虽然没有对留守妇女出台专门的政策，但党中央、国务院对留守妇女问题是非常关注的。

对"三留守"问题，党和国家不仅出台相关的政策，而且在中央工作会上强调"三留守"问题，2013 年《中央农村工作会议》把"健全农村留守儿童、留守妇女、留守老年人关爱服务体系"作为搞好农村民生保障和改善工作的重点。2016 年 1 月 27 日国务院专门为部署农村留守儿童关爱保护工作举行了国务院常务会议，李克强总理在会上明确指出，当前中国处在特殊发展时期，大量外出务工人员为我国经济建设做出了特殊贡献，但也因多种复杂的现实原因，形成了数以千万计的留守儿童，这种现象短时期内恐怕难以消除，"决不能让留守儿童成为家庭之痛、社会之殇。"① 要求各界领导重视留守儿童的关爱和救助，并从政策上落实。

"三留守"主要集中在中国西部地区，相关省（市、区）出台"三留守"关爱救助政策颇有成效的是贵州和四川两个"留守"大省。贵州的《省人民政府办公厅关于进一步做好农村留守妇女关爱服务工作的实施意见》从"夯实关爱服务工作基础"、"提升留守妇女就业技能"、"支持留守妇女就业创业"、"优化医疗卫生健康服务"、"深入开展精神慰藉服务"、"加大生活生产保障力度"、"鼓励社会力量开展帮扶"、"加强关爱服务平台建设"、"切实维护妇女合法权益"、"增强关爱服务

---

① 付聪：《李克强：决不能让留守儿童成为家庭之痛社会之殇》，2016 年 1 月 17 日，见 http://www.gov.cn/xinwen/2016 – 01/27/content_ 5036696. htm.

工作合力"① 等十个方面的具体政策来实施关爱救助,不仅很有特色,而且落地见实效。据调研,贵州黔东南、黔西北不少市县在民政局、妇联下面专门成立了留守妇女关爱救助工作机构,社区居委会、农村村委会的妇女委员专门负责留守妇女政策落实,每年春节都要实施"送温暖"活动。

四川省人民政府《批转民政厅省妇儿工委关于进一步加强农村留守儿童和留守老人救助管理工作的意见的通知》② 针对农村外出务工人员规模的扩大,农村留守儿童和留守老人不断增加这一问题,分析了留守儿童、老人的生存状况、生活环境、所处困境,对他们实施救助管理已成为当前经济社会发展的一个紧迫问题,并上升到关系社会主义新农村建设和社会和谐稳定的高度。省委、省政府对农村留守老人、留守儿童的救助高度重视,并相应地出台了救助政策。

西部十一省(市、区)外出打工人群集中,留守老人、妇女、儿童也相对集中,各省(市、区)根据自己的具体情况也出台了相关政策,在这里不一一赘述。

(二)政策研究

政策出台的基础是政策研究。现行的政策研究队伍包括三大类:专门政策研究队伍是各级党委政府的政策研究室。中共中央政策研究室、全国人大政策研究室、国务院政策研究室研究"三留守",为出台国家层面的政策做准备。专门政策研究最终以出台政策为目的,研究报告、经验总结属于内部资料,因而研究过程和结论很难收集,只能以国家、

① 《省人民政府办公厅关于进一步做好农村留守妇女关爱服务工作的实施意见(黔府办函〔2015〕217号)》,2016年1月27日,见http://www.gzgov.gov.cn/xxgk/jbxxgk/201601/t20160127_370232.html.

② 《四川省人民政府批转民政厅省妇儿工委关于进一步加强农村留守儿童和留守老人救助管理工作的意见的通知(川府函〔2011〕121号)》,2011年11月3日,http://www.sc.gov.cn/10462/11279/11376/11383/11391/2011/11/3/10187309.shtml.

部委、省（市、区）颁布的政策作为分析研究动态的依据。

预备政策研究队伍以全国妇联为首，代表性的成果是全国妇联儿童工作部、中国人民大学人口与发展研究中心共同组成课题组，国家统计局的《我国农村留守儿童、城乡流动儿童状况研究报告》①和由全国妇联书记处书记、副主席甄砚在全国妇联问卷调查基础上整理出版的《中国农村妇女状况调查》，②对推动国家相关政策出台功不可没。《我国农村留守儿童、城乡流动儿童状况研究报告》全面分析了我国农村留守儿童、城乡流动儿童的数量，存在的生存、教育、发展、安全诸多问题，并呼吁国家出台留守儿童、流动儿童的救助政策。《中国农村妇女状况调查》分析了农村家庭中的两地分居状况，指出这种状况不但可能影响到农村劳动人口的性别结构——留守妇女增多，男女比例失调；也会影响到农村家庭的婚姻生活质量——离婚率升高，婚外情增多。建议国家给予农民工家庭更多人性化的关怀——农民工建设廉租房、"夫妻房"，给予农民工探亲假，让他们能多团聚、过上正常的夫妻生活。农村留守妇女并不愿意分居，希望和丈夫一起进城打工，但有了孩子后，既无法维持三口之家在城市的正常生活，还将造成留守儿童变成流动儿童，最后无可奈何地由女方将孩子带回农村老家，加入留守儿童、留守妇女群体。《报告》呼吁全社会加大对留守妇女问题的关注，给予留守妇女更多人性化的关怀，特别是政策关怀。妇联关注留守儿童、留守妇女的相关救助措施、政策，为推动国家儿童、妇女救助政策出台起了非常大的积极作用。

泛政策研究队伍是由分散的政策研究人员组成。这种研究各自为政，一事一策，是一种自发形成合力推动政策出台的研究。其代表性的成果首推今年来自全国人大、最高人民法院、最高人民检察院、民政

---

① 全国妇联课题组：《全国农村留守儿童 城乡流动儿童状况研究报告》，《中国妇运》2013 年第 6 期，第 30 – 34 页。

② 甄砚：《中国农村妇女状况调查》，社会科学文献出版社 2008 年版。

部、团中央、全国妇联以及高等院校的 20 余位理论和实际工作者在天津大学发布的一份《全社会都来关爱农村留守、城市流动儿童倡议书》。《倡议书》分析了我国对留守、流动儿童的数量、存在的问题，强烈呼吁各界人士对此持续高度关注。《倡议书》试图从政策系统上入手，并对政策建设提出了具体的建议。

从学者的视角研究政策的代表作主要有张希、吴双的《农村留守群体问题破解之策》，① 刘晓兵的《农村留守群体的基本权利保护》，② 甘灿业的《农村留守人群面临的困境、原因及对策》，③ 王维国的《农村"三留守"人员服务管理体制机制的完善与创新》④，赵琳的《新农村建设与留守妇女、儿童和老人存在的问题及对策》⑤ 等。这些研究都是在分析留守老人、妇女、儿童面临的困境基础上，提出建立关爱和救助对策；在对策中特别呼吁出台相应的政策、法规，试图以政策、法规的力量将"三留守"的关爱和救助落到实处。当然，这些对策中的政策建议基本上是一事一策的分散研究，也正是这些理论工作者的辛勤耕耘——在某一具体问题上的深入，为相关政策出台提供了科学研究依据，也正是专家学者们的研究形成合力，推动全国性至少是区域性的政策出台。把对"三留守"的关爱救助纳入政策法规的管辖范围。

（三）政策研究发展趋势

政策研究是从学者实证研究开始，在形成对策建议的基础上提出来

---

① 张希、吴双：《农村留守群体问题破解之策——去除农村儿童"留守之痛"需要各方发力协同共治》，《中国民政》2016 年第 12 期，第 9 – 10 页。

② 刘晓兵：《农村留守群体的基本权利保护》，《首都师范大学学报（社会科学版）》2016 年第 4 期，第 58 – 65 页。

③ 甘灿业：《农村留守人群面临的困境、原因及对策》，《西部经济管理论坛》2013 年第 2 期，第 70 – 74 页。

④ 王维国、李敬德：《农村"三留守"人员服务 管理体制机制的完善与创新》，《新视野》2012 年第 6 期，第 81 – 84 页。

⑤ 赵琳、赵德全：《新农村建设与留守妇女、儿童和老人存在的问题及对策》，《中国集体经济》2009 年第 19 期，第 14 页。

的。通过理论界研究思考，全国妇联、团中央等群团组织呼吁，政协人大提案推动而形成国家政策。这种政策是自下而上形成具体"三留守"的关爱救助政策，进而推动国家层面出台相关政策。国家层面的政策又是从党的会议提出要求，国务院和相关部门将要求变成《意见》和《决定》——最终成为政策。这种政策往往是分类指导——按妇女、儿童、老人的特点出台相应的关爱救助政策。随着政策实施过程中遇到的新问题、新情况，这种政策研究必然由分析走向综合。专家们倡议出台专门的《留守、流动儿童保护法》、《留守妇女救济法》、《留守老人关爱法》等，为留守、流动儿童，留守妇女、留守老人的特别保护、社会救助管理提供清晰明确的法律框架。这些倡议试图推进"三留守"的政策法规完善。

通过近些年的努力，国家层面出台的政策最集中的是留守儿童关爱救助，关于留守妇女和老人没有专门的政策文件，只有散见在其他文件之中的条款。国家把留守儿童作为"三留守"政策关爱救助的重中之重是非常正确的，因为儿童是祖国的花朵，世界的未来。当留守、流浪儿童的政策逐步完善后，留守妇女、老人的专门关爱救助也必然提上议事日程。因而，政策研究进一步要求研究留守妇女、留守老人的专门关爱救助政策。随着关爱留守儿童、妇女、老人的政策法规完善，最终必然推动国家出台"'三留守'关爱救助的意见"，作为各级政府、群众团体、全社会建立"三留守"关爱救助体系的政策依据。必须提出的是，随着城镇化进程的推进和社会主义新农村建设，农民工和农民收入都有所增加，城市和农村全面建成小康社会；农民工融入城市，农村与城市发展同步，全民同享现代化的成果。"三留守"作为一种社会现象必然走向消亡——农民工或回乡创业或举家进城，留守为零。

二、国内"三留守"理论研究动态及趋势

国内理论和实践工作者对农村"三留守"关爱服务体系的研究较为分散，主要从"留守儿童"、"留守妇女"、"留守老人"三个方面分别进行了探索，也有综合研究，但关爱系统、教育救助也比较薄弱。

（一）国内"三留守"理论研究

"留守儿童"研究。一是对留守儿童的成因、规模、生活和成长现状的研究（张文利，2013；罗静、王薇等，2009；段成荣、杨舸，2008）。在这个方面的研究揭示改革开放、城镇化加速吸引农村富余劳动力进城务工，是留守儿童出现的社会原因；农民工的收入无法维持一家三口在城里的衣食住行，是留守儿童出现的经济原因。随着经济的发展，留守儿童数量急剧膨胀，成为规模巨大的群体。留守儿童与祖父母、母亲或其他亲戚一起生活，缺乏父爱，生活质量普遍比较差，是现实存在的事实。留守儿童生活、心理、学习都与完整家庭的儿童形成巨大的反差，引起成长问题。二是研究留守儿童的文化与道德教育问题（迟希新，2005；刘允明，2005；许传新，2007；辜胜阻、易善策、李华，2011）。在这个方面的研究指出留守儿童的"隔代教育"是必然的，老人对孙辈的过分溺爱、娇惯使其难以管教是不争的事实；学校教育虽然有老师管教，但家庭作业无人辅导，虽然条件好的社区有志愿者辅导学习，但大部分农村没有；寄宿在亲朋好友家的儿童，亲戚一般都顺其自然。因此，研究者们提出"解决留守儿童道德发展问题的现实途径在于充分扩展农村学校的教育与辅导功能"。三是留守儿童的心理健康和社会适应力问题（范兴华、方晓义等，2009；孙晓军、周宗奎等，2010；余凌、罗国芬，2009）。在这个方面的研究揭示了"留守儿童尤其留守女童具有强烈的孤独感，自尊心强，生活抑郁，社会适应能力不及一般儿童"，这种心理状况直接影响儿童的身心健康，进而对后期发展形成心理阴影，呼吁社会广泛关注留守儿童的身心健康。四是留守儿童的关爱体系和社会支持网络（郑杭生、杨敏，2010；马良，2011；刘利民，2012）。在这个方面的研究提出从政策上保证留守儿童关爱体系和社会支持网络的建立，要求农村要建立关心下一代工作委员会，并以此为主导，形成村委会、学校、志愿者、家庭"四位一体"的社会支持网络。在城郊则"构建政府、社区、学校和家庭等'多元主体'的留守儿童社会管理创新和服务新模式",有组织地实施留守儿童关爱救助。研究留守儿童的论文、报告数量大,研究较深入,提出的对策针对性较强。

"留守妇女"研究。一是对留守妇女面临问题的研究(朱潼歆,2011;李柳红等,2005;周福林,2006;吴惠芳、饶静,2009)。这个方面的研究主要是从面上对留守妇女面临的问题进行梳理,分析了长期困扰留守妇女的生产、生活、心理压力增加,社会、经济地位下降,婚姻危机,性压抑和性骚扰,生理健康和疾病治疗等问题,并对这些问题产生的原因进行了剖析。二是留守妇女的心理健康和婚姻满意度研究(许传新,2009)。留守妇女直接面临心理和婚姻问题,这个方面的研究揭示了留守妇女的孤独感和抑郁症较非留守妇女高,婚姻安全感、满意度较非留守妇女低等现状,特别是对留守妇女的性压抑心理、婚姻破裂危险的担心的研究,并提出相应的对策。三是留守妇女的生存质量与农业技术培训研究(焦峰、李英华,2009;祁秦、康耀文等,2013)。这方面的研究对留守妇女上有老下有小的生活负担,主要生活来源靠丈夫汇款,自己做点承包地、就近做点家政很难维持一家的生活等状况进行了分析,揭示了留守妇女的经济和生理生存质量普遍低于非留守妇女的事实。提出了加强对农村留守妇女的农业技术培训既是提高其生存质量的重要手段,又是实现留守妇女人生价值的现实途径。四是留守妇女的关爱与管理体系研究(凌文杰,2013;杜洁,2013;李楠,2009)。这方面的研究揭示了现阶段对留守妇女的关爱不够,有放任自流、让留守妇女自生自灭的倾向。关爱口头呼吁多,实际落实少,建议在政府领导下,妇联、民政、劳动、卫生、公安、教育、文化及社区等密切配合,形成关爱农村留守妇女的合力。

"留守老人"研究。一是留守老人面临的困境研究(孙鹃娟,2006;银平均、黄文琳,2011;王俊文、曹涌,2009)。这方面的研究首先分析了我国人口老龄化的现状，留守老人的数量和区域分布，进而研究了留守老人长期面临生活质量差、劳动强度大、卫生医疗状况不容乐观、情感生活匮乏、生活缺乏照料、安全隐患颇多等困境，并提出了帮助留守老人走出困境的现实道路。二是留守老人的生理健康与精神慰藉研究（叶敬忠、贺聪志，2009；王小龙、兰永生，2011；方菲，2009）。这些研究从整体上肯定了"农村劳动力转移在总体上有利于留守老人健康状况的改善"，但也具体分析了留守老人生活质量差，种植承包地，搞家庭副业收入低，生病现象普遍，统计了54%的留守老人生病不愿治疗，拖一天算一天，因生病死在家里几天没人知道的情况不是个别，建议社会关爱老人的生理健康。这些研究还从老年心理学角度揭示了留守老人的心理需求孤独、寂寞、无助常伴左右——精神慰藉不可忽视，建议通过责任伦理与村落社区的建设来慰藉留守老人，使留守老人幸福指数高一点，精神愉快一点，走得安详一点。三是留守老人的赡养与保障机制研究（白云婷，2013；张桂蓉、史景军，2012；杜鹏，2004；曹国选，2009）。这些研究集中在我国传统的养老保障机制上，重点对家庭养老做了研究，当然也对农村留守老人的社会救济——参加社保、农合等做了研究，特别是提出了建立留守老人的个人、家庭、社会和国家相结合的多元养老保障体系和城乡一体的社会救助体系，使留守老人"有所养、有所依、有所需、有所聚、有所乐、有所为"。留守老人作为一种社会现象，理论界和实践界都进行了很多研究，提出了很多有价值的对策建议，但是也具有呼吁多、落实少的问题。

"三留守"综合研究。一是将"三留守"作为重大社会问题来研究（张希、吴双，2016；赵琳，2009；陈世强，2015）。这方面的研究主要集中在农村留守群体问题破解，留守人群面临的困境和原因，新农村建设中留守老人、儿童、妇女面临的问题，全面建设社会和精准扶贫中留守老人、妇女、儿童应解决的关键问题。研究坚持问题导向，紧紧抓住"三留守"这一弱势群体面临的生活、学习、心理等问题，并提出相应的对策。二是把"三留守"的教育救助与生活扶持联系起来（马天雄，2013；林祖清，2016）。这方面的研究主要把留守老人、妇女、儿童的教育和生活联系起来，把教育救助看成是造血扶持，主张将"造血扶持"和"输血扶持"紧密联系，通过教育使农村这一弱势群体能够自救，并逐步进入一般群体行列。三是建立"三留守"关爱服务体系（刘晓兵，2016；王维国，2012；苏道义，2014；李乐，2014）。这些研究坚持问题导向的原则，从"三留守"面临的现实问题出发，建议国家和社会全面建立"三留守"人员服务体制、关爱体系，健全"三留守"关爱救助的制度，形成"三留守"救助的长效机制。这些研究从总体上揭示"三留守"关爱体系建立的路径和方法，很有见地。

（二）国内"三留守"理论研究发展趋势

纵观以往研究成果：在研究方法上，理论分析与实证研究紧密结合，但实证研究仅以某个城市为例，其针对性较强，普适性则大打折扣；在研究视角上，注重从留守儿童、留守妇女、留守老人各自的角度进行研究，缺乏对"三留守"关爱服务体系的综合研究；在理论研究上，尽管不少研究成果从政府和非政府角度提出了"三留守"关爱服务的对策措施，颇有建树，但就事论事较多，理论没有上升到普遍性的高度，对策没有上升到国家决策的高度。这些研究提出了很多有价值的见解，对"三留守"关爱政策的出台起了积极的推动作用。同时，这些研究已经触及"三留守"关爱体系的系统性，特别是教育救助的问题。理论研究的进一步深化必然要求站在前人的肩上，推进分散研究转向综合研究，理论研究向政策转化，构建农村留守儿童、妇女、老年人关爱服务体系，这既是研究发展的趋势，又是实践提出的重要任务。同时，也提出了教育救助的问题，正是理论研究的逻辑和实践发展的进程要求"三留守"研究朝着体系化、教育救助核心化方向发展。

三、国内"三留守"教育救助研究发展趋势

"三留守"教育救助研究是薄弱环节：对留守儿童教育救助研究多一

点,对留守妇女有一定研究,而对留守老人基本无研究。尽管如此,我们仍然想从政策和理论研究两个方面进行梳理,并预测研究的发展趋势。

(一)"三留守"教育救助政策研究

留守儿童教育救助政策研究。国务院《关于加强农村留守儿童关爱保护工作的意见》明确规定农民工子女在输入地有平等接受义务教育的权利:"公办义务教育学校要普遍对农民工未成年子女开放",禁止将农民工子女关在公办学校之外,并要求各级政府通过"购买服务等方式支持农民工未成年子女接受义务教育",并在"完善和落实符合条件的农民工子女在输入地参加中考、高考政策"上加以落实。当然,这里的农民工子女还不是严格意义上的留守儿童,应该是流动儿童,但党中央国务院从政策上实施教育救助是非常明确的。

对留守儿童,国务院要求"教育行政部门要落实免费义务教育和教育资助政策,确保农村留守儿童不因贫困而失学",具体做法是"县级人民政府……督促监护人送适龄儿童、少年入学并完成义务教育"。"中小学校加强心理健康教育,促进学生心理、人格积极健康发展,及早发现并纠正心理问题和不良行为";为了保证留守儿童教育救助落到实处,要求教育行政部门"加强对农村留守儿童相对集中学校教职工的专题培训,着重提高班主任和宿舍管理人员关爱照料农村留守儿童的能力";"做好法治宣传和安全教育,帮助儿童增强防范不法侵害的意识、掌握预防意外伤害的安全常识";要求"中小学校要对农村留守儿童受教育情况实施全程管理",建立家长、监护人、学校"三位一体"的救助体系,并"帮助监护人掌握农村留守儿童学习情况,提升监护人责任意识和教育管理能力";对留守儿童的辍学采取过程控制的措施,"及时了解无故旷课农村留守儿童情况,落实辍学学生登记、劝返复学和书面报告制度,劝返无效的,应书面报告县级教育行政部门和乡镇人民政府,依法采取措施劝返复学"以保证"不让一个孩子掉队"。留守儿童集中的省(市、区)也做了相关的研究,出台了相关政策,要求把教育救助落到实处。

留守妇女教育救助政策研究。留守妇女的教育救助几乎没有专门的政策，是政策的盲点。现在教育救助的依据是《中华人民共和国妇女权益保障法》中"国家保障妇女享有与男子平等的文化教育权利"，"把扫除妇女中的文盲、半文盲工作，纳入扫盲和扫盲后继续教育规划"，"根据城镇和农村妇女的需要，组织妇女接受职业教育和实用技术培训"等条款。《关于加强农村留守儿童关爱保护工作的意见》中"加强农村劳动力的就业创业技能培训"包含农村妇女劳动力培训。从整体来看，留守妇女教育救助的政策研究还应加强。

留守老人教育救助政策研究。留守老人与留守妇女一样，没有专门的政策，最近出台了《老年教育发展规划（2016—2020）》提出"建立健全'县（市、区）—乡镇（街道）—村（居委会）'三级社区老年教育网络"，《规划》特别强调"发展农村社区老年教育，有效整合乡村教育文化资源，以村民喜爱的形式开展适应农村老年人需求的教育活动"；要求"加强对农村散居、独居老人的教育服务"；加强理论与政策研究是实施老年教育的基础，"依托有关高校、科研院所、老年教育机构等建立若干个老年教育研究基地，开展老年教育基础理论研究、政策研究和应用研究，探讨和解决老年教育发展中的重大理论和实践问题"。可惜的是没有专门农村留守老人教育救助的条款，但为农村留守老人的教育救助出台政策提供了思路。

由于儿童既是长身体、长知识的时期，也是全面接受教育的时期；留守妇女主要在家看管孩子和照顾老人，做点家务，至多做点包产地，养点家禽家畜；留守老人年龄都超过了一轮花甲，在国家层面、省市层面，教育救助政策关注的重点在留守儿童，而没有专门关注留守妇女和老人，没有将其纳入相关教育系统。

（二）"三留守"教育救助理论研究

"三留守"教育救助是关爱体系的重要支撑点，是理论研究的重点课题之一，但由于教育救助落实难，虽然引起了理论界的广泛关注，但研究仍然很薄弱。同时，研究留守儿童教育救助多一点，留守妇女教育救助有一点，留守老人教育救助则是空白点。

留守儿童教育救助理论研究。留守儿童教育救助理论研究集中在四个方面：一是一般性教育救助研究（郭玲，2013；林森，2012；金莹莹，2013）。这方面的研究从农村留守儿童教育困境、存在的问题出发，分析困境、问题产生的原因，提出救助政策，借鉴美国 KIPP 对留守儿童实施教育救助的成功做法，建立我国农村留守儿童教育救助制度。二是留守儿童心理健康教育救助研究（李守香，2012；于茜、常冉、焦永纪，2008；李晓丽，2007）。这方面的研究从儿童心理统计出发，研究查明儿童心理发展现状，明确比较集中的心理问题，针对问题提出心理救助的对策，特别是心理健康教育救助对策。三是农民工子女教育救助研究（杨文圣、刘晓静，2010；郭健美、刘同梦，2007）。农民工子女就不仅仅是留守儿童，还包括流动儿童。这方面的研究主要分为城市流动人口子女教育救助和农村贫困家庭学生教育救助两大部分。研究从问题开始，通过分析两类儿童的教育救助存在问题的各种原因，最终落脚在教育救助制度的完善上。四是区域教育研究（李彩君，2016；王森，2016；曾碧、侯攀，2013；李静，2013）。这方面的研究一般以县市为单位，通过实证调研统计分析得出结论，然后从区域留守儿童教育救助的经验中归纳出普遍性，以此为依据建议省（市、区）、国家出台教育救助的相关政策。留守儿童教育救助的研究还比较深入，提出了一些有价值的见解。

留守妇女教育救助理论研究。事实上，留守妇女的教育救助是关爱体系建设至关重要的环节，它不仅涉及妇女的自我保护能力提升，还涉及留守妇女本身的发展，是强化留守妇女自我发展"造血功能"的基本手段。这个领域的研究集中在三个方面：一是留守妇女教育救助综合研究（夏海鹰，2009；刘九菊，2014；程琳，2011；徐瑞，2013）。这方面的研究一般是从我国农村留守妇女生存困境出发，揭示留守妇女自我发展迫切需要教育救助的状况，特别是把留守妇女教育救助放在全面建设小康社会的视角下进行研究，特色明显。这种研究还提出了留守妇女人力资源培训体系构建，留守妇女教育救助体系构建的对策和建议，对国家的顶层决策有一定助推作用。二是留守妇女教育救助分区研究（黄约、江燕娟，2009；万霞，2009；王卓，2014；彭雅琴，2014）。这方面的研究主要选择留守妇女集中的市县，运用统计分析的方法将留守妇女教育救助存在的问题及原因进行归类，针对问题提出改进完善留守妇女教育救助体系的建议。这种研究事实上将个别上升为一般，将局部的经验上升为理论，在研究方法上有重大突破。三是留守妇女职业技术培训研究（李英华，2008；焦峰、李英华；2009，孙艳芳，2015；刘淑华，2013）。这方面的研究主要集中在农业实用技术、科技文化素质、职业技术等三个方面对留守妇女实施培训，提高留守妇女的"造血功能"——自我救助、自我发展能力。这些研究还从关爱体系视角，建议形成政府主导的留守妇女教育救助制度。

留守老人教育救助理论研究。"夕阳无限好，已是近黄昏"是中国描绘老年阶段最有特色的诗句，正因为与八九点钟的太阳相比，人生已进入夕阳。因而老人较少为教育救助所关注，容易被社会遗忘，尽管最近出台了《老年教育规划》，但落到实处却还需要时日，因此老年教育救助理论研究是薄弱环节。现有的研究主要集中在健康教育（薛桂娥、楚婷、陈正英，2009；吕颖，2012；贺斌，2014；马应刚，2015；林祖清，2016）。这方面研究主要集中在我国人口老化，老年比重大，农村留守老人的生理健康与心理健康存在的问题，身心健康教育救助存在的问题。针对问题提出对留守老人的健康教育的建议，并希望国家和省、市层面对老年健康教育立项研究，建立老年健康教育的制度。

（三）"三留守"教育救助研究的发展趋势

在现有的"三留守"研究中，建立"三留守"关爱体系是热点，出台相关的政策保障是重点，因而行政组织和理论研究都将关注点聚焦在这一问题上，而教育救助则成了薄弱环节，形成"留守儿童教育救助研究多一点；留守妇女教育救助有一点；留守老人教育救助是盲点"的研究格局。尽管也有不少的理论工作者和行政干部呼吁"三留守"的教育救助政策出台，提出对留守儿童教育救助研究相对完善深入一些；对留守妇女教育救助研究具体一些；留守老人的教育救助明确一些的建议。但无论是政策研究还是理论研究都才刚刚起步，进一步发展的趋势是将理论研究成果转化为教育救助政策，并不断推动"三留守"教育救助理论研究的不断深入和政策研究的不断完善，最终形成建筑在理论研究成果基础上的"三留守"教育救助政策框架。

国内外对"三留守"都有较深入的研究，提出了很多有价值的见解，但对于教育救助却是研究的薄弱环节，虽然国内外对留守儿童都有所研究，我国还专门出台了政策，但对留守妇女、老人却没有专门的教育救助。正是"三留守"教育救助的盲点成其健康发展的阻力、弱势加深的主体原因。建立"三留守"教育救助体系不仅是健全关爱体系的有机组成部分，而且是扶贫攻坚的重要任务。

第三章 农村"三留守"教育救助的实施现状

农村"三留守"的教育救助虽然有不少专家学者提出很好的建议，但除留守儿童教育救助落地外基本上还停留在一般号召层面。摸清"三留守"的现状、"三留守"教育救助实施的现状是"三留守"教育救助建设的基础条件。

第一节　"三留守"的规模、分布、特点

现代意义上的"三留守"是在改革开放以后出现的新的社会群体，对这一群体实施教育救助首先必须摸清其在全国的规模，主要分布在哪些地区、有什么特点。

一、农村"三留守"的规模

"三留守"总规模有多大？留守儿童、妇女、老人数量各有多少？分别占同类人口的比重有多大？摸清"三留守"总规模是实现精准帮扶的基础，如果规模不清楚，情况不明确，提出的对策则缺乏针对性。用估计加统计的方式确定规模的办法，理论上是错误的，实践上是有害的。

留守儿童的规模。2013 年全国妇联在《我国农村留守儿童、城乡流动儿童状况研究报告》中明确全国有 17 岁及以下的留守儿童6102.55 万，加上 3600 多万的流动儿童，总数在 1 亿左右，占全国未成年人的三分之一，[①] 即每三个儿童中就有一个留守或流动，"农村留守儿童占

---

① 　全国妇联课题组：《全国农村留守儿童、城乡流动儿童状况研究报告》，《中国妇运》2013 年第 6 期，第 30－34 页。

农村全部儿童的 35.1%"。① 当然在这里，我们将留守儿童和流动儿童放在一块，因为造成留守和流动的共同原因是父母外出打工。据统计，流动家庭在同一乡/镇/街道的占比 17.2%；流动家庭是流动儿童的生活场所。留守儿童是在出生地留守，流动儿童则一般随父母打工地点变迁而流动。随着城镇化的加速和工农业产品"剪刀差"造成的收入差距，必然还会将农村相当一部分劳动力吸引到城市，造成新的留守儿童。

留守妇女的规模。2014 年，我国留守妇女的人数已经超过了 5000 万，超过了韩国总人口 4700 万。留守妇女面临独自承担生产劳动、照料老人儿童、文化生活资源匮乏等困难。31—50 岁是留守妇女较为集中的年龄段，占 80% 以上，其中 60% 的家庭有两个及两个以上小孩，55% 的留守妇女与老人共同居住。留守妇女占农村已婚妇女的 6.1%。② 从总量说，留守妇女不如留守儿童规模大，因为有些家庭是夫妇二人都在外地务工，因而形成流动家庭，儿童随父母成为流动儿童，减少了留守妇女的总量。由于留守妇女上要照顾老，下要照顾小，中还必须做承包地、养殖家禽家畜，是留守人员中最辛苦的群体。

留守老人的规模。在研究留守老人规模时，必须将空巢老人和留守老人做适当区分。空巢老人也是中国一个重要社会问题，农村子女或子女配偶均不在本户居住的空巢家庭占 40.3%（包括留守家庭）。③ 留守老人一般专指因为子女或子女配偶进城务工而留在原籍的老人，这种老

---

① 国家卫计委：《中国家庭发展报告（2015 年）》，见 http://news. xinhuanet. com/video/sjxw/2015 - 05/18/c_ 127814513. htm.

② 全国妇联：《中国留守妇女人数超过五千万》，见 http://news. qq. com/a/20140124/001096. htm? pgv_ ref = aio2012&ptlang = 2052.

③ 国家卫计委：《中国家庭发展报告（2015 年）》，见 http://news. xinhuanet. com/video/sjxw/2015 - 05/18/c_ 127814513. htm.

人占农村老人的 23.3%,^① 约 5000 万人。在这里还必须指出的是,子女或子女配偶因考学、招干在城镇就业,留在原籍超过 60 岁的父母也应该纳入留守老人的范围,如果按照这个数据统计,留守老人的规模更大。

虽然国家也提出建立"三留守"关爱体系,但我们过去一直将我国"三留守"的规模作为私权的范围,学术界也呼吁把"三留守"作为社会问题纳入顶层决策。教育部、民政部、全国妇联等部门和组织都积极推进相关政策出台,试图用公权的力量对"三留守"实施救济,但由于这些人群规模太大、涉及的面太宽、人员分散,要彻底解决 1.57 亿"三留守"问题难度很大。正是这种留守规模要求学术界深入研究,提出建议,寻找对策,为党和国家出台相应的政策提供参考,从而建立关爱体系,实施教育救助,解决"三留守"的问题。

二、农村"三留守"的分布

"三留守"主要集中在中西部的省(市、区),其中河南、安徽、四川规模最大,其他中西部省份占比也较高。东部及沿海城市主要吸引劳动力转移,因而"三留守"比重较低。

劳动力转移大省分布。农村劳动力转移是造成"三留守"的直接原因,劳动力转移比重大、人数多的省份必然是"三留守"人数多的省份。据统计,劳动力转移数量居前三位的为河南、安徽、四川。2013 年,河南省户籍人口为 10601 万人,常住人口为 9413 万人,外出人口为 2570 万人,外出人口比例 24.24%。^② 2015 年,安徽省户籍人口为 6949.1,常住人口 6143.6 万人,外出人口为 1320.3 万人,外出人口比

---

① 国家卫计委:《中国家庭发展报告(2015 年)》,见 http://news.xinhuanet.com/video/sjxw/2015 – 05/18/c_ 127814513. htm.

② 河南省统计局:《2013 年河南人口发展报告》,2014 年 5 月 6 日,见 http://www.ha.stats.cn/hntj/tjfw/tjfx/qsfx/ndfx/webinfo/2014/04/1397722155096301.htm.

例19.00%。① 2013 年，四川户籍人口为9132.6 万人，常住人口为8107万人，外出人口为1025.6 万人，外出人口比例11.23%。② 2014 年，重庆户籍人口3375.20 万人，常住人口2991.40 万，外出人口383.8万人，外出人口比例11.37%。③ 除三个外出人口大省外，位居前十名的还有湖南、湖北、江西、广西、贵州、重庆、河北，外出人口均在300 万人以上。正是劳动力转移到东部和沿海地区后，留下庞大的"386199"部队，因而"三留守"人员又主要分布在这些省市自治区。当然，在这里值得一提的是，还有一些西部省市外出人口占的比重也较高，但由于人口绝对数量较低，因而统计分析时靠后，并不说明这些西部省市没有"三留守"，或者"三留守"问题不明显。从整体上说，"三留守"人员集中在外出人员较多的中西部地区。

留守儿童大省分布。留守儿童的部分与大格局基本一致：中华全国妇女联合会发布《全国农村留守儿童、城乡流动儿童状况研究报告》，④公布全国农村留守儿童6102.55 万。四川、河南是农村留守儿童大省，四川农村留守儿童占全国比例高达11.34%，河南高达10.73%。安徽、广东、湖南等占全国百分比也较高，安徽达7.26%，广东达7.18%，湖南达7.13%。四川、河南、安徽、广东、湖南的留守儿童占全国留守儿童总量的43.64%。重庆、四川、安徽、江苏、江西、湖南等省市留守儿童占六省市农村儿童的比重已超过50%，湖北、广西、广东、贵州的比例超过40%，因此留守儿童主要分布在西部十省（市、区）。

---

① 安徽省统计局、国家统计局安徽调查总队：《安徽省2015 年国民经济和社会发展统计公报》，2016 年2 月25 日，见 http://www. ahtjj. gov. cn/tjj/web/info_view. jsp?strId = 1456727214920362.

② 四川省统计局：《2013 年四川省国民经济与社会发展统计报告》，2014 年3 月12 日，见 http://zsyz. sei. gov. cn/ShowArticle. asp?ArticleID = 238541.

③ 重庆市统计局：《2014 年重庆市国民经济和社会发展统计公报》，2015 年3 月16 日，http://district. ce. cn/zt/zlk/bg/201601/27/t20160127_ 8589856. shtml.

④ 全国妇联课题组：《全国农村留守儿童、城乡流动儿童状况研究报告》，《中国妇运》2013 年第6 期，第30 – 34 页。

　　留守妇女大省分布。留守妇女的分布也主要集中在中西部地区。留守妇女占已婚妇女比重超过 10% 的有四川 15. 13%、重庆 13. 78%、江西 14. 55%、贵州 13. 72%、海南 13. 60%、湖北 12. 87%、安徽 12. 83%、江苏 11. 86%、福建 10. 82%、陕西 10. 55%、甘肃 10. 54%、湖南 10. 34% 等十二个省（市、区），这些数据虽然不是从绝对数量和外出人员占比来统计的，但是留守妇女严格意义上的概念是已婚妇女，因而留守妇女占已婚妇女的比重体现了各省市留守妇女的规模。

　　留守老人大省分布。留守老人大省的分布与留守儿童、妇女有共性也有个性，不仅取决于外出打工人群的规模，还受地区人口老龄化的影响。老年人口分布密度集中在东部和中部地区，西部地区密度相对较小。2012 年，天津、江苏、安徽、山东、湖北、湖南、重庆和四川 8 个省市的 65 岁及以上人口占比超过 10%，[①] 位居榜首的是天津，其次是江苏、安徽、山东、湖北、湖南，西部的重庆和四川。老龄化严重程度必然影响留守老人的密度，因为人的寿命越长、老年人越多，留守老人数量一般也越多。各省市留守老人占地区所有老人的比重，江西 67. 1%、安徽 52. 84%、重庆 31. 74%、海南 30. 06%、四川 29. 12%、福建 27. 10%、广东 26. 93%、湖南 26. 47%、贵州 25. 60%。[②] 总体看来西部地区的省份占的比重仍然很大，因此留守老人密度最高的地区仍然是经济不发达，外出打工人群比重高的地区。当然与留守儿童、妇女的分布相比，留守老人的分布也有微小的变化，受人口老龄化严重程度的影响，局部地区变化较大。

三、农村"三留守"的特点

　　"三留守"作为一个特殊群体，具有弱势、分散、贫穷、孤独等特点。

（一）弱势

　　"三留守"大部分居住在我国西部山区，留守的原因是种地收入

---

① 贾丽：《换个养老地 提高晚年幸福感》，《山西晚报》2016 年 10 月 28 日。

② 周福林：《我国留守老人状况研究》，《西北人口》2006 年第 1 期，第 46 - 49 页。

低，中青年丈夫或夫妇双方外出打工，儿童、妇女、老人留在原籍守望。从社会分层来看，"三留守"处于社会底层，没有社会地位，没有经济来源，没有实体关爱，没有及时的心理慰藉；文化水平差，法制意识薄弱，自救能力弱。据统计，三峡库区外出农村劳动力299万，外出劳动力中初中及其以上文化程度的占76%，比库区农村劳动力整体水平高14个百分点；外出劳动力中文盲、半文盲和小学学历的占24%，比库区农村劳动力整体水平低13个百分点。① 库区留守人员的这一文化状况与国内其他地方留守人员基本一致。正是由于库区留守人员文化水平偏低，自救能力弱，才成为弱势群体。正因为自救能力弱，维持日常生活靠在外务工的人群寄钱。如果打工的父母、丈夫、儿女不寄钱回来则时常唱"卧龙岗"（"饿农缸"）；由于生活无着落，又无钱请客送礼，往往被村民看不起，还会受到欺负。儿童最需要关爱时，父母却不在身边；妻子最需要关爱时，丈夫却远在他乡；老人最需要关爱时，儿女却在外地打拼；没有实体关爱成为留守人员的客观现实。正是因为"三留守"是弱势中的弱势群体，更需要政策保护、社会关爱、教育救助。

（二）分散

"三留守"尽管相对集中在中西部地区，但仍然很分散。这种分散主要表现在缺乏组织，因而关爱救助一靠政府提倡，二靠社会志愿，三靠自己努力。这种分散还表现在全国分布很广，局部地区又主要集中在山区，即使一个村也分散到各个社。这种分散还表现在一个留守家庭存在老人在老家，妇女在乡镇，儿女在学校的状态。正因为分散，政府不好管理，关爱救助政策无法统一规范，自救自助的自然状态是主要表现形态。

（三）贫穷

"三留守"集中在中西部地区，而中西部地区又集中在十四个连片

---

① 王越等：《库区劳动力转移的途径及保障措施》，中共重庆市委、市府研究室，2006年6月18日。

特困区。为了脱贫，壮劳动力才选择外出打工。抽样调查说明，全国8000万扶贫攻坚人口中弱智、重病、残疾人口——不救不活的对象，以及"三留守"占70%以上，特别是被高山阻隔的大山区和深山区自然条件恶劣、自然灾害频发，一方水土养不活一方人的地方，外出打工成为生存的主要选择。这部分人成为高寒山区、深沟峡谷贫困村的绝对贫困人口。同时，留守儿童、老人本身没有劳动力，要靠打工的父母或子女汇钱维持基本生活，留守妇女虽然有一定的劳动力，但上有老下有小，无法承担家庭的最低开支，也要靠丈夫汇款维持家用。政府关爱、社会救助杯水车薪，一般是每年春荒、春节，政府发一点贫困补助，社会救助也十分有限。很多"三留守"常年没有零花钱，一个月吃一回肉的现象比较普遍，居住的房屋普遍漏雨。扶贫攻坚两大主要对象：一是残疾人，二是留守人员。

（四）孤独

"三留守"面临的心理健康问题就是无法回避的孤独感。儿童、妇女、老人各有各的孤独。儿童需要父母辅导作业、关注吃饭穿衣，在父母面前撒娇，但留守儿童却远离父母，跟祖父母、外祖父母或亲戚朋友住在一起，正常的血源亲情隔得较远，寄人篱下的感觉从小就根深蒂固，说话做事小心翼翼。有的留守儿童常常望着远方发呆，说不出来的落寞和孤独。成年妇女更需要关爱，夫妻之间的性爱，日常生活的关爱，劳作中的互助互爱都由于丈夫外出打工变得缺少。虽然留守妇女与丈夫之间没有那种生死相许的爱情，有的还是没有爱情的婚姻，但她们却认为夫妇能多一点时间在一起都是"顽福身前造"，今生只有在一起才能"慰寂寥"；①"千日修的同船渡，百年修得共枕眠"的谚语从传统文化佐证了夫妇在一起与"前世修炼"有关，因而应当珍惜。留守妇女的生活引起鲜为人知的孤独，感情慰藉成为奢侈品。

---

① 曹雪芹、高鹗：《红楼梦》，光明日报出版社2009年版，第422页。

老人也需要子女在身边关照。封建社会的早晚请安，"父母在不远游"虽然已经成为过时礼节或孝道要求，但人到晚年特别需要的是亲情，享受天伦之乐，而儿女外出打工留下二老或一老。老人总是盼望儿女陪伴，儿女不在身边的孤独感时时笼罩着。尽管俗话说"娘想儿比山高、比水长；儿想娘不及扁担长"，他们还是希望儿女陪伴，以排解孤独。

"三留守"作为弱势群体需要关爱救助，分散决定了关爱救助的方式需要多样化，贫穷则要求救助关爱从治穷根——教育开始，孤独则需要心理关爱救助、需要儿女关心父母。正是这些特点决定了"三留守"教育救助的基础性。

第二节　农村"三留守"教育救助实施状况、建设现状

"三留守"教育救助是一个全新的课题，分析我国"三留守"教育救助实施状况，揭示建设现状的矛盾，是"三留守"教育救助落地见实效的基础性工作。

一、农村"三留守"教育救助实施状况

从总体上看，"三留守"教育救助实施经历了三个阶段：自发救助阶段（1979—2012），关爱救助阶段（2012—2015），自觉救助阶段（2015 至今）；具体实施效果儿童较好，妇女次之，老人更次；整个发展是由自发到自觉的过程。但到今天为止，我国仍然没有从制度、政策层面形成规范的教育救助系统，经验倾向比较明显。

（一）"三留守"自发救助阶段

"三留守"是 1984 年《中共中央关于经济体制改革的决定》出台后出现的一大社会现象。20 世纪 90 年代，随着市场经济体制的建立，城市化进程的提速，农民工的需求量剧增。正是随着壮年农民进程务工开始出现"三留守"现象。80 年代末 90 年代初，据原四川、河南等省的人大政协内部报导，很多贫困县通过邮局汇回的打工收入超过了当地

县财政收入。原四川的大足、渠县、开县等县邮局统计的打工汇款就高达 30—50 亿元,而当年这些县的财政收入不足 20 亿元。20 世纪 90 年代到 21 世纪初打工者银行转账汇款的具体数额已无法统计,我们可以看到,农民工数量按几何级增长,到目前已经形成占全国人口七分之一强的打工大军。正是这支打工大军造成了 1.57 亿人的留守队伍。由于改革开放初期政府、社会、务工者、留守人员都认为"三留守"关爱属于留守家庭个体的问题,社会可管可不管;教育按部就班:留守儿童与非留守儿童都在原籍学校上学,学习管理主要在学校,作为留守儿童监护者的母亲、祖父母、外祖父母、亲朋好友则对课程学习、道德教育、身心健康教育普遍实行能管则管、有空则管、无空不管的办法;个别负责的监护人有时也过问学习,关注身心,教化道德。国家也未从宏观政策上提出对留守儿童的教育救助问题,如果有救助的情况都带有很强的自发性,这个阶段持续了 30 多年。儿童还有学校管教育,留守妇女除个别有上进心的还学学家政、种养植、手工外,大部分维持留守家庭的基本生活,不读书、不看报、不学技能,最多看看电视,有时间打打麻将。妇女本人未能自觉追求学习,政府也未有相关政策措施保证,整个教育救助处于自发状态。留守老人更是厌倦学习,如果有人劝他们学点有用的法律、保健、心理健康知识,他们往往会说:"修得庙来鬼都老了";对他们的教育救助比留守儿童、妇女更糟糕。留守老人本身既无自救学习的动力,社会也无组织他们学习的动力,政策也无引导支持他们学习的规定。

正是政府、社会、留守家庭都把关爱看作是个体问题,教育救助看成是个体行为,因而既未形成国家层面的关爱政策,也未形成地方政府的相关政策。共青团、妇联、民主党派、基金会等群团组织虽然在呼吁,但也没有实质性的手段保证关爱落到实处。虽然有一些专家学者已经提出教育救助,但仍然缺乏组织和措施保证,也没有政策支撑。这种自发救助状况一直持续到 2012 年。

（二）"三留守"关爱救助阶段

随着外出务工人员增加，外出务工人员加上"三留守"人员、流浪儿童接近 5 亿，约占总人口的三分之一。"三留守"的问题逐渐显现。各级政协委员、人大代表的极力呼吁，2012 年《政府工作报告》才从国家层面提出"三留守"关爱问题。2012 年《政府工作报告》中明确将"关爱留守儿童、留守妇女和留守老人"作为民生问题的组成部分，号召各级政府和全社会广泛关注"三留守"问题。这一时期，全国妇联、共青团中央、民政部开始分别对留守儿童、妇女、老人的关爱进行政策研究，也开始探索教育救助问题。2013 年《中共中央关于全面深化改革若干重大问题的决定》明确提出建立"三留守"的关爱服务体系。2014、2015 年中央又从十三五规划、扶贫等方面将建立关爱服务体系政策化、系统化，并将相关政策纳入干部的考核系统。"三留守"关爱有了政策保证，这一阶段实现了将"三留守"关爱由留守家庭责任转化为政府和社会责任。政府不仅关注"三留守"问题，还作为政策规定实现了"三留守"关爱体系自觉建立的飞跃，也开始探索"三留守"的教育救助问题。

（三）"三留守"教育救助阶段

随着"三留守"研究的深入，国家在政策保证实施关爱救助过程中发现关爱救助分两类：一类是物质救助，包括发放困难补助款，过节慰问费，医疗补贴；另一类是精神救助，精神救助的灵魂是教育救助。教育救助是通过教育手段，提升救助对象的自身素质、实施自救的方式。教育救助带有永久性、根本性的特点，是外因通过内因而起作用的质变。2016 年 2 月《国务院关于加强农村留守儿童关爱保护工作的意见》出台，是留守儿童教育救助由自发转向自救的飞跃，这是国家层面的飞跃，也标志着"三留守"教育救助形成。虽然这种教育救助主体是留守儿童，但留守儿童开始必然引起留守妇女和老人教育救助的变革。尽管现在还没有形成从中央到地方的教育救助政策，但我们期待在不久的将来会出台相应的政策。

（四）"三留守"教育救助的重点

我国现阶段"三留守"教育救助实施中，儿童教育救助是重点。儿童是祖国的未来、世界的花朵，因而"三留守"中，儿童的教育救助历来备受关注。留守儿童一出现教育救助还未提上议事日程，实际救助已经自发地开始了。当学者们呼吁教育救助，国家和社会首先就想到的是留守儿童。尽管将留守儿童和流浪儿童并列共同实施教育救助，并出台相应的政策保障——党和国家对留守儿童实施教育救助十分关注可见一斑。当然，也不是说留守妇女和留守老人的教育救助不重要，只不过留守儿童教育救助意义重大，刻不容缓，这是妇女和老人教育救助无法比拟的。

（五）"三留守"教育救助实施进展

"三留守"教育救助虽然是一个全新的课题，但从上世纪 80 年代开始，教育行政部门、学校、社区就在自发的开展救助活动，特别是儿童教育救助。儿童教育救助教育行政部门和学校是主体，留守儿童与其他儿童一样，主要任务是读书。教育行政部门实施教育管理，学校开展教育活动，留守儿童绝大部分时间是在学校度过。教育行政部门和学校除了对儿童进行教育和管理以外，还特别关注留守儿童的教育问题，做得好的学校还专门设立留守儿童之家，辅导留守儿童的作业，关注心理健康、道德品质培育。好的社区专门在市民学校下设留守儿童学习辅导站，聘请志愿者定期辅导留守儿童的作业。留守儿童的教育救助虽然开始带有很大的自发性，但作为一种特殊需求和学校、村委会的社会责任，发展势头看好。

偏远山区的留守老人教育救助比较差，但城郊，特别是教育机构附近的社区也逐步开展起来，采用最多的形式是老年大学，社区在市民学校中设置大学老年班，定期聘请律师、医生、心理咨询师在老年班开讲座，留守老人学习法律、心理、健康等方面的知识以提升紧急状态下的自救能力，这种老年教育救助方兴未艾。

留守妇女教育救助也开始起步，这种教育与扫盲教育、种养殖培训结合在一起。近些年，有作为的村委会会将留守妇女组织起来，请种植大户、养殖大户来传授种养殖经验。优秀的县妇联会到农村对留守妇女做些专项调查，并定期组织律师、医生、心理咨询师去偏远山区上门服务，在实施咨询的同时也培养留守妇女的法律、健康意识，提升心理调适能力。

"三留守"教育救助从整体上来说已经开始起步，特别是在城郊或较发达的乡村还取得突破性的进展。教育救助者实现了自己的价值，"三留守"尝到了教育救助的甜头，推动了教育救助从自发到自觉的发展，《国务院关于加强农村留守儿童关爱保护工作的意见》是国家层面正式出台的留守儿童教育救助的政策，也是"三留守"教育救助走向规范化、制度化的开端。

二、农村"三留守"教育救助建设现状

"三留守"教育救助系统建设需要时间。改革开放近四十年来，党和国家重视"三留守"关爱体系建设，也重视教育救助体系建设，分析教育救助的内在矛盾，揭示发展规律，探索建设路径，是我国教育建设正在进行的基础性工作。

（一）"三留守"教育救助建设的内在矛盾

随着"三留守"问题的出现，国家、社会首先提出了"关爱"这一课题。建立关爱体系，实施社会救助既是社会问题，又是个体问题；既是公权问题，又是私权问题。而关爱中的教育救助则涉及到如何根据内部矛盾建立救助体系。近年来，"三留守"教育救助在建设中首先要弄清楚"教育谁"、"谁教育"、"教什么"等问题，这是"三留守"教育救助的内在基本矛盾。通过学术界的研究，团中央、教育部、妇联、民政局等社会组织的探索，揭示了"三留守"是教育救助的对象，政府、社会组织、学校是实施教育的主体，教育的内容是留守儿童、妇女、老人各自的需求。因此"三留守"教育救助的基本矛盾是教育主体提供的教育资源与留守人员的教育需求之间的矛盾。在这一领域，政府、社会、学术界都做了大量基础性的工作。

（二）"三留守"教育救助建设规律

教育救助作为一项建设工程，使其落地见实效的核心环节是揭示其内在规律。学校、民政局、共青团、妇联、居（村）委会等机构和专家学者都在探索教育救助建设的规律，这是一个由自发向自觉发展的过程。"三留守"教育救助"有没有没规律"、"怎样表述这一规律"、"如何根据这一规律实施教育活动"，是"三留守"教育救助建设首先必须解决的问题。实践工作者自发探索，理论工作者自发研究，研究成果如汗牛充栋。这些探索归纳起来，"三留守"教育救助的规律为：教育制度、体制、方法、内容、评价一定要适应"三留守"生存发展的需求。

具体说，留守儿童和所有儿童一样，学习是最基本需求，从幼儿园开始直达大学校门是他们追求的理想。但是，留守儿童又与一般儿童在需求上有着特殊性，除了学校教育外，家庭教育管理处于"放羊"状态。他们也需要人管，需要人辅导作业，需要人关心、陪伴，因此留守儿童教育救助不仅仅是解决知识需求，还需解决心理需求。可以将其表述为学校、家庭、社区教育一定要适应留守儿童知识、心理需求的规律，目的是培养全面发展的人才。

留守妇女教育救助属于成人教育体系，需求强度有所减弱，如果自身缺乏自觉，会出排斥教育救助的现象。只有当生存和发展需要才产生学习的愿望，留守妇女也会因为遇到问题产生学习需求。和一般妇女不同，留守妇女一是责任重大，上有老、下有小、丈夫又不在身边，承担着养家糊口的责任；二是经济来源主要靠丈夫汇款，学习的目的是提高赚钱技能以便养家糊口；三是辅导孩子的需求；四是自我保护需求。留守妇女的学习需求是非常明显，针对留守妇女的这一需求实施教育救助以提升留守妇女的自我生存、自我发展、自我保护能力。可以将留守妇女教育救助规律归纳为妇联、社区、居（村）委会的教育救助一定要适应留守妇女需求的规律。教育主体必须开展法律、心理、生存、发展等方面的教育救助，才能收到事半功倍的效果。

留守老人教育救助属于夕阳关爱的组成部分，一般认为"年轻人总是展望未来，老年人总是回忆过去"，不需要学习；留守老人更不需要学习。这种理念既落伍，又与学习型社会建设相矛盾。孔子早就主张："其为人也，发愤忘食，乐以忘忧"，"学而不厌""不知老之将至"[1]的终生学习；民间也倡导"活到老，学到老"。当然，留守老人教育救助不是帮助提升谋生手段，而主要是帮助他们提升自救能力。留守老人最直接的需求是生活来源稳定、身体安康、心埋健康。针对这一需求，留守老人的教育救助主要提升老人的法律、医疗自救能力，心理自调能力。因此，一定要适应留守老人自救、自调需求的规律是留守老人教育救助的基本规律。社区、居委会、村委会只有开展法律、健康、心理等教育救助，才能使留守老人学会用法律武器维护自己的正当权利；当疾病袭来，身边无人时可自救；子女不在身边也能自我排除孤独。

（三）"三留守"教育救助建设路径

近四十年来，"三留守"关爱体系建设取得了重大进展，但"三留守"教育救助却刚刚起步。政府、学者、实践工作者都在探索教育救助的路径，归纳起来主要有社会自发、理论自觉、政策规范等三大路径。

社会自发路径。事实上，"三留守"这一社会群体一出现就涉及到社会关爱体系建设，而社会关爱中教育救助又是不可缺少的环节。往往在开始时，个别社区或学校领导人意识到教育救助应该纳入关爱体系，因而在辖区内从我做起。学校教育救助是从留守儿童这一群体出现后产生的一种行为。最初是个别，然后通过经验交流、媒体宣传，整个学校

---

① 张燕婴：《论语》，中华书局 2006 年版，第 86、94 页。

都开始给留守儿童"开小灶"——进行专门的教育救助。个别社区最先发现"三留守"这一社会群体有教育救助的需求，因此就在社区的市民学校开办老年大学、留守儿童辅导班等。个别妇联在调研中发现留守妇女问题，积极在村社布点对留守妇女实施教育救助。这种自发的教育救助还不算严格意义的教育救助建设，但却开创了教育救助的先河。教育救助的理论研究，政策规范都是从这里开始的。这种建设带有很强的自发性，与严格意义的建设还有差距，只能说是建设的萌芽，还不能叫建设。

理论自觉路径。实践是理论发展的源泉，是推进感性认识上升为理论的动力。"三留守"教育救助自发开展的实践既为理论研究提供了实证范例，又为理论研究提供了丰富的经验。在实践与政策制度之间，理论研究则起着桥梁作用。实践——理论——政策是"三留守"教育救助的内在逻辑。正是学者家们在总结学校、社区、妇联、居（村）委会"三留守"关爱体系建设的实践经验时，发现教育救助的必要性、必然性；进而对社会自发的教育救助进行归纳抽象，提出了教育救助的理论模式，并通过人大、政协、媒体向社会、政府呼吁，已引起广泛的关注。"三留守"教育救助实践不管是自发的还是自觉的，一当上升为普遍性，就必然转化为自觉。我国"三留守"教育救助已经进入理论自觉阶段，有相当一部分学者将"三留守"关爱体系建设的视角聚焦在教育救助上。目前，理论研究颇有成效，对教育救助实践的指导作用越来越大。

政策规范路径。由于"三留守"作为我国改革开放以来新形成的一大群体，无论是对留守地还是务工地都造成了巨大的社会影响，形成了新的社会矛盾。国家提出关爱体系建立是从人道的角度缓解留守的矛盾。"三留守"要靠自己创造幸福，政府就必须实施"输血"工程——教育救助。"三留守"教育救助作为顶层决策，是社会自发、理论自觉发展的必然。2012 年，党和政府作出关爱"三留守"的决策，紧接着

"十三五"规划、扶贫攻坚等文件进一步将关爱体系建设细化。随着研究的深入,2016年开始对留守儿童的教育救助作了政策规范,紧接着又出台了"老年教育发展规划"的政策。政策不仅将自发变成了自觉,将理论探索向实践转化,还起着对"三留守"教育救助进一步规范的作用。随着时间的推移和"三留守"教育救助实践的发展,政策规范既是最高层次的路径,又是实践升华为理论的中介。政策规范是"三留守"教育救助尘埃落定的现实路径。"三留守"教育救助建设政策规范路径是重中之重,现在才刚刚起步。

"三留守"教育救助是一个新问题,无论是实施还是建设都处于发展阶段,探索新情况,发现新问题,归纳新结论,推进新政策。不断推进"三留守"教育救助建设、实施朝着科学化、规范化、立体化方向发展。

第四章　农村"三留守"教育救助存在的问题及其原因

"三留守"这一群体形成以来,各种矛盾和问题不断暴露,国家十分关注农村"三留守"的关爱、教育救助问题,要求各级政府予以解决。"三留守"教育救助作为专项,也摆在决策层面前,查清"三留守"关爱的问题及原因、教育救助现存的问题及原因,是成功开展"三留守"教育救助的基础。

第一节　农村"三留守"关爱的问题及原因

"三留守"关爱既是老问题,又是新问题。从"三留守"作为弱势群体来看,社会关爱是非常必要的,有"三留守"在就应该有关爱在,从这个意义上讲是老问题。2012 年,党中央、国务院提出建立"三留守"关爱体系,从这个意义上讲是新问题。揭示"三留守"关爱现存的问题、查清原因是实施"三留守"教育救助的前提和基础。

一、农村"三留守"关爱的问题

我国"三留守"人数众多,发展能力弱,缺爱,生活压力大,需要政府和社会关爱。"三留守"作为一种新生的社会群体,已经近四十年了,但至今为止,关爱内容、管理组织、志愿者队伍、平台建设、资金投入等问题,一直困扰着"三留守"关爱体系建设。"三留守"关爱一般号召多,具体落实少;文件出台多,具体工作少;精神关爱多,物质关爱少等"三多三少"的状况仍然阻碍着"三留守"关爱体系建设的前进步伐。

（一）关爱内容不明确

虽然党中央和国务院在相关文件中把提高"三留守"的生活水平作为主体内容，儿童的学习教育作为重要内容，但从政策层面却没有明确关爱"三留守"应该具体落实到哪些方面，关爱的实施停留在一般号召上。学者们提到很多有价值的见解，但由于研究视角不一样，要解决的问题有差距，因此提出的关爱内容也是五花八门。对"三留守"最需要的生活、医疗、心理、法律等方面的关爱需求却没有满足。我们知道"三留守"处于社会弱势，经济来源主要靠外出打工的壮劳动力，但如何帮助他们不断炊却没有政策明确，出现这一现象后，找谁救济也不明确。健康由谁来关爱，缺医少药的现象怎样解决，大病、小病谁来救济，心理孤独谁来辅导、慰藉、陪伴，"三留守"关爱体系的内涵是什么，主要包括哪些关爱，怎样关爱都不明确。学者们虽然提出了很多设想，想得很细，但无法转化为政策规定。

关爱内容不明确影响了社会组织的关爱质量，形成了现在的运动型关爱——上面强调了关爱一下，无人过问则顺其自然，逢年过节发一点困难补助，生大病时送点慰问费还算好的。正是关爱内容不明确，导致关爱体系建设定位困难，最后使关爱不能落到实处。

（二）关爱组织系统不健全

"三留守"关爱很难落地见实效，一个重要的原因是理论上有组织系统，实践上没有。共青团、教育行政部门、妇联、民政部各级组织好像都是关爱组织系统的成员，但在关爱体系中哪个部门该管哪段不清楚。《中共中央国务院关于打赢脱贫攻坚战的决定》虽然明确了"三留守"的管辖，但是具体如何形成"横向到边，纵向到底"的关爱组织系统没有明确。正是这种状况决定了关爱流于形式，没有真正达到要求的效果。同时从管辖权来看，各级政府应该是关爱组织主体，但这仅仅是从应然的角度确定的，实然却有很大差距。各种群团、基金会等社会组织响应党中央国务院的号召关爱"三留守"，但怎样关爱？是有钱出钱、有力出力吗？还是采取规范的关爱模式？也没有明确。

　　没有健全的关爱组织系统，各吹各的号、各抬各的轿，现成的正式组织和非正式组织依据工作惯性按部就班地处理"三留守"的日常问题，这实际上是一种非组织状态，这种组织状态必然影响关爱系统的健全与完善。2012年中央开始提出建立"三留守"关爱体系，这种非组织状态虽然有了好转，各级政府、社区、教育行政部门、学校、居（村）委会开始自觉关爱"三留守"问题，但没有形成强有力的组织保障系统。"三留守"关爱工作的自发惯性仍然起着较大作用，这样直接影响了"三留守"关爱体系建立，从而影响了农村的稳定。

　　（三）志愿者队伍不够持续

　　本来"三留守"关爱是一个社会问题，每个社会成员对社会关爱的应然性都能清楚明白，但是怎样实施关爱职能，采取关爱行为却取决于自愿。近几十年来，我国社会通过加强思想政治工作，在全国范围内自发地产生了很多志愿者，自发地关爱"三留守"群体。现行的三支队伍特别突出：一是大学生关爱志愿者队伍。这支队伍由大学党委、共青团、院系、学生社团发起，活跃在居（村）委会的市民学校，承担起志愿免费辅导留守儿童学习、留守妇女法律咨询、留守老人陪伴等，还有的去敬老院、老年大学、留守老人家中服务，这支队伍虽然卓有成效，但自愿倾向特别明显，因而志愿者队伍参与者不足在校生的10%。二是社区招聘志愿者。有的优秀社区为了响应中央关爱"三留守"的号召，由于工作人员少，无法承担"三留守"关爱的任务，因此向社会招聘志愿者。这种招聘没有薪酬，但个别的有一定补贴。这种志愿者仍然是以自愿为基础，没有利益调动，缺乏常规性和稳定性。三是机构招聘。福利院、基金会、妇联、团委等组织机构因工作需要招聘"三留守"关爱的志愿者，代表机构向"三留守"送温暖。这种机构招聘也有少量的生活补贴，但没有一种机制将志愿者相对稳定下来，基本是一事一聘，一聘一散。我国"三留守"关爱志愿者队伍一般是在倡导时起来很快，一旦组织冷却，队伍也就冷了。没有组织、没有运行机制，全凭自愿，因而这种关爱也带有很大的自发性。

（四）平台建设不足

"三留守"关爱本来应该依托各级政府，以社区为载体，居（村）委会为工作机构，志愿者为借用力量，学校为场地建立起来的平台。但现在很大程度上只是将就现有的平台，做一点力所能及的关爱工作。一没有专门的关爱平台。像关爱老人的老年大学、福利院，关爱儿童的孤儿院、学校，关爱妇女的妇女活动中心、妇女儿童保护协会、工会中的女工委员会等这些类似的平台在"三留守"关爱体系中基本没有，至多在这些平台中提到"三留守"的问题。平台既是关爱活动的组织机构又是活动载体，没有或借用平台都会影响关爱效果。目前，勉强算"三留守"关爱平台的只有社区。学校对留守儿童关爱来说仅仅是借用平台。二是借用平台带有很大的随机性。前面讲到的儿童、妇女、老人的关爱平台都可以供"三留守"关爱实施使用，但是毕竟名不正言不顺，关爱结果大打折扣，更何况这种关爱带有很大的随机性——上级提倡、社会倡导、单位领导重视、志愿者积极就近借助平台开展救助活动，救助结束后平台功能回到之前。

（五）资金投入严重不足

"三留守"关爱最核心问题涉及到资金，"钱从哪出"、"由谁来花"、"怎样花"、"花多少"等问题在"三留守"关爱提出时就一同产生。首先就涉及到资金来源问题。现有资金渠道主要是扶贫办中的扶贫款，民政局的困难补助款，居（村）委会公积金或公益金中的慰问金，社会捐赠或直补等，很显然没有相对稳定的财政预算内资金，社会捐赠和直补也带有随机性。资金投入既无保障，量又不足。其次是资金由谁支配问题。由于没有专门的财政资金渠道，成为了政府管理的盲点，一般采用的是谁出钱谁出救助政策实施救助。再次是怎样花的问题。一般各自筹集的资金按各自系统的规定，民政部发困难补助，居（村）委会送慰问费,社会捐赠一般采取直补到"三留守"人头。平台建设资金,"三留守"组织建设的运行费,只能从社区的行政经费中挤压一点,基本没有专门预算。最后是花多少的问题。本来钱就少,一般情况是有钱就花,没钱就"打望",没有相对稳定的花钱计划,结果仍然是没有钱。

二、农村"三留守"关爱问题的原因

"三留守"作为改革开放、城镇化进程中出现的重大社会现象,对我国经济、政治、文化、社会都产生了极其重要的影响,对"三留守"实施关爱既是一个全新也是涉及面很广的课题,关爱实施中存在的问题既有"三留守"自身的原因,也有政策、社会、体制等原因。

(一)自身原因

"三留守"自身存在数量大、居住分散、生存发展能力弱、缺爱、压力大等问题。这些问题中,弱势是最根本的问题。因为弱势就会产生寻求救助的需求,也正是因为弱势便更希望得到关爱。"三留守"的关爱需求不是单一的,从一日三餐、衣食住行这些最基本的生存需求到身心健康、学习教育都需要解决。正因为其数量大,要解决的问题多,涉及面宽,要做到全面关爱,一个不漏,难度很大;居住分散又决定了无法集中统一地按照一种模式实施关爱,山区的"三留守"与平原的不同,中部与西部的不同,这就为"三留守"的关爱提出了分类开展的问题。生存发展能力弱又导致了自我救助水平差,嗷嗷待哺成了普遍现象,特别是贫困连片区的"三留守"人员中的绝对贫困人口。"三留守"人员中的留守老人缺乏子女的爱,缺天伦之乐,留守妇女则缺丈夫的爱,留守儿童缺父母之爱,特别是父爱。缺爱容易导致心理阴影,致使其对关爱有特别企求而且特别挑剔。"三留守"生理、心理、经济的压力都非常大,而这种压力都是可感知的客观存在,减压是共同的愿望。

正是"三留守"自身的特点决定了政府、社会实施关爱时必须从这里开始,而这些特点本身对关爱体系建立提出不同要求,这是"三留守"关爱问题产生的对象性原因。

（二）政策原因

本来从法权的视角来看，"三留守"问题属于私权范围，应由留守家庭自己解决，政府没有义务来管"三留守"的救助、关爱；但是我国是社会主义国家，中国共产党代表中国最广大人民的根本利益，制度的优越性、政党的先进性决定了政府要出台政策对"三留守"实施救助、关爱。根据历史唯物主义的一般原理，政策只能解决现实已经提出的问题。虽然在80年代初就开始出现了"三留守"现象，但是开始时矛盾并不突出，留守妇女、留守老人和留守儿童还会因为家中有人在外打工，每月有钱汇回在乡邻中炫耀。1990年四川省政协会议上曾有邮政部门的政协委员将本县打工汇款的数量统计并在大会上报告，很多县打工者通过银行汇款回来的资金超过了该县的财政收入总额，这一时期"三留守"不需要政府管理。随着打工队伍的膨胀，到了21世纪，"三留守"的各种问题开始暴露出来：打工者少寄或不寄钱回家，挣钱多在外重新兴家，留守妇女在留守地受欺负，留守儿童出了学校没有人管，留守老人生病无人过问，个别在家里去世无人知晓。理论家们开始呼吁社会关注，人大代表、政协委员呼吁政府出台政策，政府决策层开始把视角转向这一群体，全国妇联开始调研留守妇女问题；团中央青少年研究中心、教育部开始调研留守儿童问题；民政部门开始调研留守老人的问题。在摸清"三留守"的状况基础上，决策层开始思考政策关爱问题。2012年的《政府工作报告》明确提出了"三留守"的问题；习近平总书记在《决胜全面建成小康社会 夺取新时代中国特色社会主义伟大胜利》的中将"健全农村留守儿童和妇女、老年人关爱服务体系"作为社会保障体系建设的重要任务之一。这种发展过程是符合认识规律的，但也是"三留守"关爱问题产生的政策性原因。《十三五规划》《扶贫攻坚战》《国务院关于加强留守儿童关爱保护工作的意见》等系列文件出台了，迎来"三留守"关爱的春天。但要将这一政策落到实处从根本上解决"三留守"关爱的问题还需要时间。

（三）社会原因

在发达国家一般是"大社会、小政府"，很多政府职能由社会履行。发展中国家"三留守"问题则多从困难补助、司法救济等方面入手，困难补助由社会福利机构、群团组织、基金会等组织实施，福利院、孤儿院是较典型的形式，而司法救济主要由律师事务所承担。国外这种状况比较普遍，社会呼吁要通过政府决策才能起作用，社会组织的力量很弱。

我国1984年《中共中央关于经济体制改革的决定》拉开了以经济建设为中心的序幕，经济发展需要大量的资金和劳动力，而农村实行责任承包后剩余劳动力需要市场，这样一场浩浩荡荡的打工队伍开始在中国中西部出现。这种队伍东征、北伐、南下像滚雪球一样越滚越大，到目前为止已经达到两亿七千万，占总人口的1/6，造成"三留守"2亿左右。留守群体是社会弱势中的弱势，从应然视角应该由外出打工的子女、父母、丈夫来承担关爱任务。但是由于打工的子女、父母、丈夫没有尽到各自的责任，或者尽到了经济责任而没有尽到心理责任，有时还无法尽责，这样就把问题留给了社会。最近、最直接的社会组织就是村（居）委会或社区，这样的结果就是个体的关爱就变成了社会行为，社会不能不管。这样巨大的"三留守"队伍社会不能不管，如果管就必然要涉及到谁来管、怎样管、管理费用等问题。而社会上从学者到实际工作部门都在自己视野范围内进行观察，并力所能及的探索救助方式，学校关注留守儿童的学习，妇联关注留守妇女的身心健康和法律救助，共青团关心留守儿童的政治生活和健康成长，民政部门预算困难补贴、节日送温暖费用，村委会、居委会、社区力所能及的组织市民学校开展送温暖活动。这些关爱形式很长时间都处于一种自发状态。

正是社会关爱虽然提出早但理论探索多，实际操作少，起步又晚，很多地方处于自发状态，因而决定了"三留守"关爱的组织系统、运行机制、投入机制都处于探索中，而没有形成相对规范的体系。

（四）体制原因

"三留守"关爱首先就涉及到体制问题。体制是指一定时期为了解决某一重大社会问题而通过法定程序建立起来的有机结构，包括制度、机制和实施制度的主体——组织及人员。

"三留守"关爱制度是体制的核心。制度是社会组织或政权机构通过一定程序制定的相对稳定的强制性规范。制度一旦形成，体制内的所有成员、组织都必须遵守、服从，制度的浅表层面就表现为政策，核心层面就表现为法权。"三留守"关爱制度就是国家从法权层面赋予关爱组织的权利和义务，规定关爱的组织和程序并实施监督。制度是"三留守"关爱体系的核心，没有制度规定将导致整个关爱活动带有随机性。

体制中涉及的第二要素则是组织和人。组织作为一种系统，它仅仅是一种结构，真正活跃在组织中的是执行组织任务的领导和办事人员，其中领导又是组织活动的核心；组织中的人是组织功能得以实现的主体，人为万物之灵，有主体意识；组织和人制定制度，但一旦制度形成以后又受制度规范和制约——必须遵守、执行制度。

制度和人相互制约、相互冲突，最后形成必然如此的趋势和倾向，这就是体制内在的运行机制，机制只有在相互矛盾和冲突中才具有生命力。"三留守"的这种机制正是在政策与组织或执行者的矛盾运动中形成的，"三留守"的政策一旦出台，从制定政策的主体到执行政策的主体都必须受这种政策的规范。必须按照文件精神实施执行，但在实施执行中由于主体理解上的差异可能出现偏离，也可能是因为政策本身不能囊括所有的现实问题——"三留守"关爱提出了新问题呼吁新政策出台——推动政策制度修改。这种执行－矛盾－修改－完善就成了"三留守"体制健全的逻辑。

正因为"三留守"的关爱体制处于形成过程中，还存在很多矛盾，还有很多新问题需要去认识，因而政策制度不完善，机制不健全，这是问题产生的体制原因。

第二节　农村"三留守"教育救助存在的问题及原因

对于"三留守"的关爱，虽然各级政府很早就开始着手思考、决策、实施，但顶层决策者关注则较晚。作为一种新产生的社会现象，其内在矛盾是在发展中逐步显露出来的。教育救助则是关爱体系的有机组成部分，是在关爱体系构建过程中逐步突显其重要性的，因而找准"三留守"教育救助存在的问题，查明原因是实施有针对性救助的基础。

一、农村"三留守"教育救助存在的问题

"三留守"教育救助虽然取得了一定的进展，特别是对留守儿童的教育救助功不可没，但"三留守"整体的教育救助则存在着活动自发（无组织、顺其自然）、各自为政、发展不平衡、实效不明显等问题。

（一）农村"三留守"教育救助自发特征明显

近些年来，"三留守"的教育问题被越来越多的人关注，并引起了政府和社会组织的重视，但是没有形成有组织的系统，顺其自然，能做多少就做多少，既无工作目标，又无考核指标，更无刚性规定。这种自发性表现在三个方面：

志愿者自愿。"三留守"教育救助最活跃的是大学生志愿者队伍，在大学定点联系的社区或居（村）委会，学生志愿者常常会自愿地去社区文化室、市民学校帮助留守儿童补习功课，帮助留守老人学习卫生、心理健康、法律自救等知识，帮助留守妇女学文化、家政、种养殖技术。志愿者全凭自愿，本质上就是一种自发活动，尽管志愿者有政府、学校、团委、妇联等发号召，但没有刚性规定，而志愿者本身全凭自愿，既无激励机制，又无约束机制，这是所有"三留守"教育救助实施活动中普遍存在的问题。更何况"三留守"分布广，偏远的山区，自然条件恶劣的、交通不便的地区，志愿者很难涉足。

基层政府提倡。政府作为行政组织，掌握丰富的行政资源，并用行政资源调动人、财、物，是"三留守"教育救助的实际组织者和领导者，但是国家宏观政策未出台前，政府没有责任组织"三留守"教育救助。这一时期，地方政府的领导，特别是中西部地区留守人员集中的区县领导，会偶尔想起"三留守"关爱、教育等问题，也会在会上号召大家实施教育救助，但是会上强调，会后忘掉，工作落实放空炮。当然，在国家宏观没有出台政策以前，地方官员能够关注"三留守"教育救助问题，这本身是一种进步，但是这种关注的自发倾向比较明显，没有社会组织救助自发政策保证。按照我国的惯例，青少年教育救助的最直接组织是学校与共青团；妇女的教育救助靠妇联；老人的教育救助靠民政，这是约定俗成的。教育救助尘埃落定在学校和社区。不管是学校、团委、妇联、民政部门，还是社区对"三留守"教育救助都没有刚性任务，因而整个救助工作全凭领导的热情，工作人员的干劲，自发性倾向很明显。

社会组织呼吁。各种基金会、人大代表、政协委员也在不同场合呼吁，但呼吁仅仅是口头呐喊。自发性倾向决定了学校，特别是社区"三留守"教育救助的面很窄。2009 年据随机抽样统计数据推测，在中国59.7 万①个村委会中，知道"三留守"教育救助的村委会不足 5%，在8.4 万②个居委会中知道"三留守"教育救助的不足 50%。98%的村民委员会，都采用"上面一号召，下面响一炮"的态度，如果没有人管，村委会更不会管。这种自发倾向直接影响到"三留守"教育救助的正常开展。

在很长时间内，我国"三留守"的教育救助都是志愿者、政府、

① 民政部：《2009 年民政事业发展统计公报》，2010 年 6 月 10 日，见 http://www.mca. gov. cn/article/sj/tjgb/201006/201006000814229. shtml.

② 民政部：《2009 年民政事业发展统计公报》，2010 年 6 月 10 日，见 http://www.mca. gov. cn/article/sj/tjgb/201006/201006000814229. shtml.

社会组织自发进行的。这种自发性决定了教育救助还停留在初级发展阶段，要促进"三留守"教育救助取得成效就必须变自发为自觉。这是"三留守"教育救助的现实要求和发展趋势。

（二）"三留守"教育救助各自为政

"三留守"是逐步扩张的一大群体，这一群体开始出现时，学校、社会、社区、群团组织都是按照现成社会体系的分工开展关爱救助工作的。

学校教育救助各自独立进行。"三留守"教育救助按社会分工职能划分，学校是行为主体。"三留守"教育救助，特别是留守儿童教育救助是学校的基本职能之一，因此教育行政部门及其下属学校首先就遇到留守儿童的教育救助问题，在 2001 年我国政府对农村义务教育阶段贫困家庭学生就学实行"免杂费、免书本费、逐步补助寄宿生生活费"之前，留守儿童在学校与其他儿童一样都需要交纳书杂费，生活费自理。这一阶段，留守儿童的问题已经暴露出来，很多学校开始对困难的留守儿童实施减免书杂费，但这种减免没有统一政策，是各个学校自己决定。2001 年开始实施中央财政负责提供免费教科书，地方财政负责免杂费和补助寄宿生生活费的政策后，留守家庭书杂费负担免除，也可以申请寄宿生活补贴。教育行政部门实施的国家政策是普惠政策，没有留守儿童的专门政策，因此学校的教育费用救助未能显示特殊性；同时，学校虽然开始关注留守儿童的学习和身心健康，但这种救助是各个学校各自为政，没有统一的要求。

学校各自相互独立进行的"三留守"教育救助的对象还包括对妇女、老人，一般学校将留守妇女纳入各自的成人教育和扫盲教育系统。

社会组织教育救助分散开展。社会教育救助主要集中在社会组织和社区。社会组织是实施主体，社区是实施载体，社会组织又主要集中在社会培训机构和各种类型的基金会、协会。"三留守"教育救助实施较好的是三峡库区移民部门的培训机构，重庆市职业教育移民行业协调委员会全面负责移民教育，而移民教育中"三峡库区 900 余万'三留守'

构成社区教育救助的客体"。① 2004 年以来，移民技能培训 157588 人次，② 其中留守妇女占 32.1%，社会组织中，各种培训机构承担着留守妇女教育救助的职能，但这种培训不仅是各自为政而且是附带产品。

各种基金会、协会在"三留守"教育救助中呈现出"有钱出钱，有力出力"的状态，教育基金会、残疾人基金会、司法救济基金会、律师协会等都对"三留守"的教育救助做过一些工作，有的向福利院、希望小学捐款，或者个人对"三留守"儿童实施"一对一"救助，支持留守儿童从小学一直读到大学。以留守儿童教育救助为例，目前我国有"希望工程"、"春蕾计划"、"快乐学校"、"五彩石项目"、"麦田计划"、"稻田计划"等大大小小各种项目，分别由各个组织或个人发起，并为留守儿童的教育救助做了力所能及的贡献。但是各个组织在实施过程中具有很大的随意性，组织之间也缺乏合作交流，救助既分散又无组织，受惠面窄，仍然是一种自发、分散、各干各的救助行为。

社会组织中，民政部门是行政组织，但主要职能是实施社会救助。在"三留守"教育救助中，民政部门在辖区内主要依托福利院、孤儿院对附近留守老人进行心理健康教育，留守儿童进行教育救助；通过发放教育救助补助或聘请教师开讲座、辅导等形式开展教育救助活动。民政部门的教育救助本身也是自成系统的，既是行政组织行使行政职能，又是一种特殊的救助形式。

社区教育救助各自为政。社区实际上是"三留守"教育救助的主要载体，社区一般提供教育救助的场所，招聘志愿者，组织志愿者实施教育救助，但我国比较特殊的情况是，严格意义上的社区，又形成组织的，一般在城市或城郊，大部分"三留守"的居住地没有这样的社区，只有村委会或居委会。例如在三峡库区留守人员中，有相当一部分集中

---

① 夏海鹰：《三峡库区移民社区教育模式的创建及价值研究》，《西南民族大学学报（人文社科版）》2016 年第 2 期。

② 王显刚等：《三峡移民工程 700 问》，中国三峡出版社 2008 年版，第 295 页。

在移民社区。据不完全统计，重庆库区建成包括 470 个移民居住点在内，移民相对集中的 1000 余个社区。① 移民社区集中"三留守"这种现象在全国比较特殊，社区教育救助在这里也开展得风生水起。但是，绝大部分偏远山区的村委会很少实施"三留守"的教育救助，加上近几年并校，很多地方的村小都并到了乡镇小学，村委会的村官一般只有书记、村长、秘书（会计）三人，未常设教育机构，更没有"三留守"的教育机构，教育救助还没有起步。

群团组织教育救助自成体系。妇联作为妇女的群众团体，主要职能是关爱妇女，帮助妇女儿童维护自己的合法权；也承担组织、救助妇女儿童的社会职能。在妇女、儿童教育救助中，妇联通过调研摸清留守儿童、妇女的状况，向社会呼吁教育救助，并募捐、举办各种留守妇女的实用技术、扫盲、家政、心理健康等培训班；调研留守儿童教育救助的状况，呼吁社会实施对留守儿童的教育救助。妇联对留守妇女、儿童的教育救助做了大量的工作。共青团主要对留守儿童教育救助做了大量的工作，团中央的青少年研究中心将留守儿童的关爱、教育救助作为专题进行研究，并卓有成效；《中国青少年校外教育政策——内容分析与绩效评估》等著述对留守儿童的教育救助进行了系统研究；组织青少年基金会发起希望工程捐款救助失学儿童（包括留守儿童）。各级团委也积极参与留守儿童的调研，呼吁社会对留守儿童实施关爱和教育救助。工会主要通过动员辖区内的职工捐款、捐物对就近的留守儿童实施教育救助。近年来，民主党派特别是民建、民盟、九三学社等教育口的党派通过组织调研，参与政协、人大会议，向社会和政府呼吁留守儿童的关爱和教育救助；民主党派也实行定向募捐，通过学校或民政部门将捐款送达留守儿童群体。

无论是学校、社会组织，还是社区、群众团体都积极参与"三留

---

① 　夏海鹰：《三峡库区移民社区教育模式的创建及价值研究》，《西南民族大学学报（人文社科版）》2016 年第 2 期。

守"教育救助活动，各自在自己权限、义务范围内做了大量的工作，有的救助还颇有成效；据民政部报告，2012—2015 年全国救助保护机构共帮助 64483 名流浪未成年人返校复学。① 尽管成效显著，但全国几乎处于自发、分散状态，顺其自然的特征却没有根本改变，各自为政仍然是现实存在。

（三）"三留守"教育救助发展不平衡

"三留守"在我国出现虽然已经近四十年，但教育救助作为一种关爱的手段在全国存在组织系统、区域发展的不平衡。这种不平衡困扰着"三留守"教育救助的正常发展。

"三留守"教育救助组织系统不平衡。由于受我国行政体制管辖权分割的影响，"三留守"教育救助中效率最高、最有成效的是行政组织，而行政组织中直接相关的开展较好。"三留守"教育救助中儿童是重点，直接主管留守儿童教育救助的是学校。从 80 年代第一次开工潮蔓延全国时，现实就将留守儿童的问题向学校提出，特别是中西部的学校，出现的最大问题是，留守儿童辍学。学校开始从减少留守儿童辍学着手，开展各类留守儿童的重返校园的活动。据《中国教育统计年鉴》，1989—1991 年小学毕业班年龄组人口的平均毕业率为 80%，2008—2010 年上升为 97.8%，推测儿童重返校园的比重大大提高。教育行政部门和学校在留守儿童教育救助中起着主体作用。共青团在留守儿童教育救助中也起着重要的作用。妇联在妇女教育救助中是主力，虽然留守的村社已经没有专职的妇女主任，但妇联作为一种群众组织，从中央到乡镇，都建立了一套完善的正式组织系统。这个组织系统把"三留守"中妇女和儿童作为重点，全国妇联专门对妇女问题做了调研，各级妇联举办了各种培训班。民政部门一方面关注留守儿童中流浪儿童的教育救助，另一方面对留守老人也通过社区或者资助老年大学进行教育

---

① 新华网：《民政部：三年 64483 名流浪未成年人返校复学》，2016 年 5 月 31 日，见 http://news.xinhuanet.com/politics/2016-05-31/c_ 129029736.htm.

救助。

　　整体说来，学校在留守儿童教育救助中做得较好，民政部门、共青团、妇联次之；妇联在留守妇女教育救助中做得较好，民政部门次之；民政局在留守老人教育救助中花工夫较多，老年大学、社区次之。这种组织系统之间的不平衡是由各自的职能决定的，这种不平衡造成了救助针对的问题，达到的水平，取得的实效都出现极大的差异性，这种差异影响了整体教育救助的健康发展。

　　"三留守"教育救助区域发展不平衡。本来我们国家幅员辽阔，各区域之间发展不平衡属于正常情况，但是我国"三留守"教育救助区域之间的落差太大，这就对整个教育救助造成发展的畸形。这个区域不平衡主要表现在城乡结合处与偏远山区，中部与西部，少数民族地区与汉族地区之间的显著差异。

　　打工潮兴起以后，城郊的农民首先进城务工，然后是偏远山区的农民进城。打工潮造成的"三留守"成了全国城郊与乡村的新现象。由于城郊受城市辐射作用力大，公共资源相对丰富，因而"三留守"教育救助开展得较好。据研究人员在重庆、四川、云南、广西等十五个县城郊区的三十个社区、村委会调查统计的结果，93%左右的社区、村委会都设有市民学校，招聘志愿者有组织地开展对留守儿童的课外辅导，留守老人健康辅导，留守妇女法律自救及技术培训；33%的社区和村委会依托县城的老年大学对老人实施教育救助，教育救助取得较好效果。偏远山区"三留守"教育救助的情况基本还未起步，据三十八个行政村的调查统计，拿补贴的正式村干部只有三个人——村支书、村长、秘书（会计），好的地方妇女主任明确由村长或秘书兼任，一般的地方根本没有。而村小基本上被合并到乡镇小学。村委会虽然有一个办公地点，有专门的学习室的不到10%，而门锁锈迹斑斑，房屋内部蜘蛛网遍布，至多有几个人在那里打打麻将、斗斗地主。"三留守"不仅没有开展教育救助，而且所谓的关爱仅仅是逢年过节村委会代表民政部门送送温暖，发点困难补助，特别是儿女不在身边的留守老人生病去世之后好几天才被发现的情况更是屡次发生，据三十八个自然村的调查，近五年来留守老人死在家里过几天才被发现的一共有 11 起，相关人员甚至连教育救助的概念都没有。

"三留守"教育救助中，中西部地区发展不平衡。我国打工潮与中国水流的流向一样——由西向东。东南沿海，广东、福建、江苏、浙江、上海是主要接纳民工的地区。据抽样调查，这些地区的中西部民工占78.5%，2.7 亿左右民工中中西部地区约占87%，中西部地区大量流失人员，而中部地区理念较东部地区先进，社会资源、教育资源较西部地区丰富，教育救助起步相对早一些。据湖南、湖北、河南、河北等几个省市三十个村（居）委会的调查，除了城郊比偏远山区教育救助开展得好以外，整个中部地区对"三留守"的关爱各省都有相关的政策。《国务院关于加强农村留守儿童关爱保护工作的意见》颁布以后，已有26 个省份出台了实施意见，30 个省份建立了领导协调机制。[1] 其中中部的省份全部出台了相应的实施意见，并将留守儿童的教育救助作为重点工作。据调查，城郊的十个村全部设有市民学校或学习室，也借助县城的老年大学实施对留守老人的教育救助。较偏远的山区 20 个村都有学习室，也准备开展一些留守妇女、老人的健康活动，其中有 7 个村不定期地开展了由民政部门或志愿者组织的老年身心健康、自我救助培训；妇女家政、法律维权、实用技术等培训；学校也按照省市文件精神开展了留守儿童的教育救助活动，虽然"三留守"很分散，各自的需求又有所不同，但教育救助毕竟已经起步。西部教育救助则差得多，除了城郊、学校以外，几乎没有开展任何教育救助活动。这种中西部的差异严重制约了全国一盘棋的"三留守"教育救助体系的建立。

"三留守"教育救助中民族之间发展不平衡。本来打工大军主要集

---

[1]　新华网：《民政部：26 省份出台关爱保护农村留守儿童实施意见》，2016 年 10月 26 日，见 http://news.xinhuanet.com/gongyi/2016 – 10/26/c_ 129338066. htm.

中在汉民族居住区，但近些年来外出打工也成了少数民族地区脱贫致富的手段。据李春平等研究，贵州某县，"少数民族占 59.10%，但在流出人口中，少数民族的比重为 55.81%"。[①] 流出主要原因是打工，因而"三留守"在少数民族地区也急剧膨胀。从教育救助来看，汉族地区城郊比偏远山区、中部比西部开展得好一些；少数民族地区普遍未开展，包括很多自治县城郊的村社或社区。当然，在少数民族自治区一级的城市城郊的村社或社区也已经在起步，二线城市——自治州城郊的村社或社区大部分没有起步，个别先进的开始探索。少数民族地区既是我国集中连片贫困区，又是欠发达地区，教育救助普遍比汉族地区开展差，这种民族之间的不平衡也制约着整体教育救助的发展。

（四）"三留守"教育救助实效不明显

"三留守"教育救助起步较晚，留守儿童开展较好，有一定实效；留守妇女教育救助一般；对留守老人的教育救助基本无实效。

据调查，留守儿童的教育救助一直颇受社会关注，教育救助的主体是学校，社区志愿者辅助，监护人看管，国家还不断完善救助政策，提出了"不让一个孩子掉队"的口号，但留守儿童教育救助的实效主要集中在失学、辍学儿童救助上，如三峡库区实现了小学适龄儿童入学率99.9% 的目标，[②]彻底扫除儿童辍学现象。[③] 全国流浪未成年人救助量2013 年为 18.4 万人次，2014 年降至 15.8 万人次，2016 年第一季度仅为 1.65 万人次。专项行动期间，全国救助保护机构共帮助 64483 名流浪未成年人返校复学。[④] 学校对留守儿童有所关注，但主要还是从面上

---

① 李春平、沈菊琴、帅友良等：《西部少数民族地区流出人口个体和家庭特征研究——以贵州省某县为例》，《西北人口》2012 年第 6 期，第 41 - 44 页。

② 重庆市长江三峡移民工程竣工验收委员会：《长江三峡工程整体竣工验收重庆市移民工程初验报告》，2015 年 4 月。

③ 朱隽：《三峡库区蓝图绘就》，《人民日报》2011 年 8 月 16 日。

④ 新华网：《民政部：三年 64483 名流浪未成年人返校复学》，2016 年 5 月 31 日，见 http://news. xinhuanet. com/politics/2016 - 05/31/c_ 129029736. htm.

来考虑的，除个别学校以外，很少有学校为留守儿童学习开小灶，社区学习室虽然招聘志愿者辅导留守儿童学习，但带有很大的自发性。而留守家庭由于经济、生存压力，监护人只管儿童不缺课，大多数无法进行作业辅导，学习全凭儿童自觉。这样的结果是留守儿童在中考、高考中处于劣势。据追踪调查，巫山三个学校中考时留守儿童与非留守儿童进入重点中学的比例为1：1.7；高考的情况更糟，进入一本的比例为1：18，这种状况说明了留守儿童的教育救助在升学中表现出的乏力。

留守妇女的专门教育救助除了妇联在做以外，有学习要求的留守妇女则纳入成人教育体系。三峡库区留守妇女培训算是做得较好的，重庆市专门出台了《重庆三峡库区移民培训规划》（渝办发［2004］84号）。2007—2012年，培训农民工约30万人，[①] 其中种养殖业2.82万人中有专门留守妇女培训，三峡库区有专门的培训经费，而且留守妇女较集中，教育救助收到了一定实效；江西省樟树市技能培训帮助留守妇女就业也颇具成效，2016年共组织开展工业园区定向培训2750人，电脑培训816人，家庭服务业从业人员培训350人，创业培训和电商培训共1356人；[②] 全国妇联倡导对留守妇女关爱实施教育救助，各级妇联又组织过留守妇女的培训班，但妇联是群团组织，既缺资金，又缺行政资源，整个教育救助带有自发性，据学者研究，"88.3%的留守妇女没有参加过任何培训"，[③] 可见留守妇女教育救助带有很大的自发性，效果比留守儿童差得多。

留守老人教育救助是被遗忘了的角落，城郊的村社、社区有时还请

---

① 夏海鹰：《三峡库区移民社区教育模式的创建及价值研究》，《西南民族大学学报（人文社科版）》2016年第2期，第219-224页。

② 中国就业网：《江西省樟树市技能培训助留守妇女就业》，2017年1月4日，见 http://www.chinajob.gov.cn/TrainingSkillAccrenitaTion/content/2017-01/04/content_1268348.htm.

③ 叶敬忠：《留守妇女与新农村建设》，《中华女子学院学报》2009年第3期，第16-21页。

一些心理学教师开展一点心理健康咨询；请一些医生讲一下老年自救，对一些常见的老年性疾病，如心脏病、冠心病、高血压、气管炎、肺心病、关节炎等开展咨询；招聘一些志愿者开展老年陪伴、聊天等活动。偏远山区基本没有开展留守老人教育救助活动。有的村社有时也组织医疗下乡活动，看一看留守老人、孤寡老人，给他们做一些健康咨询。虽然城镇化进程中全国已建立 76122 个农村社区，[①] 但这些社区现代化功能几乎完全不具备，对留守老人的教育救助个别社区也有开展，但 95% 以上的社区基本是不作为。虽然国务院办公厅公布了《老年教育发展规划（2016—2020）》，但仅仅是规划，落到实处还需要时间；而留守老人教育救助是老年教育的组成部分，但要单独规划还需要做大量工作。正因为留守老人的教育救助长期被忽视，救助活动本身的自发性必然导致教育效果不明显。

二、农村"三留守"教育救助存在问题的原因

"三留守"教育救助存在的问题有着极其深刻的社会历史和现实原因。私权惯性、认识不到位、政策滞后、机构缺失、投入不足、留守人员动力缺乏是具体原因，只有摸清问题、查明原因，才能有针对性地提出消除原因、解决问题的对策。

（一）私权惯性的作用

发达国家私法与公法，私权与公权泾渭分明，私权自治是永恒的价值取向和司法原则。正因为如此，发达国家才未将"三留守"的问题纳入公权保护和关爱救助；理论上也很少研究，有研究的也是以发展中国家为对象；无论是政府还是理论工作者普遍认为"三留守"是留守家庭自己的事情，社会组织、机构、群众团体、个人愿意捐赠或救助纯属个体行为，自发自愿是活动的根本原则。

我国公权和私权的分界并不像发达国家那样明确，而社会主义制度

---

① 袁方成：《治理集体产权：农村社区建设中的政府与农民》，《华中师范大学学报》2013 第二期，第 1–17 页。

的本质就是维护大多数人民的利益，救助弱势群体，关注民生是中国共产党的性质决定的，因此"三留守"关爱十分自然地进入了顶层关注的视野——从国家层面出台了相关的政策规定，这样私权问题转化为公权管辖——成为政府的责任、义务。尽管这个转变已经完成，国家全面关注"三留守"关爱问题，"三留守"中儿童的教育救助已经成为国家决策，但毕竟来得晚一些。事实上，"三留守"是在 20 个世纪 80 年代初就出现，90 年代急剧膨胀，新世纪前十年已经成为极大的社会问题。中央领导首次提出"三留守"问题是 2012 年的《政府工作报告》，继而在《中共中央国务院关于打赢脱贫攻坚战的决定》做了更详尽的规定。教育救助则是从习近平总书记 2012 年《在河北省阜平县考察扶贫开发工作时的讲话》中明确"治贫先治愚。要把下一代的教育工作做好，特别是要注重山区贫困地区下一代的成长"[1] 开始的。2014 年在中央民族工作会议上的讲话中进一步将教育救助定位为"输血和造血相结合"，培育"自我发展能力"的精准扶贫有力措施。2016 年的《国务院关于加强农村留守儿童关爱保护工作的意见》全面规定留守儿童的教育救助的一系列工作。但国家层面还未出台专门的留守妇女、留守老人政策。我国"三留守"教育救助之所以迟迟未能成为行政救济的重点，一个十分重要的原因在于"三留守"家庭普遍认为是自己的事，不愿意向政府伸手，即使有什么要求和困难，应该找谁也不知道——"烧香找不到庙门"。这实际上是一种无意识的私权自治，而基层干部中也有相当一部分认为是留守家庭自己的事，上面如果有困难补贴或政策要求，乡镇、村社就照办，没有政策就顺其自然——不作为；市县干部一是其他事忙，顾不过来，二是普遍认为是留守家庭的事；省市到中央的领导一是离"三留守"较远，二是关爱、教育救助的需求是逐步突显出来的——只有成为全国层面上的普遍问题才能制定相关政策予以解

---

[1] 《习近平论扶贫工作——十八大以来重要论述摘编》，《党建》2015 年第 12 期。

决。这样一来，"三留守"随着队伍的扩大，问题越来越明显，特别是教育救助问题，这是"三留守"教育救助问题产生的法权原因。

（二）认识不到位

"三留守"在我国出现已经近半个世纪，但作为教育救助则是近年来才提上议事日程。留守儿童的教育救助虽然备受关注，但在前期仍然带有很强的自发性，这种状况直接受制于认识不到位。

留守家庭认识不到位。本来按照私权自治的原则或者自我救助的原则，对教育救助最该关心的是留守家庭，但是留守家庭主要集中在偏远山区，大部分眼界比较狭窄，山沟意识浓厚——只看见眼前一片天——挣现钱，对自身子女的教育都不关注，特别是受"新读书无用"的影响，自己不学习也不关心子女的学习，更不想通过教育提高自身素质以实现自我发展。这样的结果必然是"三留守"家庭没有读书的主观动力，因而教育救助缺乏需求拉动。这是留守家庭对教育救助形成的反作用力，这种作用力的结果必然表现为教育救助的问题。

教育救助实施主体认识不到位。教育救助实施的主体是学校、行政组织等。学校本来是实施教育的场所，具有教书育人的功能。这些年留守儿童的教育，学校普遍比较关注，只不过大多数是将留守儿童作为一般学生来关注的，虽然有的学校也专门对留守儿童进行了特殊关照，但没有形成大面积的特殊关照。校长、教师、职工都认为留守儿童的学习主要是个人的事，学校只要尽到教书育人的责任就行了。因此没有能够形成对留守儿童实施特殊教育救助的风气和制度。教育公平在某种意义上说还停留在呼吁上，"不让一个孩子掉队"还停留在口头上。学校对留守儿童教育救助的这种认识必然影响留守儿童的教育救助。留守妇女和留守老人不是学校教育救助直接关注的对象，学校没有权利和义务去从事对他们的教育救助工作。相当一部分行政组织没有认识到"三留守"教育救助的意义。据夏海鹰等同志对三十个行政村的村支书、村长、秘书进行调研，97%的不知道什么叫教育救助，有一部分还提出

"救助什么，读书是自己的事"，村干部"上管国家大事，下管鸡毛蒜皮"，哪有闲心管教育救助。可见基层干部对"三留守"的教育救助基本没有正确的认识。上级政府虽然开始意识到"三留守"教育救助的重要性，但是这种认识大部分是因为中央或上级部门提出，本级政府必须执行，因此实施中缺乏主动性。"三留守"教育救助的问题最深刻的行政组织原因就在于此。

社会认识不到位。本来在发达的国家，政府虽然对"三留守"监管较少，但社会却关注这一人群。社会中的群众团体、各种基金会、福利组织都比较注重对留守人员的关注，认为"三留守"的关注不应该是政府的事，而应该是社会的事。我国"三留守"虽然有共青团、妇联、民盟、九三学社、民进等社会团体和教育基金会等社会机构关注，但是这些组织、机构、群团自觉或不自觉地采取自然主义的态度，对"三留守"教育救助的意义认识不足，怎样救助的措施不足，这样的结果必然导致"三留守"教育救助流于形式，这是"三留守"教育救助的社会原因。

（三）政策滞后

我国与发达国家行政组织不同之处在于行政权力相对集中，政策资源是最根本的资源，"政策和策略是党的生命，各级领导同志务必充分注意"。"三留守"教育救助要落地见实效必须有政策保障。由于"三留守"既是以经济建设为中心政策实施的附带产物，又是新出现的事物，历史只能解决现实已经提出的问题。"三留守"关爱教育救助本身有一个发展的过程，政策也有一个酝酿提出形成的过程。只有当"三留守"的现实问题充分凸显，才有可能引起社会的广泛关注，发展到必须采取行政措施时才能制定相关的政策。我国"三留守"作为一种社会现象，产生以后相当长的历史时期，没有形成政策，一直到 2012 年才明确提出并出台相关政策，而教育救助明确提出则是 2016 年年初的事。当然，"三留守"教育救助政策出台较晚，也与"三留守"本身分散、层次复杂、供需矛盾不好把握等因素有关。至今为止，只有儿童的教育救助形成了较完善的政策，留守妇女和留守老人还没有专门的教育政策。虽然出台了《老年教育规划》、《中国妇女发展纲要（2011—2020）》等，但专门针对留守妇女、留守老人的教育救助政策却没有。而现实已经将留守妇女、留守老人的教育救助提出了并要求政策保证。

政策滞后还表现在政策资源整合上。党中央国务院历来十分关注农民工、"三留守"问题；"三留守"教育救助也进入顶层决策视野。据不完全统计，党中央国务院及各部委办关于农民工的文件就有12个，2004年到2014年时间年每年的一号文件都有关于农民工的条目；各省市都有与中央政策相对应的实施办法或意见。农民工、农民工子女的教育救助问题有一个专门文件，其他有五个文件涉及，近十年的中央一号文件有两年涉及教育救助。这些政策资源没有进行有机整合，有"头痛医头，脚痛医脚"，就事论事的倾向，因而系统政策滞后就成为必然。很显然，"三留守"关爱、教育救助等政策时间上具有滞后性，正是政策滞后导致了"三留守"教育救助的支撑点、发力点不十分明确，因而实效较差。

（四）机构缺失

组织机构是政策落实、实施到位的保障。"三留守"教育救助没有能够形成牵头的组织机构，基本上是党中央国务院发号召，省市县相关行政部门就事论事按职能分工干，干完就算，这种状况一直延续了近十年。一般情况是留守儿童教育救助由学校打主力，社区、家庭配合；留守妇女教育救助，妇联打主力，村（居）委会、社区辅助；留守老人教育救助民政部门出政策，社区打主力，村（居）委会协助。至今为止，没有一个统筹全局的救助机构，也没有一个牵头单位，这样的结果必然导致"三留守"教育救助流产。这种状况已经引起社会和行政组织的广泛关注。当然这种状况的出现也有其深刻的原因：本来教育救助应该由教育行政部门牵头，但作为牵头单位必须有政策法律依据，还需要有资金支持，现在二者皆缺；更何况妇女教育救助本身，很多人认为应该由妇联牵头，而老人教育救助按常规应该由民政局牵头，社区作为民政局的下属单位负责组织落实。很显然，留守儿童、妇女、老人对教育的需求强度不一样；而"三留守"教育救助的实施又具有很大的特殊性、分散性、盲目性。这"三性"只有党中央国务院从顶层决策上明确有组织地开展教育救助活动，而要有组织地进行教育救助活动就必须明确救助机构组织系统，明确组织系统的教育救助职能，但这一系列问题还在探索中。探索中传统与现代的矛盾不断激化，最后的结果是"三留守"的教育救助很难落实到责任单位和责任人，这是"三留守"教育救助问题的组织原因。

（五）投入不足

教育作为一种实现社会公平的手段，具有政府投入、公共投入的特点。改革开放以来，特别是 90 年代，"教育兴国"深入人心，1993 年提出在财政预算时坚持教育投入与 GDP 同步增长的政策，把国家财政性教育经费占 GDP4% 作为支持教育的政策目标。1995 年，我国财政性教育经费占 GDP2.41%，在国际上排名第 51 位；[①] 2012 年突破 4%，并连续四年超过 4%。从过去三十年的总体上看，我国教育事业虽然有很大的发展，教育经费绝对数投入增长较快，但与 GDP 增长的速度仍然有较大的距离，近几年有较大突破。"2015 年全国教育经费总投入较上年的 32806.46 亿元增长 10.13%。国家财政性教育经费为 29221.45 亿元，比上年的 26420.58 亿元增长 10.60%，占 GDP 比例为 4.26%，比上年的 4.10% 增加了 0.16 个百分点。"[②] 从我国教育总投入来看，2012

① 国家教育发展研究中心：《2000 年中国教育绿皮书》，教育科学出版社 2000 年版，第 50 页。

② 《教育部 国家统计局 财政部关于 2015 年全国教育经费执行情况统计公告》，2016 年 11 月 4 日，见 http://moe.edu.cn/srcsite/A05/s3040/201611/t20161110_288422.html。

年以前占 GDP 的比重都低于 4%，这个指标低于发达国家，也低于一些发展中国家，近年情况大有好转，已经迎头赶上，但历史的欠账仍然较重。正是教育总投入偏低，才无暇顾及"三留守"教育救助的投入。

据调查，现在"三留守"的教育救助一般情况是中小学生在学校，由学校承担教育救助费用；妇女在妇联组织的培训班，由妇联在培训经费中支付；老人的健康、心理教育，城郊主要在社区，由社区在日常费用中挤出一些用于聘请志愿者开展活动；偏远乡村完全没有任何费用，除了民政部门、妇联、团委组织的志愿者巡回讲解外，没有专门的培训班。因此，"三留守"教育救助处于自发状态，没有任何实效，一个重要的直接原因是没有经费——到目前为止，"三留守"教育救助没有任何专门的经费投入，有一点投入的都是属于自发自愿。这种经费投入不足严重制约了"三留守"教育救助的有效开展。

（六）留守人员动力缺乏

外因是变化的条件，内因是变化的根据。教育救助有效开展必须以"三留守"主动学习需求为前提。据对留守儿童、妇女、老人各 1000 名的随机抽样调查，得出的结论是 78% 的留守儿童有学习兴趣而且愿意努力学习，其中有 51% 还希望考上大学继续学习，15% 的儿童认为是家长让他学习，还有 7% 的儿童则厌学、逃学（上网）、离家出走等。35% 的留守妇女认为自己的主要任务就是奉养老人、带好孩子、做点农活，培训学习是下一代的事，有参加实用技术培训班意向的不到 60%，还有 3%—5% 的不知学习培训为何物，特别是年龄超过 40 的基本全无学习兴趣。留守老人对于实用技术、种养殖业训练、学习根本不感兴趣，理由是"修得庙来鬼都老了"，因此主张老鬼不修庙，只有 15% 的留守老人对于心理咨询、健康咨询兴趣较浓，居（村）委会、社区组织的这一类活动的参加人数在留守老人中占有较大的比重。留守儿童、妇女、老人从各自的直接需求出发，普遍认为读书无用，培训既费马达，又费电，除有一部分有升学意向的儿童外，相当一部分留守儿童、妇女、老人都不知道为什么学、学什么，这种学习的盲目性影响了学习的积极性——没有动力成为"三留守"的普遍现象。正是由于"三留守"缺乏学习动力，因而教育救助失去了相当大一部分对象，这是教育救助存在问题的对象性原因。

"三留守"作为我国30年来出现的最广阔的社会现象，形成了占人口七分之一的群体，提高自身能力，实施教育自救，已经是摆在"三留守"面前的现实问题。而政府、社会组织、群众团体实施对"三留守"的教育救助，通过教育救助活动，提高"三留守"在社会生活中的自救能力也成为历史发展的必然。找准"三留守"教育救助中存在的问题，科学揭示产生这些问题的原因，是"三留守"教育救助的重要任务。

第五章 农村"三留守"常规教育模式借鉴

农村"三留守"教育救助是近年才提上议事日程的新事物，没有现成的经验，也没有成形的救助模式，虽然一张白纸可画最新最美丽的图画，但在白纸上画什么、怎样画，特别是高水平的画还需要画家在大脑中构思相对完整的蓝图。蓝图的构思一是在原来经验基础上提升，二是对已经形成的美丽画卷进行借鉴。"三留守"教育救助刚刚起步，究竟怎样才能落地见实效，收到事半功倍的效果。在无成功经验可总结的情况下，借鉴是速成的有效手段。由于留守儿童、妇女、老人各自的特殊性，因而模式借鉴的有效性必须分类进行，否则既缺乏个性，又无操作空间。这里主要从儿童、妇女、老人的常规教育救助模式着手，为"三留守"教育救助模式提供一般性借鉴。

第一节　农村留守儿童教育救助模式借鉴

儿童主要任务是学习，儿童的教育模式在国内外都已经成型，剩下的就是创新发展。农村"三留守"儿童教育救助分两大板块：完全留守——父母或一方外出打工，作为子女留在原籍的儿童教育救助；半留守、流动——随父母或一方外出务工，子女留在临时居所就近入学的儿童教育救助。这两大板块决定了留守儿童教育救助模式大的分类。

一、完全留守儿童教育救助模式

完全留守儿童教育救助模式是在一般农村儿童教育救助模式基础上的延伸和发展，是一种新的教育救助模式。

（一）学校教育模式

我国城乡常规的教育模式是幼儿园—小学—初中—高中—大学。从上幼儿园开始，到大学本科毕业，在学校学习时间为 19 年，这种学校教育模式是 50 年代从前苏联引进的，通过半个多世纪的发展已经比较完善。在这种教育模式中，儿童、青少年时段主要在学校——时间为 15 年。1986 年 4 月第六届全国人民代表大会第四次会议通过并颁布《中华人民共和国义务教育法》，同年 7 月 1 日施行，要求适龄的"儿童和少年"必须接受 9 年的义务教育；实施 9 年制义务教育政策后，小学、初中段免费接受教育。2001 年，国家实行"两免一补"后，不仅免书本费、免杂费，还补助了寄宿生生活费；2006 年从西部地区开始全部免除农村义务教育阶段学杂费，免学杂费的学生共 4880 万人，2007 年，全国农村义务教育阶段家庭经济困难学生均享受到了"两免一补"政策。幼儿园和高中阶段缴费，这种模式在全国具有普遍性，农村学校也不例外。

（二）儿童教育救助模式

我国儿童教育救助模式分四个阶段，四种类型。第一个阶段为新中国成立初至 1986 年，称之为困难补助救助模式。这一时期没有义务教育的说法，所有小学、初中、高中都收学杂费、书本费，住校则收住宿费，生活费自理。由于这一时期，一般家庭属多子女，因家庭困难而辍学的不在少数；特别是一些家庭重男轻女，干脆不让女童上学。国家为了提高全民族的文化水平，一方面对成人实施扫盲教育，另一方面让更多的儿童接受良好的教育。国家实施困难补助政策，对于家庭确实困难的学生，只要本人提出申请，学校审核，然后减免全部或部分学杂费，书本费一般不减免。具体程序是由入学儿童向学校提出书面困难补助申请，在申请中要讲明因家庭什么困难而无力缴纳学费，申请给予困难补助以减免学费；有些顾面子的家庭即使有困难，宁愿辍学也不愿申请困难补助。这种教育救助模式虽然既原始、面又窄，但将相当一部分因困难准备辍学的儿童留在学校继续学习。这一时期，学校、妇联、团中央、中国青少年基金会、民进等机构或群团组织还特别呼吁对失学女童的救助，并亲自去农村辍学女童家庭（包括辍学男童），说服父母让其上学或复学，对经济确实困难的还组织捐赠。据不完全统计有10%以上的辍学女童回到了学校，7%的学生因交不上学费而被迫辍学的状况被有效控制，但这种制度救助面仍然很窄，特别是偏远、贫困地区财政困难，无法提供相对充足的经费救助失学、辍学儿童，新文盲仍然在不断出现。1980年小学入学率才达到93%，其中7%的儿童将成为新文盲。这种儿童教育救助模式在我国持续了近三十年；随着社会事业的进一步发展，这种儿童教育救助模式的存在面临严峻的挑战。

　　第二个阶段从《义务教育法》颁布到2001年，称之为义务教育救助模式。这种模式是在改革开放的号角吹响，国民经济根本好转，困难补助救助模式已经明显不适应的条件下产生的。这种义务教育救助模式具有两大特征：一是强制性——让适龄儿童、少年接受义务教育是学校、家长和社会的义务，谁违反这个义务，谁就要受到法律的规范；二是公益性——不收学费、杂费——由国家建立义务教育经费保障机制，减轻了儿童和家长的学杂费负担。这种义务教育救助模式救助面宽——全国所有的适龄儿童；救助力度大——学费、杂费全免；救助程序简单——只要入学就享受，不用申请。正是这种教育模式大大推进了我国的教育公平，为"不让一个孩子掉队"的教育公平理念落地见实效。义务教育救助模式持续了15年，这种教育模式的局限开始出现——仍然对一部分特困家庭造成学习压力。边远地区一部分贫困家庭温饱虽然得到解决，但要承担学生的书本费、食宿费也有一定困难。1999年虽然小学适龄儿童入学率（按各地相应学龄、学制计算）达到99.09%，比上年提高0.16个百分点，小学生辍学率0.90%，比上年下降0.03个百分点，小学五年巩固率为 92.48%，① 但是由于还有一部分费用需儿童家庭负担，因此入学率未能达到 100%，辍学率未能实现 0，巩固率未能达到 97% 以上。这种救助模式解决了面上的问题，使绝大部分儿童享受了教育公平政策带来的实惠，但特困家庭的儿童仍然未得到彻底救助。这种模式持续了 15 年，随着我国改革开放取得的突破性进展，综合国力增强，必然要求这种救助模式的突破。

第三个阶段从"两免一补"出台实施到 2012 年，称之为全面救助模式。虽然实施九年制义务教育大大降低了辍学、失学率，提高了适龄儿童的入学率和巩固率，但仍然有特困家庭交不起书本费和食宿费，这部分家庭的儿童也需要从普惠政策上实施有效救助。2001 年根据《国务院办公厅转发体改办等部门关于降低中小学教材价格深化教材管理体制改革意见的通知》（国办发〔2001〕34 号）和教育部、财政部《关于对全国部分贫困地区农村中小学生试行免费提供教科书的意见》（教基〔2001〕15 号）的精神，拉开了"两免一补"的政策实施序幕。2005 年 2 月 18 日国务院办公厅以国办发〔2005〕7 号文《转发财政部、教育部〈关于加快国家扶贫开发工作重点县"两免一补"实施步伐有关工作的意见〉》，将"两免一补"作了具体解读和实施规定，开始全面实施儿童教育救助。这项政策具有普救和特救的特色。由于这个政策使学生不仅免除学杂费，还免除书本费，实际上是所有缴费全免，使适龄儿童、青少年普遍得到了救助实惠——实现了救助的全面性。对于贫困学生不仅不缴费，还给予食宿补贴——解决吃住问题，这样祈求达到的效果是，如果再不读书，适龄儿童及其家长自己都会感到不好意思；从点上使"不让一个孩子掉队"真正落地见实效——排除所有救助盲点，实现了救助点上的全面性目标。因此，小学入学率 2005 年达到99.2%，2010 年达到 99.7%，通过全面救助，除个别残疾儿童外，基

① 教育部：《1999 年全国教育事业发展统计公报》，2000 年 5 月 30 日，见 http://www.moe.edu.cn/publicfiles/business/htmlfiles/moe/moe_ 633/200407/841.html.

本实现了全部入学。这一阶段持续了 12 年,既是我国教育事业突飞猛进的 12 年,也是儿童教育救助不断完善的 12 年,但随着经济发展,打工族的膨胀,留守、流动儿童的教育救助又提上议事日程。

第四个阶段从"三留守"关爱(2012 年)提出至今,称之为留守儿童教育救助模式。留守儿童和流动儿童总量接近 1 亿,都是父母外出务工的产物,虽然 80 年代就出现了,但是国家是从普遍性角度考虑他们的教育救助,没有特殊手段,至多留守儿童多的学校或社区提倡对留守儿童实施教育救助,这种救助与其他儿童没有任何区别。随着这支队伍越来越庞大,问题突显越来越充分。2012 年全国人大《政府工作报告》首次从国家层面提出"三留守"关爱问题,才把留守儿童分离出来——留守儿童教育救助提到国家决策层面。这一阶段出台了《国务院关于加强农村留守儿童关爱保护工作的意见》,明确留守儿童救助的总目标是"家庭、政府、学校尽职尽责,社会力量积极参与的农村留守儿童关爱保护工作体系全面建立,强制报告、应急处置、评估帮扶、监护干预等农村留守儿童救助保护机制有效运行,侵害农村留守儿童权益的事件得到有效遏制"。在关爱保护体系中,教育救助是重点。县级人民政府的首要任务就是"完善控辍保学部门协调机制,督促监护人送适龄儿童、少年入学并完成义务教育",教育行政部门"落实免费义务教育和教育资助政策,确保农村留守儿童不因贫困而失学";"支持和指导中小学校加强心理健康教育,促进学生心理、人格积极健康发展,及早发现并纠正心理问题和不良行为"。学校要采取措施开展保学活动,"及时了解无故旷课农村留守儿童情况,落实辍学学生登记、劝返复学和书面报告制度,劝返无效的,应书面报告县级教育行政部门和乡镇人民政府,依法采取措施劝返复学",减少以致消除留守儿童辍学的情况。学校不仅对农村留守儿童受教育情况实施全程的管理,还承担与家长、受委托监护人的沟通交流,了解农村留守儿童生活情况和思想动态,帮助监护人掌握农村留守儿童学习情况,提升监护人责任意识和教育管理能力的义务。对寄宿学生实施特殊救助——积极开展体育、艺术、社会实践等活动，以优质教育吸引留守儿童。

这一阶段政策已经出台，还需要进一步落到实处，虽然除台湾以外的30多个省（市区）都出台了相应的政策，但要把这种教育救助模式落地见实效还需要时间，同时政策也需要进一步完善，模式也有待创新。

二、流动、半留守儿童教育救助模式

流动儿童是随务工父母进城，最大特点是居住的流动性决定了就读学校的变动性；居无定所——父母在哪儿上班决定了儿童在哪借读。半留守儿童是指务工父母经济条件好转有能力租房时，就随父母进城就读；父母经济条件恶化时，儿童被送回原籍——流动变留守，重新回到原籍就读；是介于留守、流动儿童之间的群体——回原籍留守与留守儿童一样，随父母进城又与流动儿童一样。因此在研究教育救助时将流动儿童和半留守儿童合并讨论，主要集中在对流动期间的儿童教育救助特征逐一梳理。流动、半留守儿童教育救助模式的特殊性主要表现为两种形态：

（一）收容遣送救助模式

50年代初期，由于城乡差别太大，每年都有大量农村人口因贫困流入城市，大部分是举家流入。"盲流"这一概念出现是1953年4月国务院在《劝止农民盲目流入城市的指示》中提出的。1956年社会主义改造完成后，因工农差别凸显，农村人口外流到大城市和工业建设重点区域的现象十分严重，国务院再次发出《防止人口盲目外流的指示》，强制限制农村人口盲目流入城市。1957年开始又有相当一部分南方人流入新疆的建设兵团或工地。

1957年"一化三改"完成社会主义公有制体系建立，农村实行了合作化，但1959—1961三年自然灾害席卷全国，人民生活比较困难，这时在外流动的主要是遭受自然灾害地区的农民——为了求生，流向未受灾、条件好的地区。在流动时，几乎是整家——儿童随父母流动，社会将这些人归入"盲流"一类。由于流动人口量大，我国实行的又是户口属地管辖的管理体制,因此为了解决"盲流"影响城市市容、市貌、治安等问题采取了收容遣送的模式。这种模式是由民政、公安部门具体负责,对"盲流"首先实施收容——集中在收容所,3—7天免费食宿,然后将"盲流"遣送回户口所在地。这种救助模式一直坚持到80年代初期。

收容遣送主要实施的是城市治安管理功能,依据户籍管理规定,因此这一时期随父母进入城市或异地的"盲流"儿童在流动期间就等于辍学,政府和社会将其看成扰乱社会治安的人群,采取的主要手段是收容集中起来,遣送回原籍。在"盲流"期间,没有任何教育救助的手段,最多在收容所可有吃有住三到七天,唯一谈得上救助的是回原籍后若愿意继续求学则可降一级重新入学,但是由于"盲流"长期漂泊,丧失了最佳上学年龄,同时将儿童心态流浪野了——再也无心重返校园努力读书,因此这一时期的流动儿童,基本没有教育救助,更不说有特殊的专门教育救助模式。

收容遣送救助由民政、公安部门负责。民政部门的收容遣送机构对收容对象进行收容、管理和遣送。公安部门向当地收容遣送机构派驻民警,在任务较大的收容遣送机构设立治安室,维护收容遣送中的治安秩序。这一时期,盲流主要是因为受到自然灾害和城乡、区域收入差距大,从原籍流出;民政部门主要管收容和遣送,有时也进行法纪政策教育,但不是教育救助意义上的教育;这一时期对流浪家庭的儿童不实施任何教育救助,是一种无教育救助模式。这时政府采取的办法是有组织地遣送回原籍,但送回原籍后又流出,只有再收容再遣送。

这种模式是1953年开始的,政府实施收容遣送救助时也将随父母被收容的儿童一起遣送回原籍,这是20世纪50—80年代采用的救助模式。

半留守儿童是指儿童根据打工父母的经济情况,决定是留守还是随父母流动。一般情况如果父母经济收入较高,有钱租房子和交高价借读费,就去输入地的学校就近入学,父母可以管一管儿童的生活起居,督促学习；一旦经济收入下降，无法维持一家的生活，更无法缴纳借读费时，家长则将儿童送回原籍读书，则成了留守儿童。由于处于半留守状态，人们就将其称为半留守儿童。这种留守儿童，据抽样调查，在全国留守和流动儿童中约占十分之一。半留守儿童在留守时则与留守儿童一样享受相关的关爱救助；随务工父母进城又与流动儿童一样享有相关的关爱救助，这种状况一直维持到 2012 年。

（二）关爱、教育救助模式

80 年代务工潮在全国兴起后，留守、半留守、流动、流浪儿童成为全社会的普遍现象。2012 年全国人大《政府工作报告》明确提出给予"三留守"必要的关爱，尔后提出建立"三留守"关爱体系。全国省（市区）政府又出台相关的政策把"三留守"的关爱纳入议事日程。这一时期，将半留守、流动、流浪儿童都纳入"三留守"关爱体系中，并对儿童做了特殊的关爱规定，教育救助方式与留守儿童一样，以关爱救助方式为主，教育救助为辅。

近十年来，国家实施全面建成小康社会的战略，国民经济发展势头良好，农民工收入增加，第二代农民工 35% 左右已经在城市站住了脚，但仍然受到城市的排挤，因而出现了一大批随着打工父母流动的儿童，全国大约 3000 多万。同时，由于父母忙于务工，儿童学校也不固定，很多是借读，儿童逃学成了较为普遍的现象，这样就形成了一批漂流在社会上的流浪儿童，在人们习惯称之为"北漂"、"海漂"的打工族的子女中，这种儿童也占有相当大的比重；再加上不法分子组织儿童在街头巷尾卖艺乞讨，又加大了流浪儿童的队伍。据国家"流落儿童问题研究组"研究报告，当前我国流浪儿童人数已达 100 万，并且流浪儿童的人数在最近几年呈现快速上升的势头。[①] 2012—2015 年，民政部就救助了 64483 名流浪未成年人返校复学。2016 年《国务院关于加强农村留守

---

① 冉丽丽：《论流浪儿童救助的法律问题》，硕士学位论文，中央民族大学 2012年，第 1 页。

儿童关爱保护工作的意见》专门对随务工父母进城的未成年子女出台了专门政策，要求"公办义务教育学校要普遍对农民工未成年子女开放，要通过政府购买服务等方式支持农民工未成年子女接受义务教育；完善和落实符合条件的农民工子女在输入地参加中考、高考政策"，这样半留守儿童和流动儿童都能享受教育公平——在输入地学校入学，参加中高考等。这种救助实际上是对半留守、流动儿童实施了有力的教育救助。

当然，由于儿童个体的原因流动变流浪，由于犯罪团伙的原因又将流浪儿童组织起来骗吃骗喝骗钱，这还是教育救助的死角。对于这部分儿童首先是健全未成年人保护法律法规和制度，增强全社会关爱保护儿童的意识，改善儿童成长环境，促进"不让一个孩子掉队"落地见实效，让留守、流动、流浪儿童都得到有效救助，并享受教育公平，与正常儿童一样健康成长。

第二节　农村留守妇女教育救助模式借鉴

农村留守妇女没有专门的教育救助模式，但扫盲教育、学历与非学历教育模式、再就业教育、农业技术培训、市民学校等教育活动都占有"半边天"，这些教育培训方式都为留守妇女教育救助模式建立积累了丰富经验，有着十分重要的借鉴意义。

一、扫盲教育模式

中国几千年来"三纲五常"中的"夫为妻纲"决定了妇女"在家从父，嫁人从夫，夫死从子"的"三从"道德，"女子无才便是德"成了千百年来的民间信条，因此新中国成立前除了大户人家的女子外，90%以上的妇女没有进过学堂，文盲充斥整个社会。列宁曾经说："在一个文盲充斥的国家内是建成不了共产主义的。"[①]新中国成立后国家把

---

① 《列宁全集》第39卷，人民出版社1986年版，第309页。

"治贫先治愚"作为重要国策，治愚首先就必须扫除文盲，妇女要翻身求解放首先必须要开阔眼界，开阔眼界以读书为要。20 世纪 50 年代初，各种识字班、扫盲班在农村如雨后春笋迅猛发展，在扫盲班中要求女性公民要占一定比例。最早的扫盲教育是采用"记工学习班"的名称，毛泽东曾经肯定"这种学习班"很好，建议"各地应当普遍地仿办"。[1] 这时的扫盲教育以实用为主，学习的直接动力是通过扫盲识字能记工分，后来毛泽东又倡导"农民学习技术应当同消灭文盲相结合"，[2] 这种学习技术与扫盲相结合就成了全国扫盲教育的标准模式。随着农村社会主义高潮的兴起，妇女在农村经济生活中的地位越来越重要。发动"妇女群众参加到劳动战线中去成了一件大事"。[3] 因为妇女参加农村集体劳动，妇女扫盲教育也成了党的重点工作之一，在扫盲教育模式下，妇女占了半边天，这是最早的妇女教育救助模式。

1992 年 10 月 12 日，党的十四大提出，"到本世纪末……基本扫除青壮年文盲"。这一时期扫盲教育集中在青壮年，其中妇女占的比重仍然很大，而教育模式可归纳为以技术传授为中心，扫除儿童、少年文盲为重点的扫盲教育模式。

经过半个世纪的努力，中国国家统计局公布的 2000 年第五次全国人口普查主要数据显示，我国文盲比率由 1949 年中华人民共和国成立初的 80% 以上下降至 2000 年的 6.72%。扫盲教育模式下，妇女文盲得到大部分扫除，这种模式卓有成效，值得借鉴的是领导重视、政策明确、组织落实、针对性强、效果明显。

二、学历与非学历教育模式

80 年代国家倡导"科教兴国"，把"文革"十年的损失补回来，在

① 《毛泽东文集》（第六卷），人民出版社 1999 年版，第 456 页。
② 毛泽东：《"一个受欢迎的农业技术夜校"一文按语》，《学习资料》1955 年第 1 期。
③ 《毛泽东文集》（第六卷），人民出版社 1999 年版，第 458 页。

全国兴起了全民学文化的高潮。这一时期,"五大"、党校成为成人教育的主力,这种教育模式又分学历教育和非学历教育两大类。80 年代改革开放提倡的科学种田和剩余劳动力转移都要求有一定的文化,文盲和文化水平太低必然很难适应。据重庆三峡库区统计,2005 年外出务工的劳动力总文盲、半文盲和小学学历的人群占 24%,而劳动力整体水平达到 37%,成人教育大发展成了必然。加大培训力度,整合培训资源,成了新世纪成人教育的重点,这一时期学历教育与非学历教育相结合是成人教育的基本模式。20 世纪八九十年代,学历教育以夜大、职大、函大、电大、业大为主要载体,"五大生"总量超过了全日制在校生;90 年代党校也加入学历教育系统,并异军突起,成为成人学历教育的一朵奇葩。随着网络的普及,2000 年以来,网络在线学历教育成为成人教育家族的新成员,并迅猛发展,在线学习人数超过了其他所有成人教育学历教育的在校学生。

在成人学历教育中,一大批妇女加入这个队伍,成为成人教育的"半边天"。学历教育因有考试门槛,其主要动力又在于提升素质和今后的发展,因而在农村青壮年中,特别是妇女所占的比重较小。一般都是青年男女中有高中学历的为了发展自己参与学历考试并学习,但农村青壮年,特别是女性青壮年参与学历教育的数量较小。

非学历教育一直是我国成人教育的另一大片天地,非学历教育由一些政府(如民政局)、机构(如培训机构)、群众团体(如妇联、团委)等组织的培训;培训对象、目标都很明确;也有普通高校、中等职业技术学校、党校等组织的研究生课程班,与地方行政组织或培训机构合办的各种没有文凭只有培训证明的结业证或培训证。这种非学历教育从办学主体来看主要是实施服务社会功能,也收学费,但针对性强,能解决问题,也有生源,这种培训非常多。但值得注意的倾向是妇女学员只能是其中的一部分,农村妇女在这个群体中又是少数,留守妇女更是少之又少,但这种教育模式值得借鉴的是灵活、针对性强、成本低、一事一训、成效显著。

三、再就业教育模式

妇女教育中再就业教育也是改革开放以来的基本模式，这种模式有三种类型：一是城镇下岗再就业培训；二是农民进城务工培训；三是转岗培训。在这三种培训中，妇女教育都占有重要地位。

城镇下岗再就业培训。1994 年《国务院关于在若干城市试行国有企业破产有关问题的通知》（国发〔1994〕59 号），全国下岗工人 7000 余万，形成最大的再就业工程，这种培训主要根据下岗失业人员自谋职业、自主创业和企事业新提供的岗位需要而进行，城市女工较集中的是纺织、丝绸等行业，企业依法破产后 80% 面临着创新就业，这种培训曾经是国家政策扶持的一大重点，虽然这种培训与留守妇女教育救助有很大的距离，但是救助方式值得借鉴。

农民进城务工培训。农民进城务工实际也涉及再就业的问题，这种状况又分两类：一种是土地被占用，原来的生产条件发生根本性变化，需要重新确立谋生的职业，比如三峡移民土地被占，就近后靠土地又少，就需要靠打工维持生计，还有城镇化进程中，土地被占，也需要重新寻找职业以维持生计。这种状况在我国不是少数，新中国成立以来，仅三峡工程就有 300 余万人外出务工，① 而"三峡劳务"已经成为农民进城务工的就业或再就业培训的品牌。另一种是由于工农业产品的剪刀差——种地不如务工，或劳动力富余转移就业需要培训，这种培训在全国比较普遍。安徽保姆、四川电气、川厨粤厨、山东美容美发、石龙技工、富侨保健、三峡电焊、云阳缝纫②等都是国家商标局已受理或正在受理的劳务品牌及劳务培训品牌，其中保姆、美容、美发主流培训对象

---

① 邹学荣：《如何认识三峡工程的历史与时代意义》，《人民论坛·学术前沿》2016 年第 1 期，第 37 页。

② 邓卓明等：《三峡工程重庆库区教研专题调研报告》，《中共重庆市委二届九次全委会议重点课题调研报告专集》，第 34 页。

是妇女，电气技工、宾馆服务等也有相当一部分女性。还有专门进行的劳动力转移订单培训——由培训机构与劳务输出接收单位联合，按接收单位的需要或要求招聘并培训劳动力，培训合格后去接收单位上班；"校企结合"、"校企联姻"、"订单培训"等模式成为再就业培训的基本模式，农村妇女有相当一部分参与这种培训，并通过培训达到转移就业的目的，其中产生了不少的"三八红旗手"、"五一劳动模范"等。

转岗培训。实际上，农民进城务工也是一种特殊的转岗培训，这种培训是由农业劳动岗位转移到工业、服务业的岗位转变培训。由于现代社会网络化、信息化的进程提速，终身只从事一个职业的状况被彻底冲破，随时都有下岗的可能，城镇下岗再就业培训由政府补贴和计划安排；自谋职业、进城务工者随时面临着新的岗位选择，城市的一些培训机构有时进行一些岗位培训，这些岗位培训的对象有相当一部分是原来岗位丧失或岗位主体认为无前途无效益不愿继续维持的，如八九十年代的深圳，打工族见面第一句话就会问："你还在原来的岗位干事吗？为什么不换一换？"这种状况在全国临时工、合同工中具有普遍性。现代企业产品开发快、寿命周期短，新产品必然要求新工艺，因而变动性较强，城镇有一大批培训机构为了适应这一变化开展转岗培训，这种培训一般实行企业与学校、企业与科研机构、政府与科研机构结合一体进行转岗适应培训，真正呈现出一项科技成果，产生一个企业或一个新工业，建立一个培训基地，培训一批新人，推动经济发展，如三峡库区培育了市级新产品 163 个，高新技术产品 166 个，引起近万人转岗，[①] 转岗培训成了一大亮点。在这种转岗中也有三分之一务工的妇女，其中实体商店销售岗位向网络销售岗位转化是近几年来最后特色的转岗，而这种转岗培训成为很多培训机构的新商机。这种转岗培训与城镇的再就业培训大同小异，只不过培训对象一个是城镇实业职工的再就业转岗，一

---

① 邓卓明等：《三峡工程重庆库区教研专题调研报告》，《中共重庆市委二届九次全委会议重点课题调研报告专集》（上），第 242 页。

个是农民工务工转岗。

再就业培训模式是我国 90 年代产生并迅猛发展的一种新的教育模式，这种教育模式既是传统教育模式的创新，又是对传统的继承和发展，值得借鉴的是坚持以企业产品开发需要为动力，政府组织补贴，机构或学校为载体，适当收费，实务性、针对性强，最终以再就业为目的，成效显著。

四、农业技术培训模式

党中央国务院出台科技兴农政策，并以相关项目支撑，传统的小农经济体系不适应科技的发展，农业部门与项目配套开展实用技术培训，随着一系列新品种、新技术的运用，农业科技推广机构县及乡镇、街道组建技术服务中心，形成了"政府 + 企业"、"科技 + 基地"、"学校 + 农户"的培训模式，重庆三峡库区通过实施科技开发重点项目 89 项，培育国家龙头企业 12 家，重庆市龙头企业 50 余家，优质农产品品牌 160 多个，辐射带动 162.5 万农民，增收 31.1 亿元，2004 年以来农民（移民）技能培训完成 157588 人次，[①] 这是农民（移民）技术培训卓有成效的证明。农业技术培训分种、养、加三大领域。

种。种是指地方坚持科学种田，以实施"良种创新工程"为突破口，全面推广优质、专用、实销对路的品种，淘汰劣质或一般品种，提高农产品的产量、优质率和商品率的培训，这种培训一般以县区农业部门为领导，乡镇为载体，聘请专家或成功专业户讲授种植知识和技术，以达到全面推广的目的，比如有的区县专门组织药材、烟叶、水果、粮食、蔬菜等种植技术培训班，包括大棚、反季、有机、绿色、精种等种植技术的培训。这些培训的主要对象是在家务农的农民，留守妇女占的比重50%以上。三峡库区通过培训逐步形成了以优质柑橘、榨菜、中药材、烟叶、香料等特色的种植业。种植业培训大大地推进了科学种田

---

① 夏海鹰：《三峡库区移民社区教育模式的创建及价值研究》，《西南民族大学学报（人文社科版）》2016 年第 2 期，第 219 – 224 页。

的步伐，增加了农民收入，也为留守妇女通过生产自救实现自身价值提供了广阔的舞台。在他们中间产生了一大批种植能手、三八红旗手、巾帼英雄等。

养。我国传统的家庭养殖一般以露宿散养为主，改革开放以来，开始出现有一定规模的养殖企业，但小农经济的特色在留守地区留下的痕迹特别深，庭院经济一直是这些地方家庭生活的主流，因而家中饲养鸡、鸭、鹅等家禽和猪、牛、羊等家畜已经成为习惯，"穷不丢猪，富不丢书"的理念一直左右着农民的思维。改革开放以后开始发展了一些家庭养鱼、珍珠、野生动物等，海狸鼠、鹌鹑、野鸡家养曾一度风靡中西部地区，养殖成为农民增收致富的重要手段。"要得富，庄稼搭着养殖做"成为乡镇领导动员农民养殖的口号。据四川某县的人大政府工作报告显示，2013 年庭院经济中的养殖占农民家庭收益的 37.65%。正因为养殖业在农村异军突起，区县畜牧、林业等局（办）在倡导"公司＋农户"的养殖发展模式时，组织相关专家和养殖专业户做技术指导，举办各种专业养殖培训班，建立科研开发、技术推广、技术培训、科技信息传递为一体的养殖教育服务系统，为当地家庭养殖业发展提供全方位的服务。有条件的区县还将家禽、家畜、鱼、虾、蟹、龟、珍珠、野生动物等家庭养殖户组织起来，去沿海或养殖业做得好的地区参观学习，这种派出去、请进来，将专家与专业户的特长融为一体的养殖培训模式在西部地区得到迅猛发展。三峡库区这种机构有 5000 多个，仅开县 38 个乡镇、街道组建的技术服务中心的总人数就有 1127 人。① 这种家庭养殖培训，妇女是主力；留守地区，留守妇女更是主力。正是通过培训教育，一批留守妇女养殖致富，至少通过养殖解决自吃、交换补贴家用的问题，这一部分是留守妇女教育的重点。

加。我国广大留守地区近年来倡导农民工回乡创业，国家又出台了

---

① 邓卓明等：《三峡工程重庆库区教研专题调研报告》，《中共重庆市委二届九次全委会议重点课题调研报告专集》（上），第 242 页。

产业扶贫政策，就地取材以特色农产品加工为主线，运用高新技术促进农业产业化发展，提高农业资源的利用效率，为农民致富增收提供产业基础，已经成为中西部地区农村的不二选择。农业产品均属再生资源性产品，优质水果、草食牲畜、优质蔬菜、中药材、烟叶、油菜、香料、水产、木材等都可加工成保质期较长、效益更高的产品，一般情况农户产品加工是由企业来开展的，但很多地方有不少的家庭手工业，因此农户产品加工的培训一般分为两大块：一是企业根据自己发展和加工的产品开展专业培训，这种培训的组织者领导者是企业。二是家庭手工业加工培训，这种又分两类：一类是生产、加工、销售一体化的家庭手工业，这种培训一般由相关部门组建培训班请专家或专业户讲课，并上门服务，涪陵榨菜主要是这种形式，粗加工大户20000余户，从业人员150万，蔬菜基地13200余亩，这种培训是由农林部门、科委直接组织乡镇进行技术培训。第二类是家庭只负责粗加工，深加工送到企业，烟叶、腊肉、香料、茶叶等有专门的农户从种植户中收来，进行粗加工以后再转卖给大的深加工生产企业，这种主要是培育培训加工技术。这种农户产品加工培训主要以保鲜、粗加工技术为主，同时由于利用本地资源，企业大多建在本地，因此留守妇女也能够就近参与，家庭手工业则是妇女的强项，因而这种加工培训实际上是留守妇女的就业培训和发展培训，培训完以后就近上班，既解决了收入，又为老人和儿童的照顾提供了方便，是一种颇受妇女欢迎而救助面最广的教育救助模式。仅2012年6月三峡库区开展"人手一技"培训活动，半年内就培训13900余名，[①] 据抽样调查，其中47.6%是留守妇女。

五、市民学校模式

"党中央国务院发出建立学习型社区，大力发展多样化的社区教育，

---

① 张立先、柳向阳主编：《中国三峡建设年鉴》，长江三峡传媒集团有限公司2013年版，第122页。

建设城乡社区学习中心的号召。"① 市民学校成为学习型社区建设的首选模式，值得注意的是市民学校这种模式在城郊比较盛行，边远山区仅仅是参照这种模式开展教育救助活动。

城郊社区的市民学校模式。城镇化进程中已经形成的安置、公租、廉租等农民工相对集中的社区，这些社区一般集中在城郊，接受城市信息快，能享受城市丰富的教育资源，与教育机构空间距离近，97.5% 的社区都成立了市民学校或学习室。市民学校采取招聘志愿者，与大学、中职、社会培训机构联合，不定期地举办各种类型的培训班。城郊的这种市民学校举办的培训班主要目的是帮助进城务工的农民提高技术以便顺利实现就业和再就业。在这种培训中，保姆、家政、月嫂、保安比较适合开始进城的妇女。社区在从事这些培训中适当收费，顺带介绍工作，建立"培训—供应—需求"的一条龙服务体系，为很多刚刚进入城市系列、无生存能力的妇女提供了就业帮助，这种市民学校在城郊社区发展势头很猛。

新中国成立以来我国水利工程移民达 8000 余万人，生态移民 600 余万人，扶贫移民"十三五"期间预计将突破 1000 万人，形成了上万的移民社区，目前为止，全国"已经建立 76122 个农村社区"。② 新型的农村社区与一家一户分散的村社社会机构相比是一大进步，农村社区是在村委会领导下的农村社会基本单元，社区形成以后就将农村基层社会结构分成两大板块：一是社区板块，二是村社板块。整个偏远农村形成以社区为载体的教育救助和村社随意救助两种模式。

农村社区教育模式。严格说来，农村社区没有教育模式，但新农村建设要求瞄准生产发展、生活宽裕、乡风文明、村容整洁、管理民主的

---

① 夏海鹰：《三峡库区移民社区教育模式的创建及价值研究》，《西南民族大学学报（人文社科版）》2016 年第 2 期，第 219－224 页。

② 夏海鹰：《三峡库区移民社区教育模式的创建及价值研究》，《西南民族大学学报（人文社科版）》2016 年第 2 期，第 219－224 页。

目标，强化职业技能培训，培育新式农民，农村社区则承担着新农村建设的任务，一些先进的社区就学习城郊市民学校做法，通过社区的学习室开展实用技术、劳动力转岗、干部、农技、后备劳动力等五大培训活动，也提高农民的综合素质，但这种市民学校的教育模式在农村社区中并未全面推广，特别是留守妇女在这种学习中占的比重非常小。农村社区基本没有市民学校，只不过是借鉴城郊市民学校开展了一些完成任务式的教育救助，但毕竟有载体，也有学习室，并不定期地开展教育救助活动。农村教育救助最艰难的是村社制度下的散居农户，早在1949年6月，毛泽东就提出了"严重的问题是教育农民"① 的著名论断。除了学校教育相对正常以外，既受教育资源贫瘠的影响，又受人口分散的制约，再加上救助对象主体需求弱化，因此村社制度下的散居农户虽然有村委会，按规定也应设学习室，但行政村的村委会，有编制的村干部只有村支书、村主任、秘书三人，文化教育基本上无人管，处于自生自灭状态，至多是上面要开展农技推广活动，要求村委会派人参加，村委会才派员参加，参加时还由村委会支付学费和差旅费才有人去，这是农村教育救助，特别是留守妇女教育救助中的重难点。

第三节　农村留守老人教育救助模式借鉴

农村留守老人是教育救助死角，"修得庙来鬼都老了"是传统的认识论根源。自1968年美国学者哈钦斯提出学习型社会概念，1972年埃德加·富尔任主席的国际教育发展委员会向联合国教科文组织提交《学会生存：教育世界的今天和明天》的调研报告公开发表以来，"世界范围内掀起了学习型社会的持续研究热潮";② "形成全民学习、终身学习

---

① 《毛泽东选集》（第四卷），人民出版社1991年版，第1477页。
② 夏海鹰:《学习型社会建设动力机制探究》，《教育研究》2014年第6期，第48－52页。

的学习型社会"已经上升为国家决策。"欧美国家正积极建立终身创业教育体系",①老年教育不再是被遗忘了的角落,对现成的老年教育模式进行梳理,为农村留守老人教育救助提供借鉴已成必然。

一、老年大学救助模式

历史进入 20 世纪 50 年代,以生物工程、新材料应用、航天技术为中心的科技革命,掀起了经济高速发展的第三次浪潮。90 年代,人类社会又进入互联网时代,经济科技的高速发展,使得老龄化问题越来越严重,发达国家最先进入老龄化社会。老年大学是应对老龄社会的一大法宝,也是老年教育救助的有效手段。从 1973 年法国在图卢兹创办世界上第一所老年大学开始,德、英、美、荷、日、意、澳、俄、加等国都相继创办了老年大学。我国第一所老年大学是 1983 年山东省红十字会创办的,到 2014 年末,已经拥有各类以老年教育为主体的教育机构近 6 万所,在校老年学习者 700 万名左右。② 一时间,"夕阳"变"朝阳",老年大学办得风生水起、有声有色。

发达国家老年大学的办学宗旨从单一提高老年人生存能力开始逐步向提高生存和发展能力演进;从让老年人享受娱乐型教育开始向养、为、乐诸方面结合型教育演进;老有所养、老有所为、老有所安为主体的老年整体素质提高成为老年大学追求的普遍价值目标。发达国家通过老年大学这种教育救助模式,直接目标是实现老年人的自立与互助;启迪老年人的智慧,促进代际交流合作;开发老年人的潜能,实现老年人的价值。办学行式多样化:大学、企业、机构、社区都可作依托,只需一块场地、有人召集、有教育活动项目、一定的经费到相关部门注册就

①　梅伟惠:《美国高校创业教育》,浙江教育出版社 2010 年版,第 79 - 80 页;European Commission, Towards Greater Cooperation and Coherence in Entrepreneurship Education, Report and Evaluation of the Pilot Action High Level Reflection Panels on Entrepreneurship Education Initiated by DG Enterprise and Industry and DG education and Culture, 2010. 3.

②　曹曦:《老年教育惠及千万银发》,《中国教育报》2015 年 9 月 23 日。

可以挂牌开展教育活动。在老年大学中，没有教师和学生的明显区别，教育者和教育对象都是伙伴关系，开展的活动都是适合老年人特点的。教育的总体目标是实现老年人的人生价值，"莫道桑榆晚，红霞正满天"是老年教育的内在依据。教育的具体目标具有明显的层次性：根据老人主体要求培养自助自救能力，或培养智慧、创新、有为老人等为具体目标。芬兰1996年于韦斯屈莱市开始为一些中老年失业人员实施一项名为《老年人重返劳动市场》的再就业计划，这项计划就是通过举办老年大学等活动，将老年教育的目标层次提高到实现老年人的社会价值——老有所为。

我国老年大学分两个阶段，第一个阶段为80年代初到上个世纪末近20年。老年大学的历史使命还主要在老有所为，我国一直倡导"生命不息，奋斗不止"、"小车不倒一直推"。这一时期的行政领导干部基本没有明确退休年龄。1978年正式颁布了《国务院关于工人退休、退职的暂行办法》，1993年颁布了《国家公务员暂行条例》，明确了退休年龄，但为革命做贡献的教育理念仍然根深蒂固，老有所为是国家倡导的一种信念。这一时期的老年大学主要开展一些老人喜欢的书画、棋牌、老年创业交流等活动，政府部门还设立"老有所为"奖，办老年书画展、棋牌比赛、创业交流平台等，这一时期老年大学主要围绕这些"老有所为"项目展开，也开展一些老人喜闻乐见的活动，如心理健康教育、身体自救常识、老年养生等活动。

第二个阶段是新世纪初至今。这一阶段老年大学颇具规模，参与的人越来越多，老年大学的历史使命出现了多元化发展趋势：有的背靠大学开展生理保健、心理素质提高教育，书画教育，老年创业教育等；有的背靠寺庙将宗教信仰、道家养生与老年教育救助融为一体；有的以老年公寓、福利院为基地建立政府主导、社会捐赠、志愿者参与的老年大学。我国的老年大学在这一个时期既为700万老年提供了休闲养生的场所，又提供了健康、审美、创业的教育，使老人寓教于乐，乐在教中。

值得注意的是老年大学这种模式主要在城市流行，而又集中在中东部经济比较发达的地区，西部地区在省城也建了不少，地市一级就开始稀疏，县一级就是个别现象，而偏远的农村却没有老年大学这样的机构，留守人员比较集中的山区更没有老年大学这种教育救助模式，在老年教育中还是一大盲点。

二、社区教育救助模式

随着城市化进程的加快，社区教育救助在全民教育体系中具有不可取代的特殊地位，社区具有居民集中、便于召集、需求趋同、组织健全、场地设施较完备等特点，居民可就近参加学习，居（村）委会便于组织，志愿者也比较容易招聘，一般社区都有一定的规模，有单独开办各种培训班的条件。老人主要活动范围就在社区，全国的社区成千上万，完全能够满足老年社区教育的需求。教育部积极推动社区教育工作，分期分批确定了180个全国社区教育实验区、示范区，取得了重大进展。据不完全统计，北京市建立四级教育网络，成立了2000多个市民学习服务体验基地；上海市现有各级各类老年大学（学校）及办学点4539个；重庆市建成具有一定规模的社区学校110所，各类老年办学点3756个。探索老年社区教育救助模式已经成为教育行政部门和地方政府的重要任务。80年代以来，全国有关机关、企事业单位、部队、社会团体、社会组织共同努力，以社区为载体，创办了各种各样的老年教育基地，初步形成了政府主导、社会参与、的办学格局，建成了市、区、街镇、居村委四级办学网络。重庆市推行的"市政府统筹、市教委牵头，有关部门各负其责"，"依托重庆广播电视大学现代远程教育技术平台和办学网络……区县（自治县）社区学院，街道（乡镇）社区学校，社区（村）学习活动室"等全方位开放的"社区教育新模式"，有力地推动了老年社区教育模式建设、创新。①

---

① 夏海鹰：《三峡库区移民社区教育模式的创建及价值研究》，《西南民族大学学报（人文社科版）》2016年第2期，第219－224页。

与老年大学一样，老年社区教育模式发展也很不平衡，城市和城郊发展势头好、速度快，县城以下的乡村发展缓慢，"三留守"集中的偏远山区既未形成现代意义的社区，又未开展社区教育，老年社区教育救助还未起步，留守老人社区教育还未思考，这不得不说是老年教育的一大问题。

三、养老机构教育救助模式

养老机构建立的初衷是解决老有所养的问题，也是国家为老年提供的生活、活动场所。随着老年人口急剧膨胀，养老机构从单一养老功能向养老、教育、娱乐、健康服务的综合功能转变已经成为历史的必然，这种转变几乎影响到我国40670家①养老机构。许多地方依托养老机构开展老年教育的探索已经取得了突破性的进展，养老院教育救助这种模式正在逐渐被有识之士接受。

虽然我国养老以家庭养老为主，但战国时孟子就倡导社会养老，在《孟子·梁惠王上》中提出"老吾老，以及人之老……天下可运于掌"。最早的官方福利机构——孤独园，以及最早的私立慈善机构——六疾馆出现在南朝萧梁时期，不过这时主要收留鳏寡老人。1955年"一化三改造"后，建立"幸福院"作为统一的养老机构。改革开放以来，敬老院、老年公寓、护理院、疗养院、养老照料中心、养老社区、福利院等都成为养老机构的各种形式。2014年，我国农村养老机构数量为32995家，城市养老机构数量为7675家；社会服务床位共586.5万张，其中养老床位551.4万张，较上年增长76.8万张，养老成了一大朝阳产业。

---

① 国家统计局：《2015-2020年中国养老医院行业发展趋势与投资咨询报告》，2015年11月13日，见 http://www.chyxx.com/research/201507/331264.html.

第六章 "三留守"专题教育救助模式借鉴

在工业化、城镇化进程中，出现了社区、移民、扶贫三大专题教育救助形态，这三大形态与"三留守"教育救助息息相关，但又有严格的边界。研究这三大教育救助模式对于构建"三留守"教育救助体系有着直接的借鉴意义。

第一节 社区教育救助模式借鉴

专题教育救助模式首推社区教育，工业化，特别是后工业化时代，城镇化进程既加快了城市社区建设，又建立起相对集中的农村社区，改变了过去"鸡犬之声相闻，民至老死不相往来"的格局。社区将居民相对集中，社区教育救助成为国内外终身教育的重要手段，分析社区教育救助模式的内涵和特点，借鉴国内外现存的社区教育模式，对于构建"三留守"教育救助体系有重要价值。

一、社区教育模式的内涵及其特点

厘定社区教育模式的内涵，分析其特点，从根本上把握社区教育的本质，是借鉴国内外社区教育模式的基础。

（一）社区教育模式的内涵

在社会学范畴，广义的社区是指若干社会群体或社会组织聚集在特定地理区域形成的人口、设施、文化、组织等相互关联的社会有机体，是"聚居在一定地域范围内的人们所组成的社会生活共同体"，是宏观社会的基本细胞；狭义的社区是指街道下设居委会的辖区，是连接政权机构与居民的纽带，也是行政权力向居民自治转换的节点。社区是具有一定数量的人口、设施和特定的文化、组织等相互关联的特殊社会有机体；是由空间距离较小的人群组成的社会生活共同体；是微观社会的组织形态，中观社会的细胞。

教育模式指人们在教育实践中形成的，进行有效教育而采取的一种教育策略集合体系的范式，体现出相对稳定性并具有内在规律的一种教育程式。社区教育模式由此演变而成，是社区教育组织、工作者在实践中形成、对社区居民进行有效教育而采用的一种特殊教育策略集合体系的范式，有着社区教育特殊规律的教育程式。

在我国，社区教育是指以政府为主导、社区居委会为载体，开发、利用、整合学校、社区、社会机构的教育资源，以常住居民为主要对象，以和谐、健康、救助、稳定为主要任务，"开展旨在提高辖区内居民素质和生活质量，促进个体全面发展和社区可持续发展，维护社会长治久安的教育活动"。①

（二）社区教育模式的特点

社区教育模式与一般教育模式相比，具有多元性、倡导性、普惠性、自愿性、随机性等特点。

多元性——社区教育是"八仙过海各显神通"，没有统一标准，也没有统一的模式。由于社区的居民层次、职业、受教育程度各不相同，对社区教育的需求也不一样。社区教育是以社会稳定为主，主要对象是长期在社区生活的居民，而这些居民中需要教育救助的又以老人、居家妇女、儿童为主。上班族除了早晚在社区以外，主要时间在工作单位。同时，每一个社区都可以社区领导的意图，有创造性地开展社区教育救助活动。国家没有统一规定，一定要采取什么样的形式开展教育救助，因而100个社区就有100种做法。况且，城市、城郊、村镇、边远山区

---

① 夏海鹰：《三峡库区移民社区教育模式的创建及价值研究》，《西南民族大学学报（社会科学版）》2016年第2期，第219－224。

的社区千差万别。我国封建社会兴起保甲制度，新中国成立后又建成村社，村（居）委会都是直接管理社区的自治机构，"上管国家大事，下管鸡毛蒜皮"，很难整齐划一地开展辖区内的教育救助。社区教育模式多样化成了我国一大特色，两委的自治是社区教育救助多元的基层组织原因。

倡导性——党和国家都倡导以社区为载体发挥教育救助造血功能，以提高社区居民的生活质量和综合素质。《国家中长期教育改革和发展规划纲要（2010—2020年）》从国家层面倡导"大力开展城乡社区教育，加快各类学习型组织建设"；虽然教育部作为主管部门出台了《教育部办公厅关于推荐全国社区教育示范区的通知》、《社区教育示范区评估标准（试行）》等文件，推动了社区教育的发展，但在面上仍然处于倡导阶段；2012年，《重庆市人民政府办公厅关于进一步加强社区教育工作的意见》虽然对社区教育对象、组织者、实施者、依托者都作了规定，但仍然停留在倡导阶段。到目前为止，党和国家十分重视社区教育在学习型社区建设中的重要作用，但社区本身的特点决定了倡导、示范为主，运用评估作杠杆积极推进，但毕竟全国社区成千上万，是最基层的教育救助单元，全面落到实处还必须假以时日。目前，倡导性的特色比较鲜明。

普惠性——社区教育带有全民性质，是一种让全国居民普遍受惠的教育模式，社区教育本身开展得怎么样、效果如何，这虽然很重要，但最重要的是这种教育的开展，是否让全民受惠，社区的特点决定了这种教育救助的普惠性。从时间上看，社区是居民常住的地方，因而在社区生活、学习时间最长，人际交流最多，也是社区开展教育救助的人脉基础。一般情况，从时间上看，这种教育救助贯穿于儿童、青年、中年、老年的全过程；从空间上看，涵盖了广阔的城市、农村。在未认识到社区教育重要性以前，忽视了社区教育的地位和作用，一旦国家和政府自觉意识到社区教育在终身教育中的地位和作用时，将使这种教育面向全民，通过社区教育工作组织者默默地耕耘，对全民族的整体素质提高起着"涓涓溪流归大海"、"润物细无声"的作用，普惠性是其一大特色。

自愿性——教育救助客体、志愿者、教育救助主体在社区教育救助中的行为都具有较大的自愿性。社区教育虽然国家倡导，但这种教育与全日制国民教育、成人教育相比，是一种非强制性的教育。国家有规划，也有评价指标，但没有强制性规范，儿童、中老年人参与学习靠自愿——自愿参加、自愿坚持、自愿退出；实施教育救助的志愿者也靠自愿，招聘的心理咨询师、保健师、法律咨询师、职业技能师等都是以自愿者为主，没有强制规定，也没有强制任务。而社区既是教育救助的载体，又是组织者、实施者，虽然国家对社区在终身教育中的地位给予了肯定，也要求社区实施有效的教育救助，但大多数社区，特别是农村社区既无专人，又无专门的教育场所，因而凭良心工作，愿意干的就多干一点，不愿意干的就少干一点。自愿性决定了社区教育救助的主观性。

随机性——社区教育不像学校教育那样有非常明确的培养目标、课程设置、学制等，教育过程、重点、时间都带有很大的随机性，一般情况是配合党中央、国务院的宣传工作要点，实施思想政治教育，这一点全国都做得比较好，其他的教育救助就带有很大的随机性。何时聘请心理咨询师实施心理健康教育，进行心理咨询；何时聘请律师实施普法教育，开展司法救助；何时聘请保健师开展疾病自救教育，进行健康保健咨询；何时聘请志愿者辅导儿童作业；何时聘请专业技能大师来讲解与本社区相关的专业技能，并就相关事开展咨询等教育救助活动都无事先的计划，往往是遇到什么事，开展什么救助活动，无论是时间、地点、教师、方式都带有随机性。当然，随机性具有灵活的特点，但也有随时被取消的可能，这是由社区教育救助的特点决定了的。

二、发达国家社区教育模式及借鉴

英国的"社区中心"、美国的"社区学院"、日本的"公共机构"、德国的"邻里之家"、北欧的"民众学校"等都是通过实践证明、符合当地实际情况的社区教育成功范式，值得借鉴。

（一）发达国家社区教育模式

英国的"社区中心"：英国号称"日不落帝国"，产业革命较早，城市化进程也走在世界前列，是属于世界上最早形成现代意义社区的国家。社区教育开始于 19 世纪中叶，最早是以社区中心形态出现的，后来有的地方又叫社区学院。英国社区教育发展比较完善，按教学目标设置两类课程：一是以基本技能、职业技能培训为主，以取得资格证书为目的，这种培训与就业上岗有关；二是休闲、娱乐、交流，不计学分的培训活动，这种培训集中在老年群体。

美国的"社区学院"：20 世纪 40 年代，为适应工业现代化对劳动力不断更新知识和技能的要求，美国将"初级学院"更名为"社区学院"而形成的一种社区教育模式。这种模式将技能培训、学历补偿、转学教育融为一体，教育对象多样化，资金来源多样化，其中，转学教育是最突出的特色。这种模式被称为美国高等教育的伟大创新，是一种区域性、多层次、开放式、综合性、大众化的集区域高教、成教、职教为一体的新的大教育模式，为美国教育如何促使人的全面发展以及推动经济社会的不断进步做出了贡献。

日本的"公共机构"：二战以后，为了满足振兴经济对劳动力素质的要求，日本以公共专门机构为载体开展社区教育而形成的一种社区教育模式。公民馆、图书馆、会所、博物馆、文化馆等公共机构都是社区教育的载体；中小学生、家庭妇女、退休人员等学习、交往都可以在相关的公共机构进行。日本还运用立法的形式将"公共机构"模式确定下来，有力地促进了全社会成员在社区的学习。

德国的"邻里之家"：以社区服务中心为载体，以丰富居民业余生活、提高居民素质为目的，德国创立了"邻里之家"的社区教育模式。这种模式以居民共同参与为主，运用文艺表演、讲座、报告、体育、交流等形式寓教于活动中。这种社区教育模式灵活多样，没有直接的针对性，反映了德国人注重生活质量、团结友善的特点。

丹麦、瑞典、挪威、芬兰等国的 "民众学校"：由社区组织的以民众学校为载体、有机整合学校教育资源、开展社区民众日常教育的社区教育模式。资源整合、成人教育是其显著特点，被称之为社区成人教育的 "斯堪的纳维亚模式"。

（二）发达国家社区教育模式评价及借鉴

发达国家社区教育起步早，基本成型，被本国社区居民认同并积极参与，既是一种终身教育形式，也是大学毕业后的继续教育。19 世纪以来，发达国家社区教育坚持以社区为载体，以实用、人本主义为教育的价值取向；以提高居民素质、建立终身教育体系为教育目的；以民主管理为主，政府参与辅助为组织管理措施；坚持宏微观相结合、依法施教的理念；以大众化、普及性、灵活性、适应性为特色，创立了符合本国国情的社区教育模式。各国的社区教育模式既为 16 岁以后的中青年职业技术培训提供了场所，让其学会了多种谋生手段，又为老年人提供了休闲娱乐、生理健康、心理健康、依法维权的终身学习平台，老有所养、老有所为，妇有所归、妇有所创，壮有所用、幼有所长，已经不是梦幻中的理想，而是活生生的现实，发达国家闯出的社区教育路子为我国社区教育提供了丰富的经验借鉴。

三、我国现行社区教育模式的评价及借鉴

社区教育是新千年党中央、国务院提出的一种教育形态，在不到 20 年的时间中发展迅猛，已经形成具有典型特征的四大模式，对现存的教育进行科学评价，是 "三留守" 教育体系建设的经验基础。

（一）我国现行社区教育模式

20 世纪 80 年代，随着现代化、信息化、国际化步伐的不断推进，"知识更新周期缩短，创新频率加快，国际竞争加剧"，党中央、国务院发出 "建立学习型社区"、"大力发展……多样化的社区教育"、"建设城乡社区学习中心" 的号召。对此，《教育部关于推进社区教育工作

的若干意见》进一步明确了推进社区教育工作的指导思想、原则、目标、任务、措施。《国家中长期教育改革和发展规划纲要（2010—2020年)》也明确了我国社区教育"采取政府主导，社会积极参与的模式"。

三十多年来，全国各地创建了各种各样的社区教育模式，学界普遍认同并被实践证明的成功模式主要有四种："以区或街道（镇）为主体的地域型体制模式"、"以学校为主体的辐射型体制模式"、"政府机构与社区合作办学的体制模式"、"社区学校（院）实体型的体制模式"。虽然我国社区教育模式呈多元化发展趋势，但归纳起来基本上是以这四大模式为基础，只不过名称、表述不同而已。第一类实质上是我国传统的社区教育模式，主要依托居委会、街道的文化教育中心实施社区教育；第二类是借助社区所在地的学校，利用学校资源进行社区教育；第三类和第四类是改革开放以来创新的社区教育模式。这四种模式符合我国的基本国情，既受行政体制惯性的影响，又具有突破行政体制约束的改革冲动，预示着我国改革的方向将由"学校—行政型"向"社区—社会型"或"社区教育—市场型"转变。

（二）我国现行社区教育模式评价及借鉴

我国社区教育起步较晚，最早停留在思想政治教育这一特定领域，严格意义上的社区教育应该起始于20世纪90年代，由于城市化进程加快了社区建设的步伐，因此我国社区教育也得到迅速发展，形成了四种主体教育模式。归纳起来，我国现存的社区教育的成功经验在于计划性加快了社区教育的步伐，政府主导是社区教育发展的组织基础，集中在一点上就是政府主导，街道、居委会、村委会唱主角，学校、企事业单位、社会组织参与，教育对象顺其自然。值得一提的是，我国社区教育与发达国家不同的在于政府在某种意义上起着决定性作用，社区仅仅是办事机构，行政机制的优势特别明显，这既是我国社区教育迅猛发展的优势，也是发展受制的原因。市场机制一直游离于社区教育体系外，近年来也倡导政府购买服务，但社区教育救助较少落到实处，除了试点社区外，一般社区仍然处于初始发展阶段。尽管如此，实践的探索形成的各种社区教育成功模式为"三留守"教育模式的创建提供了不可或缺的宝贵借鉴。

第二节　移民教育救助模式借鉴

"三留守"作为教育救助的特殊群体，与移民教育救助有其共性。据不完全统计，新中国成立以来我国水利工程移民达 8000 余万人，生态移民 600 余万人，扶贫移民"十三五"期间预计将突破 1000 万人。移民教育是实施开发性移民的有力手段，我国一直在探索移民教育救助问题，其中劳动力转移、基础教育、实用技术培训模式值得"三留守"教育救助体系借鉴。

一、劳动力转移模式

无论是工程移民，还是生态、扶贫移民，都会因为原有的生产体系被破坏、生产性的财产和收入来源丧失而必须重新寻找谋生手段。进入 20 世纪 90 年代，民工潮已经在全国兴起，外出务工比种田赚钱多，移民安置转移就业成为主攻方向，仅三峡库区农村剩余劳动力进入打工大军的就有 300 余万，外出务工劳动力具有初中及以上文化程度的占转移总量的 76%，文盲、半文盲和小学学历的人群占 24%，"山城棒棒军"成为重庆劳动力转移的一大品牌。由于文化水平低，只能从事收入低、劳动强度大的体力活，为了帮助移民拓展新的就业渠道，增加移民收入以维持库区的稳定，重庆库区探索出的"9 + 1"和"9 + 0.5"的转移就业模式对受完九年义务教育未升入高中的初中毕业生，组织引导他们到中职学校进行一年或半年的职业培训再转移就业，解决了 30 万初中毕业生的就业问题；对于高中毕业生，则采取"3 + 1"和"3 + 0.5"的培训转移就业模式，高中三年毕业后组织到中职学校进行一年或半年的职业培训，帮助其掌握技能，以实现转移就业。同时，根据就业单位的需要实施有针对性的职业技能培训以帮助移民转移就业。三峡库区各类社会培训机构共 263 个,市级培训基地 33 个,区县技能培训基地 185 个,[①] 2004 年以来移民技能培训已完成 157588 人次;[②] 实现了 30 余万移民顺利转移就业,培训和培育了 1000 余名移民劳务经纪人,1000 余名移民致富带头人。[③] 转移就业模式就是由政府补贴、移民部门组织、劳务中介介绍就业,根据用人单位需求进行的一种移民就业培训,这种培训三峡库区取得了良好的经验。这种转移教育救助模式坚持市场导向,以适应需求为目的,收到了实效,对"三留守"中有创业热情、就近转移就业的留守妇女有较大的借鉴作用,特别是"9 + 1"、"3 + 1"、"3 + 2"、"2 + 1.5"等方式对留守儿童中的初高中毕业生的就业教育有着借鉴意义。

二、基础教育模式

基础教育是移民区常规教育,移民区基础教育的特点是教育对象主要是移民子弟,而整个教育活动很长一段时间是在校址迁建过程中进行的,完成幼儿园、小学、中学全过程的教育,有相当长的时间是在流动中进行的。西北的生态移民、云贵广西的扶贫移民、长江黄河珠江雅砻江等江河的工程移民,在移民搬迁中,学校也随之搬迁,而教学任务又必须按时完成,因而基础教育是在移动中完成的。最典型的是三峡库区移民搬迁,前后经历了十五年,据统计,仅重庆库区搬迁的学校就有 307 所。学校搬迁涉及资金到位、新校址选择、基建、结构调整等问题,由于有搬迁补偿,债权人封锁校门,赶撵学生的现象时有发生,"极大地干扰了学校的正常教学秩序"。[④]

---

① 夏海鹰等:《来自三峡库区和中国西部的报告》,河南人民出版社 2011 年版,第 7 - 8 页。
② 王显刚:《三峡移民工程 700 问》,中国三峡出版社 2008 年版,第 295 页。
③ 王显刚:《三峡移民工程 700 问》,中国三峡出版社 2008 年版,第 294 页。
④ 邓卓明等:《三峡工程重庆库区教研专题调研报告》,《中共重庆市委二届九次全委会议重点课题调研报告专集》(下),第 98 页。

移民基础教育模式除了具有一般基础教育的普遍性以外，搬迁流动、标的物灭失引起的债权、债务纠纷是其特殊性。移民区青少年教育面临的主要问题就是流动与干扰，正是这种流动与干扰影响了青少年的学习质量和学校的教学质量，致使相当一部分青少年中考、高考名落孙山。这种移民区基础教育模式及其特点对于城镇的流动儿童教育救助有着极其重要的借鉴。正是父母工作区域变动，引起青少年就学学校随之变动。这种变动性仍然影响着青少年学习质量的提升，更严重的会在流动中导致一部分青少年从流动变成流浪，最后成为问题青少年，青少年犯罪往往从这里开始。认真总结移民搬迁过程中基础教育对青少年学习的影响有助于将移民区的学校办得更好，彻底消除，至少是缓解由于学校搬迁带来的消极影响，让青少年在搬迁中顺利完成基础教育阶段的任务，对于 3000 多万流动儿童的校际流动的教育救助有着十分重要的借鉴意义。

三、种养技术培训模式

就近后靠的工程移民，生态、扶贫移民在原生产手段不变的条件下，为了让其尽快恢复常规生活，一般由移民部门组织开展种养技术培训。我国传统的农业，种田、养六畜是主业，就近后靠的移民、生态、扶贫移民都有一定面积的耕地，种植仍然是主要谋生手段，"穷不丢猪"这种养殖理念影响着世代农民。种养殖是移民谋生的主要手段，但工程占据了大量的优质耕园地，农户土地减少，生态、扶贫移民到新区去以后也涉及种养殖条件的变化。对移民进行种养殖技术培训，提高效益，是实施开发式移民的重要手段。三峡库区建立以县级职业学校和成人学校为龙头，以乡镇成人文化技术学校为骨干，以村成人文化技术学校为基础的县、乡、村三级实用型、开放型农民种养殖教育培训体系，切实把农村成人文化技术学校办成种养殖技术培训与推广的基地的做法很有特色。种养殖技术培训是就近后靠农村移民，生态、扶贫移民十分有效的实用技术培训。三峡库区仅 2004 到 2007 年就完成 2.82 万人的种养殖业培训,① 有的还成了著名的种养殖大户。在这种移民种养殖培训中,必须坚持市场导向,政府推动,移民自愿,合同管理,充分利用培训基地和社会办学资源,移民培训每人不得低于120学时,通过培训推进农村移民成为种植大户、养殖能手等,真正将开发性移民的政策落到实处。移民种养殖培训模式对于留守老人、妇女具有十分重要的借鉴意义。一方面种植、养殖是传统农业的两大支柱,农民天生就会,留守老人和留守妇女有基础,培训起来轻车熟路;另一方面又是科学种田、养殖、新技术推广的有效手段,通过培训把留守老人和留守妇女组织起来学习新技术,开展生产自救、种养殖脱贫,是政府"三留守"关爱体系建设的重要内容之一。

第三节 扶贫教育救助模式借鉴

我国贫困人口由1978年的2.5亿人减少到2015年的7000万人,"在2020年实现7000万贫困人口脱贫、所有重点县全部减贫摘帽,依然任重而道远"。② 由"输血扶贫"到"造血扶贫",既是扶贫模式的创新,又是从贫困主体上一劳永逸——彻底脱贫的根本措施。"造血扶贫"的核心则是教育扶贫——提高贫困人口自身素质,具备自我发展的意识、能力——才能永远告别贫困,永不返贫。习近平总书记坚持"扶贫必扶智",③《中共中央国务院关于打赢脱贫攻坚战的决定》(中发[2015] 34号)明确规定"加强教育脱贫","加快实施教育扶贫工

---

① 王显刚:《三峡移民工程700问》,中国三峡出版社2008年版,第288页。
② 国务院扶贫办:《中国尚有7000万贫困人口6年内要全部脱贫》,2015年10月12日,见 http://www.guancha.cn/Rural/2015_10_12_337238_2.shtml.
③ 《"平语"近人——习近平的扶贫思考》,2016年7月21日,见 http://news.xinhuanet.com/politics/2016-07/21/c_129167164.htm.

程",① 把"扶智"作为实现贫困人口精准脱贫的重要手段，扶贫教育救助提上议事日程。

一、扶贫教育救助的内涵及其特点

扶贫教育救助是最近几年才提出的新课题，我国虽然开展了近四十年，但最早实施的是以财政拨款、优惠贷款为主的输血扶持方式，后又发展成为信贷、财税、经济开发等为主的优惠政策输血和造血结合的扶持方式；2015 年 9 月 9 日，习近平给"国培计划（2014）"北京师范大学贵州研修班参训教师的回信中明确指出"扶贫必扶智"，标志着以造血扶持为主的精准扶贫方式上升到国家决策层面。扶贫教育救助作为扶贫攻坚、精准扶贫的重要方式已为领导和贫困人口逐步接受，并开始在面上组织实施。

（一）扶贫教育救助的内涵

我国现行的驻村帮扶、片区攻坚、老区建设、产业扶贫、行业扶贫、易地扶贫、整村推进、人才培训、扶贫创新、考核评估、金融合作、国际交流合作、定点扶贫、东西协作、社会帮扶等手段除人才培训与扶贫教育救助有一定关联外，其余的很大程度在于"输血"。这种"输血扶贫"在早期是必需的，主要目的是解决贫困人口的温饱问题。据统计，"十五"期间三峡库区十一个重点贫困县共获得国家财政性扶贫资金 58235 万元，信贷资金 27157 万元，社会帮扶资金 66440 万元，群众投劳折资 71452 万元，这种投入取得了十一个扶贫开发重点县绝对贫困人口由 2000 年底的 80.2 万减少到 2005 年的 31.4 万人，相对贫困人口由 156.4 万减少到 86.6 万人，绝对贫困、相对贫困发生率分别由 8.4%、15.5% 下降到 4.6%、1.7% 的重大成效。据官方报道，从 2013 年底开始，全国各地再次动员，以实施精准扶贫为核心，全面开展贫困识别，对 8900 万贫困人口全部建档立卡，2013 年减少贫困人口 1650

---

① 《中共中央国务院关于打赢脱贫攻坚战的决定》，2016 年 2 月 1 日，见 http://politics. people. com. cn/n/2015/1208/c1001 – 27898134. html.

万,2014 年减少 1232 万人,连续两年都完成了减贫 1000 万人以上的目标任务。① 很显然,扶贫前期"输血"是非常必要的。

随着"输血扶贫"的不断发展,贫困人口、贫困村社返贫的现象也逐步凸显——一旦停止"输血",已经脱贫的又再次返贫。各级扶贫组织在总结对贫困村和贫困人口的扶持经验时发现贫困村除了受生产生活条件比较恶劣、产业基础差、一方水土养不活一方人等自然条件限制,彻底脱贫形势严峻外,更重要的是贫困人口脱贫致富能力弱,特别是弱智、重病、残疾人口自我发展能力更弱,这些人口解决温饱的难度都很大,要彻底摆脱贫困就必须从贫困自身着力,教育扶贫方式提上了议事日程。

扶贫教育救助是指国家通过教育提高贫困人口自我发展的意识、能力,使贫困人口具有自我生存、发展的意识和技能,并不断在发展中提高完善自己,以彻底摆脱贫困为目标的教育制度、措施、策略的总和,是实现"输血扶贫"向"造血扶贫"根本转变的现实路径,是精准扶贫的重大创新。扶贫教育救助是一个特定的历史范畴,教育救助的对象是贫困人口,特别是绝对贫困人口;救助的目的是提升扶贫对象的自身素质,提高自我生存发展的意识,教会其谋生发展的技能,最终实现贫困人口的自我提高、自我发展能力,自觉为脱贫致富努力奋斗,从主体上、根本上解决脱贫的问题。

扶贫教育救助的内涵包括教育救助的主体、对象、方式、路径、目标等内容,这本身是一个新课题,需要在实践中不断地探索总结。同时扶贫教育救助又是一个历史的概念——从扶贫实践中产生,随着 2020 年全面小康社会建成,7000 万绝对贫困人口完全脱贫,而最后终结。扶贫教育救助可能还将延续 10—20 年,但到了 21 世纪中叶,随着我国进入富强民主文明和谐的社会主义现代化国家而必将退出历史舞台。

---

① 国务院扶贫办:《中国尚有 7000 万贫困人口 6 年内要全部脱贫》,中新网等,2015 年 10 月 12 日。

（二）扶贫教育救助的特点

扶贫教育救助不同于基础教育，也不同于成人教育，它是一种有特定目标、对象、要求的一种专题教育，归纳起来主要有政策性、针对性、教育方式特殊性、教育内容多元性、儿童教育救助紧迫性等特点。

政策性强。扶贫教育救助虽然现在还没有上升到国家决策层面，但却是一种国家行为。2015 年习近平在中央扶贫开发工作会议上发表重要讲话时指出精准扶贫"关键是要找准路子、构建好的体制机制，在精准施策上出实招、在精准推进上下实功、在精准落地上见实效"。① 扶贫教育救助是在精准扶贫政策上出的实招，要把总书记"扶贫先扶智"的精神落到实处，必须有政策保障。扶贫教育救助在本质上是实施国家精准扶贫政策，而政策的制定、出台、实施本身体现了顶层决策意图，因而在整个扶贫教育救助过程中政策起着导向、规范、促进的作用，最终通过政策保障扶贫教育救助落地见实效。

针对性强。扶贫教育救助最终要解决的是贫困人口彻底脱贫的问题，精准扶贫既体现在改变生存条件上，又体现在通过输血强化贫困人口的造血功能——经过一定时期扶贫引导贫困人口适应新环境，学会新的谋生手段，有地种、有班上，收入稳定，生活蒸蒸日上。只有针对贫困人口特点，实施精准扶贫，才能保证移民脱贫致富，脱贫致富才能保证安置区长期稳定。实质上"扶持对象精准、项目安排精准、资金使用精准、措施到户精准、因村派人（第一书记）精准、脱贫成效精准上想办法、出实招、见真效"本身就具有很强的针对性，扶贫教育救助的教育对象专指贫困人口，教育内容以提高认识、谋生技能、素质提高为指向，教育手段必须遵循一定要适应贫困人口的认识和接受能力的现状的规律，针对性强，必然收到事半功倍的效果。

教育方式特殊性。贫困人口主要集中在自然条件恶劣、自然灾害频

---

① 《"平语"近人——习近平的扶贫思考》，2016 年 7 月 21 日，见 http://news. xinhuanet. com/politics/2016 – 07/21/c_ 129167164. htm.

发、生产生活状况十分艰难的大山区或深山区，绝对贫困人口中还有相当一部分不救不活的弱智、重病、残疾人，因此教育救助方式必然要求具有很强的适应性。这种适应性内在地规定了教育方式必须分类进行，采用特殊的手段。面对贫困人口文化水平普遍偏低，对读书又不感兴趣的现状，只有采取特殊方式才能收到实效。据不完全统计，三峡库区连片贫困区成人劳动力中半文盲和小学学历的人群占37%左右，因而决定了教育救助方式必须将识字扫盲与脱贫救助教育相结合；因为文化水平普遍低，在扶贫中信息传递误差大，往往一个技能、一个认识要不断重复才能有一点效果；也因为文化水平低，扶贫教育救助往往以"吼"、"骂"为基本方式。由于长期"输血扶贫"形成一部分贫困人口等、靠、要的依赖心理——等政府送救济，靠政府扶贫，向政府要补贴、要救济，而不愿意通过自己努力去实现脱贫致富的目标，这就必然要求运用免费教育与强制教育相结合、树立扶贫教育救助引起身边贫困人口脱贫致富的榜样等方式，实现"治贫先治愚"，只有通过特殊教育救助方式让贫困人口树立起自救的信心，学会自救的本事，才能最终自觉实施自救自扶，摆脱贫困，世代脱贫。

教育救助内容多元性。7000万贫困人口都需要教育救助，为什么救助、救助什么、怎么救助是教育实施的三大环节。为什么救助是回答教育救助的目标，前面已经作了讨论；怎么救助是后面即将讨论的问题；而救助什么作为前后两个环节的关节点是扶贫教育救助必须认真研究的问题，由于时间、空间、扶贫对象、扶贫目的的不同，就必然要求扶贫内容的多元性——根据扶贫对象的要求设计相应的教育救助方案。我国的扶贫人口虽然相对集中，但是不同的区域、不同的人群，必然对教育救助有特殊的要求，教育内容要能够满足这一大群体的方方面面本来就很困难，但要实施精准扶贫还必须针对精准的扶贫对象提出精准的扶贫教育救助内容，对特困人口中的残疾人只能用特殊教育的方法和内容进行救助；对于身体健康、准备外出打工的贫困人口则根据打工部门的需求设计教育救助内容——根据一、二、三产业就业的特点以顺利实现劳动力转移为内容;对准备留在当地种田、养殖的农民,教育救助的内容以种养殖为主。由于教育内容的多元性很难形成有一定规模的教育对象,因而只能见子打子——需要什么救助内容就展开什么样的教育救助。只有这样才能提高绝对贫困人口的素质,达到彻底脱贫的目的。

儿童教育救助的紧迫性。儿童是祖国的花朵、世界的未来,一个民族只要有儿童就不会灭亡,一个家族的兴衰重点在儿童,前人强不如后人强,这是中国几千年形成的顽强信念。一般家庭儿童教育十分重要,而贫困家庭儿童教育更加重要、更加紧迫。习近平总书记关于"让贫困地区的孩子们接受良好教育,是扶贫开发的重要任务,也是阻断贫困代际传递的重要途径"① 的重要指示指明了扶贫教育救助中儿童教育救助的重要性、紧迫性。留守儿童、流动儿童很难享受教育公平,而留守、流动儿童中有一大半是贫困地区外出打工造成的,留守儿童原出生地的教育资源相对贫乏,国重、省重基本无缘,至多有县重、区重,这样为留守区的教育救助提出了资源优化问题,流动儿童随父母进城后由于流动性影响,也很难享受教育公平,而贫困山区的教育资源不仅影响到留守儿童的教育救助还影响到非留守当地儿童的学业健康发展。扶贫教育救助中,儿童教育救助比任何教育救助更重要更紧迫,只有贫困地区儿童与非贫困地区儿童一起享受教育公平才能真正实现"不让一个孩子掉队"的教育改革的战略目标,也才能通过扶贫教育救助斩断穷根,与贫穷彻底绝缘,贫困家庭才能彻底永远脱贫。

二、扶贫教育救助模式及借鉴

扶贫教育救助是一个新问题,近年来,各地都进行了大量的探索,创新了"滴灌"、"对口支援"、"县校合作"、"资源整合"等扶贫教育救助模式,值得"三留守"教育救助模式构建的借鉴。

---

① 《"平语"近人——习近平的扶贫思考》,2016 年 7 月 21 日,见 http://news.xinhuanet. com/politics/2016 - 07/21/c_ 129167164. htm.

(一)"滴灌式"扶贫教育救助

扶贫教育救助中，"要坚持因人因地施策，因贫困原因施策，因贫困类型施策，区别不同情况，做到对症下药、精准滴灌、靶向治疗，不搞大水漫灌、走马观花、大而化之"。[①] 精准滴灌分干部、教师、扶贫对象教育三类。干部教育主要借助国内外、省内外的知名大学、培训机构，将贫困县、贫困镇、贫困村的第一书记组织起来，提升其运用市场、开放、创新、法治等思维工具为精准脱贫"减负"、"除礁"、"提速"、"护航"的能力和水平。[②] 教师则通过"加大对乡村教师队伍建设的支持力度，特岗计划、国培计划向贫困地区基层倾斜"[③] 的方式，瞄准扶贫教育在贫困地区学校教育中的特殊地位和功能，按"教育者必须先受教育"的理念，根据学校青少年扶贫教育的需要实行精准滴灌，以提升其扶贫教育的认识和能力。扶贫对象教育是最艰苦的，人员分散、文化素质普遍低、认识水平差，几乎无自学能力，但又是扶贫教育落地见实效的目的和归宿；"滴灌式"教育要求针对扶贫对象的生存和发展需求，瞄准问题、坚持反复教育、长期教育，以铁棒磨针工夫提升扶贫对象的认识和谋生能力；要求加大"贫困户教育培训工程实施力度，引导企业扶贫与职业教育相结合，鼓励职业院校和技工学校招收贫困家庭子女，确保贫困家庭劳动力至少掌握一门致富技能，实现靠技能脱贫"[④] ——最终达到自我救助的目的。甘肃会宁县的"滴灌式"教育经验值得借鉴。

---

① 《"平语"近人——习近平的扶贫思考》，2016 年 7 月 21 日，见 http://news. xinhuanet. com/politics/2016 – 07/21/c_ 129167164. htm.

② 《甘肃会宁县"三种模式"强化教育培训推动精准扶贫》，2015 年 11 月 5 日，见 http://mt. sohu. com/20151105/n425302381. shtml.

③ 《中共中央国务院关于打赢脱贫攻坚战的决定》（中发 [2015] 34 号），2016 年 2 月 1 日，见 http://politics. people. com. cn/n/2015/1208/c1001 – 27898134. html.

④ 《中共中央国务院关于打赢脱贫攻坚战的决定》（中发 [2015] 34 号），2016 年 2 月 1 日，见 http://politics. people. com. cn/n/2015/1208/c1001 – 27898134. html.

（二）"对口支援"扶贫教育救助

2016 年 2 月《中共中央国务院关于打赢脱贫攻坚战的决定》（中发[2015] 34 号）明确提出"加大教育对口支援力度"，充分发挥政治优势和制度优势，真正做到一方有困难，八方来支援；建立以强扶弱、以东扶西、资源共享、携手并进的教育扶贫支撑体系，实现精准扶贫教育帮扶直接到县、到村、到校的点对点对接。

扶贫教育救助对口支援与劳动力转移相结合。通过整合贫困地区现存的"各类培训资源，开展有针对性的职业技能培训。加大贫困老区劳动力技能培训力度，鼓励外出务工人员参加中长期实用技能培训。引导和支持用人企业在老区开展订单定向培训"；建立和完善贫困地区"劳动力输出与输入地劳务对接机制，提高转移输出组织化程度"。① 这种扶贫教育救助与转移就业相联系，被实践证明了是一种创新的"对口支援"扶贫教育救助模式。

扶贫教育"对口支援"与"走出去"相结合。由于贫困地区优质教育资源相对贫瘠，因此将一部分干部、教师、扶贫对象组织起来送到发达地区的高校、高职、中职、专培机构进行培训，然后回本地工作、创业。三峡库区曾派出一般人员 15443 人次、干部 860 人次、教师 2480 人次去对口支援的省市培训学习，这种学习交流为贫困地区注入了新的教育理念、机制、活力，推进了精准教育扶贫的进程。

（三）"县校合作"扶贫教育救助

我国十四个集中连片特困区，680 个贫困县，7000 万绝对贫困人口，这些贫困县大多都分布在高山深谷阻隔的大山区和深山区，自然条件恶劣，自然灾害频发，人均生活水平在联合国公布的贫困线以下。这些地区不仅自然条件恶劣，且长期限制了当地人的视野，相当一部分领

---

① 中共中央办公厅、国务院办公厅：《关于加大脱贫攻坚力度支持革命老区开发建设的指导意见》，2016 年 2 月 1 日，见 http://news. xinhuanet. com/politics/2016 - 02/01/c_ 1117960711. htm.

导干部思想守旧、安于现状、眼界不开阔、创新意识不强，农民群众更是眼界窄，这是贫困的认识论根源。拓宽眼界、开拓思路、县校合作的扶贫教育救助是其最有效的途径，近年来很多县都在探索县校合作的移民教育救助模式。这种教育救助首先是校县结对，学校承担精准扶贫一个县，实施全方位的精准扶贫，教育扶贫又是学校扶贫的重点，如北京大学与云南省大理白族自治州弥渡县，西南大学与重庆市忠县，四川大学与四川凉山州甘洛县，福建泉州市委党校、江苏江阴市委党校与甘肃会宁结对，四川省2015年75所高校与"四大集中连片贫困区"88个贫困县结对。而贫困县则以"走出去"和"请进来"的两种方式应对高校的教育扶贫救助。

"走出去"是指贫困县有组织地将干部、教师、扶贫对象分别送到结对学校进行专项培训，甘肃会宁在2015年就在江苏江阴市委党校举办了领导干部综合素质提升、百企帮百村负责人、乡村党组织书记等专题培训班5期，累计培训300多人次，[①] 大大提升了贫困县干部的素质。忠县曾将贫困农民234人送到西南大学柑橘研究所进行柑橘种植培训，其中一部分人很快脱贫。"请进来"则是由县政府根据精准扶贫的需求、县域经济发展、劳动力转移组织专项培训，聘请高校的教师前往授课，并由高校颁发合格证和结业证，县政府承认培训资格有效，在用人时优先考虑。云南省大理白族自治州弥渡县邀请北京大学将"1＋8"（"1"是指学校在宏观层面统筹指导扶贫工作，"8"是指北京大学建立8个院系与弥渡县8个乡镇定点结对帮扶机制）帮扶模式运用到县域教育扶贫实战中。"请进来"成本低、机动性强、收效大。县与高校结对是扶贫教育模式的一大创举。

（四）"资源整合"扶贫教育救助

本来贫困地区教育资源就贫瘠，培训水平偏低，而整个培训资源又

---

① 《甘肃会宁县"三种模式"强化教育培训推动精准扶贫》，2015年11月5日，见 http://mt.sohu.com/20151105/n425302381.shtml.

人为地被分割，因而很难实现资源的有效利用。近年来，国家在新农村建设、精准扶贫、基础设施改造、教育专项等方面转移支付投放的资金相当大，但由于条块分割的管理体制，导致资金很难整合，而教育内部恶性竞争也导致资源分割，党校、普通高校、高职、民间培训机构争生源、抢投资、各自为政的现象比较普遍，多头培训、重复培训、效益不高、针对性不强等问题特别突出。甘肃会宁充分发挥组织部门牵头抓总作用，先后整合教育、农牧、扶贫、人社、工会、团委、妇联等单位的培训项目和资金，举办了各种精准扶贫业务骨干、第一书记、脱贫技术等10期大规模培训班，培训第一书记、驻村帮扶工作队队员、扶贫对象等1600多人次，通过整合教育资源，"增强了各类人才服务精准扶贫、精准脱贫的宗旨意识和责任意识，提升了落实各项扶贫政策的业务能力和工作本领"，也提高了扶贫对象的脱贫意识和谋生的技能。在我国目前管理体制下，通过整合教育资源充分发挥其效力，是明智的选择。

"滴灌式"、"对口支援"、"县校合作"、"资源整合"等扶贫教育救助模式，虽然创立时间很短，正在不断发展完善中，但由于党中央国务院重视，精准扶贫任务紧迫，因而探索的力度大，形成的经验新，得出的结论真理性强，况且是一种专项教育救助，与"三留守"教育救助模式更接近，扶贫教育救助模式值得"三留守"教育救助体系构建时借鉴。

第七章　农村"三留守"教育救助体系构建的指导思想、原则和方法

　　"三留守"超过总人口的七分之一，又处于弱势地位，急需社会广泛关爱，而关爱中，教育救助具有十分重要的地位。教育救助既是促进"输血功能"转化为"造血功能"的手段，又是"三留守"自救自助自我发展的基本途径，明确"三留守"教育救助体系构建的指导思想、原则和方法，是科学构建"三留守"教育救助体系的基础。

第一节　农村"三留守"教育救助体系构建的指导思想

　　"三留守"作为一个社会现象，在我国出现并在相当长的历史时期内存在，通过教育救助提高其生存和发展能力是党和国家十分关注的大事。根据"三留守"的特点和全面建成小康社会、实现振兴中华民族的"中国梦"的要求，确定教育救助体系构建的指导思想为坚持以人为本、尊重教育救助规律、促进教育公平。

一、坚持以人为本

　　构建"三留守"教育救助体系首先必须坚持以留守儿童、妇女、老人为本，坚持以人为本不仅仅是停留在口头上说说的理想信念，而且是贯穿到"三留守"教育救助体系构建全过程的价值取向。坚持以人为本必须坚持以"三留守"的需求为依据，按其发展的方向开展培养、训练，以实现个体自由全面的发展。

（一）以"三留守"的需求为依据

　　"三留守"作为特殊的人群，也和非留守人群一样，有着接受教育并在教育中完善自己的发展需求，但是作为留守人员，除了一般需求外，还有特殊的受教育需求，这种需求受客观条件的限制，很难满足，就需要政府和社会实施教育救助，或教育救济。

留守、流动儿童的教育救助需求。留守儿童和所有正常儿童一样，都希望接受优质教育——读名校、拜名师、考名牌，但留守地几乎都是自然条件恶劣、交通不便、优质教育资源短缺的贫困地区，虽然"普九"基本实现，但留守儿童在留守地受到的九年义务教育与城郊、城镇相比差距很大，因而留守儿童渴望好学校、好老师对其实施教育，这是人之常情；留守儿童的家庭作业也需要有人辅导、评阅。同时，留守儿童也希望得到父母的关爱，避开社会的歧视，需要教师、社会实施心理健康教育，得到儿童年龄段需要的心理慰藉，与年龄段相适应的道德规范、社会规范的教育。虽然儿童主体并不乐意，但必须实施道德规范教育和社会化教育。

流动儿童在很大程度上与留守儿童有相同的受教育需求，所不同的是流动儿童随打工父母离开原居住地进入城镇，所享受的教育资源比留守地富集，接触优质教育资源的机会较多，但在哪个学校受教、读哪个班一般由父母打工地点确定，虽然避免了远离父母的心理焦虑，但又形成了奔波不停的新的压力，更因为父母忙于打工挣钱，无法直接辅导管理流动儿童，流动儿童变流浪儿童成了可能。流动儿童中有一部分由于家庭学校教育衔接出现障碍，由逃学开始，或被社会上的坏人引诱，或为赚钱上当，成为流浪儿童。大街上的儿童杂技表演、卖唱、乞求，个别的沦为娼妓、"粉哥"、"粉妹"，这已经是很严重的社会问题，不是教育救助能解决的，但它是留守、流动儿童教育体系构建必须思考的。

坚持以人为本，就是要坚持以留守、流动儿童为本位，构建适合他们需求的教育救助模式、制度和方法。

留守妇女的教育救助需求。留守妇女中中青年占大多数，据调查，留守妇女中70%以上的人有接受教育救助的需求，留守妇女承担的任

务很重,上有老下有小,既要照顾老小,又要挣钱补贴家用,而一般体力活挣钱少。因此,留守妇女的教育需求主要在三个方面:

一是实用技术教育需求。留守家庭全靠在外务工的丈夫寄钱养家,有很大的风险——丈夫失业或不按时寄钱回家,就有可能"吊起锅儿当钟敲"——生活无保障。留守妇女为了避免断炊的风险一般采用就近打工,或搞点种养殖以补贴家用。打工和种养殖要挣钱相对多一点就必须接受专业培训,比较能干的妇女都有这方面的需求。

二是身心健康教育需求。留守妇女承担着养家糊口的重任,而女人经期影响身体健康,有疾病又无人在身旁照料,因此留守妇女必然有生理健康保健教育的需求。经期卫生、疾病自救、创伤自治都需要医生指导。留守妇女长期与丈夫分居,家庭负担又重,有的还要就近务工或做承包地,难免出现心烦、情绪不稳定、脾气暴躁等心理疾病,这就需要心理咨询师开展心理健康教育,提高她们心理自我调适的水平,不至于因为心理压力过大而选择自残、自虐、自杀等行为。留守妇女作为自然人,性心理要求调适、引导都十分重要。

三是留守妇女的法律教育救助需求。留守妇女作为弱势群体,丈夫又不在身边,面临被左邻右舍的强人、恶人、罪犯欺负,女性的体征决定了自我保护能力较弱,在我国全面实施依法治国的背景下,寻求司法救助已经成为留守妇女的不二选择。寻求司法救助首先必须学法、知法、懂法,才能自觉运用法律武器维护自己的合法权益。因此,留守妇女对于法制教育的需求比任何时候都迫切。

坚持以人为本,就是要坚持以留守妇女为本位,构建适合他们需求的教育救助模式、制度和方法。

留守老人的教育救助需求。留守老人的教育救助一直是被遗忘了的领域,中国农村历来主张老人主要是养老,不主张学习,认为"修的庙来鬼都老了",因此很少有人思考留守老人的教育救助需求。随着我国老龄化程度加深,终身学习在全世界范围内兴起,老年教育救助成了一大亮点，留守老人的教育也提上了议事日程。留守老人也和其他类型的老人一样，有接受教育的需求，只不过留守老人对于教育救助有着特殊的需求。留守老人对创业、实用技术、种养殖等领域的教育救助基本没有需求，也很少追求老有所为，追求健康平安、寿终正寝是主体，这就决定了他们的教育需求主要在身心和法律两大领域。

一是身心健康教育救助需求。留守老人随着年龄的增长，首先面临的是牙齿缺失、胡子白、眼睛花、耳朵鸣等各种疾病的悄然而至，因此他们对身体平时的保健、疾病来临的自我救助非常看重，学会避免无声无息死在床上无人知的状况发生的救助方式积极性很高，因此他们非常需要接受医护人员的身体健康教育。通过这种教育，提高自我保健、自我救助能力，以达到健康长寿的目的。同时，留守老年人的孤独感、小气等心理问题时有发生，子女在外务工，孙儿孙女又要上学，家里一般只剩下"土地公公"、"土地婆婆"，更有甚者只剩下公公或婆婆，连说话都没有一个人，通过心理咨询活动，适当地做心理疏导，让老人在有生之年维持一种健康的心态，含笑离开人世，成为留守老人心理健康教育的需要。

二是法律教育救助需求。留守老人面临的主要法律问题是无人管，老有所养虽然是我国追求的一种大同理想，"百善孝为先"也是民间倡导的尊老、养老价值观，但由于经济、道德、利益的影响，留守老人面临着老无所养的问题：多子女相互推脱，独生子女父母别居，留守老人无人管的状况全国各地都有，时见报端。相当一部分留守老人希望通过法律手段维护自己正当的权利，要求子女生前按期缴纳养老生活费，死后入土为安，这种需求在一部分家庭矛盾较尖锐、子女不管的留守老人中较强烈。

坚持以人为本，就是要坚持以留守老人为本位，构建适合他们需求的教育救助模式、制度和方法。

（二）按"三留守"的发展方向实施教育救助

留守儿童、妇女、老人发展方向是不同的，坚持以人为本就必须根据不同的发展方向实施有效教育救助。留守儿童是我国新农村建设十分宝贵的人才资源，他们代表着农村发展的未来，他们的生活才刚刚开始。留守儿童教育救助的目的就是推进成人、成才及社会化进程，最终成为社会主义现代化的建设者。精英教育时代，我国教育体制是通过考试选拔、淘汰，将青少年的发展进行社会分类，九年制义务教育完成后，如果考不上高中或中等专业学校，去城市就业是工人，回乡是农民；中专毕业就可以做"二十五级"开始的干部（或单位的职员）；高中毕业未上大学，可通过各种渠道转干、参工；考上大学毕业后，都为干部，专科定"二十三级"，本科定"二十二级"，硕士研究生定"二十一级"，博士研究生定"二十级"，海归按同类标准执行，这种制度延续了近半个世纪。大众教育以后，大学扩招，淡化了青少年的分级培训目标，但中职、高职院校的出现对青少年未来发展的方向起着导向规范的作用。

留守儿童和非留守儿童一样，学制、考试、就业是整体，在发展的总体方向上具有一致性，但留守儿童的方向又带有很大的特殊性。这个特殊性是由留守儿童所在地区的学校教育，留守儿童自身的眼界，家庭教育背景决定的，一般外出务工的留守家庭经济条件相对较差，读书的目的很大程度不是求更大的发展空间，而是找个相对稳定的饭碗，退一步学门技术，以便务工多挣钱，"养儿不学艺，担断箢篼系"是普遍的教育发展理念。因此，留守儿童当中实用技术的学习，中职、职高高报考，未来务工找饭碗的价值选择左右着个体发展方向。有一些落后的地方歧视女童，"女子无才便是德"的理念根深蒂固，这些发展趋势虽然不一定符合社会总的发展方向，但却是留守家庭对留守儿童个体发展的实实在在的诉求。留守儿童的这种发展特殊性必然要求教育救助方式、方法与之相适应。

留守妇女是"三留守"的中间力量，教育救助必须根据各自的发展方向施策，一般留守妇女发展方向分为三类。第一类既承担老人和儿童的看护、照顾责任，又学习实用技术，就近务工或种养殖，这种留守妇女是妇女中最苦而发展空间最大的群体，这种群体要求教育救助的方式具有实用性、全面性、有效性。第二类是留守在家，主要任务是照顾老人和小孩，这一类的发展方向主要是身心健康、自我安全。第三类是留守在家随意生活，这类妇女靠丈夫寄钱养家，很多时候无所事事，没有上进心，也没有什么需求。因此，留守妇女教育救助方式方法必须实行分类指导，因类施教。

留守老人是"三留守"中的夕阳群体，他们的发展方向是欢欢喜喜度晚年，快快乐乐见上帝——寿终正寝。当然，也有一部分由于子女不管引起赡养纠纷，但是不管哪种状况，留守老人都以追求晚年快乐、身心健康为目的，这就决定了留守老人教育救助在方式方法上与妇女和儿童有很大区别。

（三）"三留守"全面发展实施教育救助

个人全面而自由的发展是人类追求的永恒目标，也是未来共产主义社会的崇高理想。所谓全面发展，用马克思的话来说就是"个人关系和个人能力的普遍性和全面性"，① "三留守"和普通人一样，也应当通过教育实现个体全面而自由的发展。"三留守"个人能力的普遍性和全面性可以理解为个人间"那种把不同社会职能当做互相交替的活动方式的全面发展的个人"② 的转化。"个人能力的全面发展是指人的潜能素质通过教育和实践活动的觉醒、外化（对象化）和伸展而形成的人的本质力量。"③ 人的潜在素质要成为能力则需要后天的开发，教育和实践是两大开发手段。"三留守"年龄层次和社会阅历的差异，决定了全面发展的程度差异，因此教育救助必须实施分类指导。

留守儿童全面发展教育救助需求。留守儿童和其他儿童一样，具有

---

① 《马克思恩格斯全集》第16卷（上），人民出版社1979年版，第109页。
② 《马克思恩格斯全集》第23卷，人民出版社1972年版，第535页。
③ 邹学荣：《马克思主义人学理论与实践》，青海人民出版社1993年版，第415页。

全面发展的主观需求。儿童处于社会化初期，到十六岁进入社会化的关键环节，社会化过程中教育成了帮助儿童提高认识能力、学会谋生手段、完成社会化的最有力的手段。儿童正处于人生全面发展的起始阶段，留守儿童的教育不仅涉及个体的全面发展，还涉及社会的全面进步。留守儿童作为一种特殊的社会群体，处于弱势地位，教育是留守儿童个体潜能到能力形成的中介，没有这个中介潜能素质始终只能以蛰伏的状态存在。而教育救助又必须以留守儿童感觉、思维、情感、体力等遗传的自然能力为基础，教育救助模式设计只有适应留守儿童的现状，才有助于留守儿童将自然能力的潜质充分发掘——在个体特殊资质的基础上实现全面发展。全面发展是一个自然历史过程，在儿童时期奠定基础，为青壮年全面拓展准备条件。坚持根据留守儿童全面发展的需求实施教育救助是学校、家庭、社会的重要任务。

留守妇女全面发展教育救助需求。留守妇女成为弱势群体，又以照顾老人、小孩为主要任务，这种社会分工使其片面发展——认识世界、参与社会生活、谋生技能等都将逐步退化，最后只扮演家庭主妇一个社会角色。其实很多留守妇女不愿意一天天围着锅边转，独奏锅碗瓢盆交响乐，希望经济独立，参与社会生活，不被社会边缘化。正是留守妇女潜在的、不自觉的全面发展需求推动其走向社会、走向生活、走向事业。留守妇女的这种潜在需求必然要求接受实在的、能让其摆脱现状的教育救助。根据留守妇女参与社会生活、自主谋生、自我保护、自我发展的需求，构思教育救助制度、方法，才能使留守妇女教育救助尘埃落定。

留守老人全面发展教育救助需求。"莫道桑榆晚，红霞正满天"道破了老年人也有追求，并不是"夕阳无限好，只是近黄昏"坐等寿终正寝。老有所为、老有所养、老有所学成为现代社会的一种时尚，留守老人虽然都偏居在边远的农村，有的一生没有到过县城，没有坐过船、火车，看见飞机次数都有限，因而社会普遍认为留守老人没有追求，更不用说全面发展的需求。年轻时默默无闻的面朝黄土背朝天，种地、养猪，养育子女，老来子女外出务工，自己留守当地，无追求、无爱好、平平淡淡过日子。事实上，留守老人虽然被边缘化了，但他们仍然有自己的追求，希望晚年过得好一些、充实一些、健康一些、愉快一些，这是留守老人潜在的对全面发展的理解。正是留守老人对"四个一些"的期望，成为留守老人全面发展的现存基础，也是留守老人全面发展教育救助的起点。只有从留守老人对生活质量的企求，有针对性地实施教育救助，才能在现存的基础上实现留守老人的全面发展，而留守老人的全面发展目标的特殊性决定了教育救助制度、方法的特殊性。

人的全面发展是教育永恒的价值追求。"三留守"教育救助从本质上看就是通过教育推动留守儿童、妇女、老人在现存的自然潜质基础上，学习知识、技术，提升个体能力，实现其全面发展，而教育救助必须遵循的指导思想首先就是"三留守"的全面发展——所有教育救助的制度、方法都围绕这一主题而展开。

二、尊重教育救助规律

规律是事物间内在的本质联系，规律是客观的。只有按照"三留守"的需求来思考教育救助体系，揭示"三留守"教育救助的内在规律，尊重规律才能收到事半功倍的教育救助效果。

（一）"三留守"教育救助规律揭示

"三留守"作为一种社会现象，在我国出现的时间并不长，由于我国2.7亿外出务工人群导致2亿左右的留守人群。外出务工人员为城镇化进程、现代化建设做出的贡献是有目共睹的，而留守人群的辛苦、无奈也是客观存在的，党中央、国务院提出对"三留守"的关爱是非常及时的。但把"三留守"这一群体的教育救助独立出来进入顶层决策却是近年来的事，因而很多专家学者认为"三留守"教育救助仅仅是实践层面的行为，只有经验，没有规律，也无理论。这样实践的随意性就显得特别明显，这种随意性使"三留守"教育救助既无理论指导，又无政策、制度依据，使其救助活动停留在口头上，落实在宣传中。面对庞大的"三留守"队伍，特别是由于教育救助滞后导致的问题日益凸显，揭示"三留守"教育救助的规律已经被提上议事日程。

"三留守"教育救助是有规律可循的，而规律又是存在于"三留守"教育救助的实践中的。通过抽象"三留守"教育救助规律可表述为以国家出台的政策、制度、规定、方法为主体的教育救助体系一定要适应"三留守"需求现状的规律。"三留守"教育救助实践过程的基本矛盾是教育救助实施者与"三留守"之间的矛盾，教育救助主体与"三留守"构成对立统一的救助整体。在对立统一整体中，"三留守"是矛盾的主要方面，"三留守"对教育的需求既是教育救助客体的内在动因，又是教育救助实施有效教育的根据，因此研究这一规律首先要揭示"三留守"对教育救助的需求，包括需要什么、需要的强度，只有根据教育救助客体的需求实施教育，整个教育活动才有价值。其次，要揭示"三留守"受教育的现状，根据受教育的水平实施教育活动，以收到教育救助的实效。"三留守"是由三个人群组成，留守儿童、妇女、老人都有特殊性，因而这一总规律又表现为三大具体规律。

留守儿童教育救助的规律。教育救助体系一定要适应留守儿童生存、发展需求特殊性的规律。在揭示这个规律的过程中，一要把留守儿童与留守妇女、老人区别开来，抓住留守儿童的特殊性。儿童代表未来，学习是其主要任务；学习的动因首先是生存，然后是发展；身心健康教育、思想道德教育、科学文化教育是主要内容；教育救助的矛盾就是让儿童健康成长，学会谋生和发展的知识、技能，形成良好的道德品质，逐步完成社会化，顺利进入向成人发展的通道。二是把留守儿童与非留守儿童区别开来，仅仅抓住留守这一特点，留守儿童与非留守儿童，虽然都是儿童，但留守儿童最大的特殊性在于与父母分居，父爱、母爱缺失；道德、知识学习没有父母在身边辅导、督导、规范；没有父母管理生活起居。而非留守儿童父母直接将爱传递给子女，管道德、文化学习，管生活起居。留守儿童没有父母关爱、管理、督促，因而教育救助就必须考虑这一特点。救助主体既要承担教育者的角色，又要承担父母的角色，这样的教育救助体系才能适应留守儿童的需求，同时由于家长的教育责任社会化，而社会教育救助往往鞭长莫及，因此，留守儿童的道德品质教育、身心健康教育、科学文化教育，都面临着困难和问题。留守儿童辍学、流浪、被坏人诱骗的比重比非留守儿童大，一个重要的原因就是父母关爱、教育缺失，因此，留守儿童教育救助的规律内在地规定了留守和儿童两大特点，适应其生存和发展需求特殊性的教育救助体系也必然具有鲜明的个性特征，揭示这个规律的特殊性是留守儿童教育救助体系构建的基础。

留守妇女教育救助的规律。教育救助体系一定要适应留守妇女自我保护、自我发展特殊需求的规律。留守妇女是丈夫外出务工而留在原籍的女性群体，留守妇女都是成人，而留守的主要任务是照顾老人小孩、看好家，经济来源主要靠外出务工的丈夫汇款，就近打工或从事小型的种养殖以补贴家用。留守妇女既是农村的弱势群体，又是女性中的弱势人群。留守妇女普遍存在自身素质低、市场应对能力差、政治参与意识弱的问题。[①] 文化素质低具有普遍性，据吕芳基于 16 省 44 县 2414 名留守妇女的调查发现：留守妇女的文盲率竟高达 15.6%，远高于我国人口文盲率的平均水平。[②] 由于文化水平低，留守妇女的学习动因缺乏，从面上看，50% 左右的留守妇女没有学习要求，但由于男性外出务工，留守妇女既要承担照顾老人小孩的责任，又要种承包地，养殖六畜，这就决定了他们必须改变依赖丈夫汇款生存的格局，重新认识自我价值和社会价值，进而对于自身的角色体验到一种从未有过的积极性情绪，[③] 为了适应

---

① 岳雷波：《农村留守妇女问题与新农村建设》，《湖北经济学院学报（人文社会科学版）》2007 年第 3 期，第 25 – 26 页。

② 吕芳：《农村留守妇女的社会支持网构成研究》，《妇女研究论丛》2012 年第 5 期，第 36 – 42 页。

③ 覃金玲：《新农村建设过程中留守妇女的角色调适———以咸丰县官坝苗寨为例》，《湖北民族学院学报（哲学社会科学版）》2007 年第 4 期，第 19 – 22 页。

新要求，学习被提上了议事日程。留守妇女社会角色的转换，社会责任的加重，必须重新学习；同时，由于丈夫不在身边，留守妇女要独立地应付社会经济问题，还要对付不怀好意的村民，这就要求留守妇女必须学习家政、种养殖技术、法律知识，以求自我发展、自我保护，这是留守妇女学习需求的内在动因。留守妇女教育救助体系的构建一定要适应留守妇女的现实需求的特点，简单、实用是其教育方式的特点。

留守老人教育救助的规律。教育救助体系一定要适应留守老人健康、快乐、自我救助需求的规律。老有所为一般是指杰出的老人，“小车不倒只管推”，留守老人中杰出者较少，一般留守老人最关注的是老有所养——在家儿女养老，至少提供赡养费，以解决生活之忧，或由儿女出资购买养老保险。在基本生活有保障的基础上，追求健康，“不怕生坏命，只怕得坏病”是留守老人信奉的老年真谛；如果身体健康更要追求快乐，幸福感要强，高官不如高薪，高薪不如高寿，高寿不如高兴，成了相当一部分留守老人的养老信条。留守老人的这种需求要求教育救助体系与之相适应，这一个年龄段的留守老人几乎没有创业热情，参加村委会组织的学习很大程度是为了和同龄人一起交流，但是对心理健康、生理保健、法律维权却也十分关注。留守老人学习动机就在于保护自己，快快乐乐地走向生命的终点，这一大特点就决定了留守老人教育救助体系主要考虑疾病自我救护、心理自我调适、权利自我维护的需求。

留守儿童、妇女、老人虽然都是留守群体，但由于扮演的社会角色不同，年龄层次、生活阅历不同，承担的社会责任不同，因而教育救助的规律也凸显其特殊性，但“三留守”的共同性决定了教育救助体系必须适应“三留守”的需求的规律。通过教育救助提升“三留守”的综合素质，进而为全面建成小康社会准备条件。

（二）“三留守”教育救助体系构建以规律为基础

揭示“三留守”教育救助规律的目的在于科学构建“三留守”教育救助体系，以便有针对性地对留守人员实施教育救助。“三留守”教育救助体系构建必须以"三留守"教育救助的规律为基础，只有坚持按规律办事才能收到良好的效果。

根据教育救助体系一定要适应留守儿童生存、发展需求特殊性的规律，留守儿童教育救助体系的构建必须弄清楚四大问题。一是留守儿童的特殊需求是什么。只有弄清楚留守儿童的生理、心理、学习的需求，才能对症下药，以满足留守儿童的需求。事实上，留守儿童的特殊需求就是因为父母不在身边，而形成的关爱、督促、管理的缺失，教育救助体系就是将父母的爱、责任接过来，并加以强化，以弥补儿童发展中的不足。因此，教育救助体系的建构就必须以此为出发点，才能适应留守儿童特殊的需要，使教育救助落地见实效。二是留守儿童群体与非留守儿童在教育中的差距。除了弥补父母缺失实施教育外，还有留守儿童的自救自助教育，非留守儿童的自救自助教育一般在潜移默化中往往被学校和社会忽略，而留守儿童父母没有在身边关照，首先就要学会独立，独立生活，独立处理人际关系，独立应对突发事件。教育救助体系从教育内容到形式都必须将其纳入，千万不能忽略。三是留守儿童不良道德、习惯的矫正教育救助。留守儿童由于没有父母在身边念叨、规范、强制，人的自然本性必然让他们在顺其自然的过程中形成不良道德、习惯——抽烟、喝酒、打架、滥交朋友等，更有甚者沾上毒品，合伙下暴。矫正不良道德、习惯是留守儿童教育中不可或缺的，否则这种教育体系就必然残缺。四是留守儿童防范意识教育救助。儿童自身对是非判断能力弱，对身边的人容易轻信，留守儿童尤其突出，因此一些不法分子瞄准留守儿童这一群体，采取引诱、强制等犯罪手法，使个别留守儿童吸毒、贩毒，成为偷盗、抢劫、诈骗、卖淫等犯罪团伙的"后备军"。因此，必须将防范意识纳入教育救助体系，警钟长鸣，让儿童自觉建立防范犯罪团伙引诱、强制的防火墙。留守儿童教育救助体系建立是系统工程，必须以绿色儿童教育救助的规律为基础，只有尊重规律，适应留守儿童的需求，这个体系才具有科学性、可行性、有效性。

根据教育救助体系一定要适应留守妇女自我保护、自我发展特殊需求的规律，在构建留守妇女教育救助体系时，必须首先搞清楚她们的社会角色的定位和自我保护、自我发展的需求。留守妇女与留守儿童不同，她们是成人，得扮演承担社会责任的社会角色。这个社会角色是建设社会主义新农村的主体和留守家庭母亲、女儿或儿媳的有机统一；由于主要劳动力外出务工，留守地的农村建设就留给了留守妇女和老人，而妇女又承担主要责任，因此她们既承担建设家乡的责任，又承担照顾老小的责任；这种社会角色定位要求留守妇女教育救助体系设计、实施时一定不能忘却。

留守妇女大多处于弱势，经常在与左邻右舍发生争执时以忍让为主，而不法分子则利用留守妇女家中没有男人而偷盗财物或性侵犯，这样的结果必然促使她们在主观上需要寻求保护，这种要求保护的心态是正常而且合理的，她们更希望能够自己保护自己，这种需求要求留守妇女教育救助体系设计实施时，一定要考虑司法救济和法律法规教育，使她们能自觉拿起法律武器维护自己的权利。

留守妇女虽然处于弱势，但其中有相当一部分人仍然希望通过自强不息实现自我发展和自我完善，这是她们学习需求的内在动因。由于留守妇女大多数都处于偏僻、落后的山区农村，眼界窄，文化水平偏低，这种学习需求主要是为了掌握一门或两门实用技术，或提升经营承包地、庭院经济、家庭养殖的水平，功利性特强，并讲求实效，立竿见影。留守妇女教育救助体系的设计和实施一定要将自我发展作为重点内容，只有留守妇女教育救助体系能促进其发展，新农村建设才有希望，留守家庭才能更加和睦，才能在教育救助中实现教育主体和教育对象共同发展的目的。

根据教育救助体系一定要适应留守老人健康、快乐、自我救助需求的规律，在构建留守老人教育救助体系的时候，主要以其需求为出发点，虽然我国一直在提倡老有所为，但毕竟已进入夕阳阶段，况且留守老人大多数种了一辈子田，很少外出就业、创业，因而创业学习的动机基本没有，健康、快乐、自我救助需求是留守老人学习的动因，因此留守老人教育救助体系设计实施把健康教育、寓教于乐作为主要方式，把自我救助教育——法律自我救助、疾病自我救助教育作为重中之重。只有针对留守老人的需求，才能使教育救助体系客观有效。

尊重教育救助体系一定要适应"三留守"需求的规律，如果不适应就必须调整改革不适应的因子，形成新的适应，只有按"三留守"教育救助的客观规律办事，才能将其教育救助落到实处，促进留守人员健康生存、发展。

三、促进教育公平

"不让一个孩子掉队"是美国在 20 世纪就提出的教育公平理念，教育公平一直是我国追求的目标，但由于优质教育资源短缺，区域分布辽阔，因而全面实现还需要时间。"三留守"在现实教育体系中很明显处于一种非公平状态，促进区域之间、务工流动人员教育公平，是构建"三留守"教育救助体系的又一指导思想。

（一）促进留守地与非留守地的教育公平

"三留守"教育救助体系的构建本身就具有促进教育公平的功能。从大区域看，"三留守"主要集中在西部十一省区，中部有一部分，而中西部又主要集中在农村，而农村又主要集中在自然条件恶劣的贫困连片区。这些地区虽然全面贯彻了九年制义务教育，但优质教育资源十分短缺、办学条件差、师资严重不足、成教和专项培训很难覆盖，严重制约了留守地的教育发展。据调查，"三留守"相对集中的三峡库区义务教育发展水平不高，重点中、小学比重从中心城市→县城→镇→乡逐级下降，逐步趋零——很多留守地区几乎没有一所重点，留守儿童要享受优质教育资源必须找人托关系或交高价到镇、县城或中心城市的学习完成学业。

留守地的学校办学条件一般都比较差，三峡库区十五个区县的小学生均校地 14.31 平方米，比国家标准少 3.69 平方米；生均校舍建筑面积为 4.70 平方米，比国家标准少 0.77 平方米；初中生生均校地 15.27 平方米，比国家标准少 8.73 平方米；生均校舍建筑面积为 5.64 平方米，比国家标准少 4.08 平方米。库区义务教育学校共差校地 1000 万平方米、差校舍 340 万平方米。① 校舍危房还存在一定数量，仅开县 2005 年危房总量达 14 万平方米，教学设备极不完善，不少学校教育仪器设备、体育卫生器材、图书资料严重不足，寄宿制学校数量不足，不能满足山区学生技术需要，两个学生挤睡一张床不在少数。三峡库区近年来基础教育的基础设施虽然有好转，但"三留守"相对集中的农村学校仍然很难与城镇相比，这种状况在全国留守地基本类似。

留守地学校教师数量不足、结构不合理、待遇偏低。尽管大学扩招后很多毕业生待业，但有相当一部分也不愿到留守地任教。现行中小学教师编制标准不符合"三留守"相对集中的地区，城市小学的师生比为 1: 17 - 20，县镇小学的师生比为 1: 20 - 30，而偏远农村小学的师生比为 1: 22 - 25，由于经费困难，本来很紧张的编制也出现有编不用、缺编不补的状况，如奉节、巫山教师分别缺编 792 人、1164 人。留守人员相对集中的地区教师不仅数量不足，而且结构极端不合理，年龄老化、断层现象严重，高级教师比例少，艺术、体育、计算机、综合实践、中小学英语等学科缺编严重，这样使艺术类学科完成教学计划都有困难。待遇偏低是偏远农村学校的普遍状况，虽然实行绩效工资后有所改善，但大部分乡村小学教师除工资外没有任何奖金和福利，绩效工资也比较低，这种状况导致本来不足的师资又外流，教师问题影响着留守人口相对集中的偏远山区的基础教育质量，同时也影响着留守妇女和留守老人的教育救助。

成人教育一般都在县城设点，成人学历教育更难在乡镇设点。专项

---

① 邓卓明等：《三峡工程重庆库区教研专题调研报告》，《中共重庆市委二届九次全委会议重点课题调研报告专集》（下），第 93 页。

培训有时也组织留守人员参与，特别是新农村建设中请种养殖大户或技术顾问讲解辅导相关问题，但这种活动很难全面覆盖留守人员集中的乡村，至多一些有前瞻性的村社组织村民或留守人员参与这种技能培训。因而城镇与乡村这种教育的不公平不仅没有缩小，还有扩大的趋势。

"三留守"教育救助体系构建一个十分重要的任务就是促进教育公平，只有以教育公平的理念为指导，才能逐步解决"三留守"相对集中的乡村基础教育短板、成人教育缺失、专项培训不足的状况，否则"三留守"仍然是被教育救助遗忘的群体。

（二）促进务工流动人员的教育公平

务工流动人员是指从农村进城务工出现的居住工作地点流动，进而引起全家流动。这种流动人员分儿童和成人两类，教育不公影响最大的是流动儿童。虽然《国务院关于解决农民工问题的若干意见》（国发[2006]5号）明确规定"保障农民工子女平等接受义务教育。输入地政府要承担起农民工同住子女义务教育的责任，将农民工子女义务教育纳入当地教育发展规划，列入教育经费预算，以全日制公办中小学为主接收农民工子女入学，并按照实际在校人数拨付学校公用经费。城市公办学校对农民工子女接受义务教育要与当地学生在收费、管理等方面同等对待，不得违反国家规定向农民工子女加收借读费及其他任何费用。"但事实上落到实处相当困难，由于农民进城务工，子女随住，没有户口，只能办暂住证，学校以此为由拒绝招收农民工子女的情况不在少数，有的学校则收借读费；况且农民工务工的单位变动引起居住地点流动，必然引起子女就读学校的变化，有的子女是在不断换学校的过程中完成九年制义务教育的。流动儿童教育公平虽有文件规定，但实际上很难落实，因而不公的现象比较普遍；同时中高考制度规定在户口所在地参加考试，又限制了流动儿童在异地平等升学。由于就学地点变动加大了流动适应成本，学习效果受到严重的影响，也是教育不公的重大体现。

务工流动人员的教育不公还体现在成人的学习、培训上。务工流动人员中的成人参加高考必须回原籍，而接受的培训最多的是劳务输出培训，这种培训虽然很有实效，但培训的目的是为了打工，为老板创造剩余价值。虽然有务工人员自我发展、自我完善的功能，但不是主体、是附带，因而务工人员很难进入管理层，想要成为老板更难。培训的目的是更好地务工，更多地为老板创造价值。因此，培训内容中很少涉及社会参与、管理等，人的全面发展成了空话。务工流动人员的教育不公最终的结果是让农民工代代相传，农民工二代与官二代、富二代、红二代齐名，农民工代数延续肯定比其他代数延续更久远。

务工流动人员是广义"三留守"的分支，只不过打工没有造成儿童、妇女、老人留守，而是举家进城，维持家用全凭打工收入，除承包地外没有任何财产，因而要在城市长期留下来成为市民生存是第一需要，仅仅生存远远不够，还需要发展，因而教育救助就成为必然。构建"三留守"教育救助体系必须以促进教育公平为指导思想，只有促进教育公平，不公平的教育环节才能被消除，事实上教育救助就是解决教育不公的点，只有从点上实施救助，弥补"三留守"教育不公带来的负面影响，才能真正让"三留守"从弱势群体中走出来，成为正常人群。

构建"三留守"教育救助体系时坚持以"三留守"为本、尊重客观规律、促进教育公平为指导思想。只有坚持以"三留守"为本，才能从"三留守"的客观需要出发，构建符合他们需求的教育救助体系；只有科学认识"三留守"教育救助的客观规律，尊重规律，发挥教育主体的主观能动性，才能收到事半功倍的效果；只有以促进教育公平为契机，强化不公的点，才能让"三留守"享受教育公平的成果，体现教育救助本身的实体价值和工具性价值，否则构建的"三留守"教育救助体系将成为远离实际的空中楼阁。

第二节　农村"三留守"教育救助体系构建的原则

"三留守"教育救助是一项庞大而系统的工程，要解决其间错综复杂的矛盾,使救助实效显著,达到预期目标指导思想是思想路线,解决认识基础问题;而原则则是必须遵循的准则,是一种客观的、强制的规范。"三留守"教育救助体系建构只有在政府主导、学校主体,群众本位、内力激发,统筹规划、制度保障,因地制宜、分类指导,切实可行、先进科学,重在实效、着眼长远等原则的规范指导下才能落到实处,才能健全关爱体系,最终实现留守人员与非留守人员共同发展。

一、政府主导、学校主体

政府主导、学校主体的原则要求"三留守"教育救助体系设计和实施中政府和学校科学定位。政府主导要求把"三留守"的教育救助作为各级政府的重要工作内容,省市在中央出台政策的基础上制定实施细则和地方性的规定;市、县、乡政府按属地管辖落实责任;教育、民政等职能部门组织实施、监督指导;居委会、村委会具体落实到"三留守"人头,构成横向到边、纵向到底的"三留守"教育救助行政组织系统。

学校主体要求把"三留守"教育救助作为各类学校整体工作的有机组成部分,纳入规划和年度工作计划,承担实际救助中的思想道德、文化、技能教育培训的主体责任。学校本身是教育机构,有责任充分调动教育资源,对"三留守"实施教育救助。在过去三十年中,学校在留守儿童教育救助中功不可没,但留守妇女、老人的教育救助则显得十分薄弱。坚持学校主体是要学校将"三留守"的救助作为分内的事业纳入日常工作体系。

政府主导、学校主体是"三留守"教育救助的组织原则,政府是政策制定执行者,学校拥有教育资源,并对其享有占有、使用和依法处分的权力,政府和学校在"三留守"教育救助中各定其位、各司其职、各尽其责,是"三留守"教育救助体系设计、实施的组织保证。

二、群众本位、内力激发

群众本位、内力激发的原则要求"三留守"教育救助体系设计和实施中相信依靠群众、激发群众的创造热情。群众本位要求在"三留守"教育救助体系构建中处理好政府、学校、社会救助和自身努力的关系；充分相信留守地的干部群众有能力开展教育救助，留守人员有接受教育救助的需求，有能力掌握生存发展的种养殖技术、其他实用技术；充分调动留守地区和劳动力输入地区干部、社会力量、留守人员的积极性和创造性，在认识能力提高上做文章，在增强"三留守"自我发展能力上着力。

内力激发要求教育救助体系构建时注重激发群众的内在动力，群众是真正的英雄，历史是人民创造的，留守地基层干部、广大群众、留守人员中潜藏着巨大的精神力量和物质力量。在构建"三留守"教育救助体系时，注重把干部群众，特别是"三留守"开展教育救助的外在压力变成内在动力，变被动为主动，变自发为自觉，将留守救助活动的外因条件建筑在"三留守"人员思改求变的内因根据上，从体制、机制、制度上激发留守人员学习的积极性、创造性。

相信群众、依靠群众是内力激发的基础，只有坚持"三留守"群众为本位，想他们所想，行他们所行，真心实意地将他们看成具有自救能力的对象，才能通过教育救助激发他们的学习热情，把外在的教育救助转化为内在的学习动力。

三、统筹规划、制度保障

统筹规划、制度保障的原则要求"三留守"教育救助体系设计和实施中从规划和制度上提供保障。"三留守"教育救助体系构建是一个系统工程，涉及方方面面，要落到实处，统筹规划、科学布局、积极推进起着至关重要的作用。"三留守"教育救助体系构建必须对留守地和劳动力输入地进行区域统筹，对留守儿童、妇女、老人教育救助进行模式统筹，对学校、社区、社会培训机构的教育进行资源统筹，对教育救助活动与提升农村种养殖水平、转移就业进行衔接统筹，对教育救助推进新农村建设和城镇化进程进行城乡统筹。统筹通过规划落地，最终形成"三留守"教育救助的五年规划，并通过年度计划实施。

制度是由政府或社会组织通过一定的程序制定的相对稳定的具有法律意义的强制性规定。"三留守"教育救助的制度是把统筹规划变为政策措施的必要手段，只有从制度上做出安排，才能把规划落到实处。"三留守"教育救助制度包括主体、客体、权利、义务、投入等实体制度，组织、实施、监督、责任、方式等程序制度，国家层面制定宏观制度，省市出台区域性的中观制度——实施细则，市、县、镇（乡）、村执行制度。

统筹规划明确思路和工作目标，制度保障将规划目标落到实处，并用实体和程序规定落地见实效。只有坚持统筹规划、制度保障，才能将"三留守"教育救助体系的设计、建构由科学研究转化为政策，在政策实施中实现全面救助目标。

四、因地制宜、分类指导

因地制宜、分类指导的原则要求"三留守"教育救助体系设计和实施中各地区从实际出发探索、创新教育救助模式。我国有960万平方公里的土地，在三千里江山上、八千里云月中的留守地各具特色，"三留守"中儿童、妇女、老人不一样，汉族与少数民族地区的救助对象也各具特色。具体问题具体分析是教育救助体系构建的基本要求，因地制宜要求从大的方面遵循中部和西部、南方和北方、少数民族与汉族、高山与平原、边远农村与城郊、劳务输入地和输出地的特点，从小的方面遵循儿童、妇女、老人不同的需求，特别是个体的需求，设计教育救助方案以实施教育救助。因地制宜对于地域辽阔、区域差异大的地区创造性地探索教育救助模式很有意义。正是区域差别必然要求教育救助模式的多元性、方法的多样性、目标的层次性、效果的特色性、评估的针对性。

因地制宜要求空间大致相近的地区一地一策，不能生搬硬套，只能有针对性的根据当地的实际情况设计实施"三留守"教育救助的对策。因地制宜是从空间上解决救助差异性问题，目的是使救助更具有针对性、可行性、有效性。分类指导本质上是因地制宜的深化和拓展，要求按"三留守"的大类的实际情况施策，并根据各地、各种救助类型的不同指导救助政策、制度的实行。因地制宜是从地域上要求政策设计实施的针对性，分类指导则是在因地制宜的基础上根据不同类型的人群或地区进行政策制度设计实施的指导，二者要解决的是针对"三留守"教育救助的实际问题，目的是促进各地、各救助对象创造性地执行制度或政策。

五、切实可行、先进科学

切实可行、先进科学的原则要求"三留守"教育救助体系设计和实施中具有可行性和先进性。任何模式、体系的价值就在于切实可行，规划决策方案被称之为可行性方案，就是要求方案抓住的问题精准、采取的措施得力、实施的效果明显。构建"三留守"教育救助切实可行的方案必然要求救助对象精准、救助项目精准、资金使用精准、领导方法精准，只有方案符合救助对象的需要，在救助实践中才行之有效，切实可行必然要求反对假大空，反对超前和滞后的倾向，依据是"三留守"教育救助的规律。

先进科学就是"三留守"教育救助体系建构"要因事而化、因时而进、因势而新"。[1] 因事而化要求对"三留守"教育救助要根据对象、目标、任务的不同而变化；因时而进要求要掌握时效，不能滞后，也不能超越，只能在一种教育模式已经完成历史使命时而将教育活动实践向前推进，在一定时期内采用相适应的模式或方法；因势而新就是指"三留守"教育救助活动实践发展有冲破传统、常规的势头，只有创新才能适应。有时势造新人、时势造新事的意义。"三留守"教育救助体系构建是一个新生事物，本身就具有创新的意义，但随着时间的推移，又会出现新情况、发现新问题，需要总结新经验，得出新结构。创新是先进

---

① 《习近平在全国高校思想政治工作会议上强调：把思想政治工作贯穿教育教学全过程 开创我国高等教育事业发展新局面》，《人民日报》2016年12月9日01版。

科学的灵魂，只有创新才能先进，只有创新才有价值。

切实可行是"三留守"教育救助体系的本质要求，只有切实可行才能收到落地见实效，而切实可行本身必然在实践中推动"三留守"教育救助体系的发展完善。先进科学则是站在实践的前沿不断总结新经验，将切实可行理论化、系统化、创新化，二者是"三留守"教育救助体系构建必须遵循的基本原则。

六、重在实效、着眼长远

讲究实效、着眼长远的原则要求"三留守"教育救助体系建构重在实施实效，并着眼长远发展。重在实效要求抓紧解决"三留守"教育救助薄弱等突出问题，坚持问题导向，完善政策措施，健全工作机制，有什么问题解决什么问题；"关键是要找准路子、构建好的体制机制，在精准施策上出实招、在精准推进上下实功、在精准落地上见实效"；从时间、人员、目标、评估等方面做出科学规划，保证政策执行到位、人员工作到位、检查评估到位，做到"三留守"教育救助落实到乡镇、村社，直至人头，严格评估，取得的成就群众认账，坚决反对玩数字游戏——只有统计效果，没有实际效果的做法。

"三留守"的教育救助是从根本上实现其自我发展、自我完善的路径，不是短期能解决的。着眼长远要求依靠改革和发展，逐步解决"三留守"教育救助深层次的问题，形成从根本上提高"三留守"认识能力和生存发展能力的体制、制度、机制。"三留守"教育救助既是紧迫、无法拖延的现实任务，又是长期艰巨细致的工作。

注重实效是"三留守"教育救助体系建设的内在规定，注重实效要求立竿见影、推糠见米，只有取得眼见为实的效果，老百姓才口服心服，救助主体才能底气足，注重实效是为着眼长远提供现实基础；而着眼长远则要求在注重实效的基础上通过不断地变革、创新推进"三留守"教育救助体系的发展完善，二者互为表里，成为"三留守"教育救助体系建立的基本原则。

第三节　农村"三留守"教育救助体系构建的方法

方法是过河的桥，方法的科学性决定着路径的正确性和结论的真理性。"三留守"的特殊性决定了教育救助体系构建方法的特殊性，坚持实证总结与理论借鉴相结合、问题拉动与系统研究相结合法、政策规范与实践推进相结合、计划与市场相结合、关爱与教育救助相结合、资源优质与对象强化相结合、全面救助与单项突击相结合、模糊评价与定性评价相结合等方法，构建科学实用的教育救助体系。

一、实证总结与理论借鉴相结合

"三留守"教育体系构筑的基础是现成的教育救助经验总结，国内外的理论研究成果的借鉴是重要手段，二者有机结合是"三留守"教育救助体系构建的实践和理论依据。坚持实证总结的方法，要求对我国现行的"三留守"教育救助的政策、制度、方法、成就、经验进行总结归纳，这种研究方法的前提是实证调研——摸清留守儿童、妇女、老人现行教育救助的成就、问题及原因，取得哪些行之有效的经验，这种方法的目的是找准问题、查清原因、总结经验、吸取教训，为"三留守"教育救助体系构建提供实证支撑，这种研究方法避免了闭门造车、空谈误事。这种方法要求调查样框的随机选择具有科学性和典型性，当然用大数据方法更好，但目前很难收全相关数据。

如果说实证总结是获取"三留守"教育救助体系构建直接经验的话，理论借鉴则是吸收间接经验的精华，"秀才不出门，能知天下事"在网络时代已经成为现实，理论借鉴的方法就要求相关研究的成果收集应遵循"全、快、准"的原则。只有理论信息占有丰富翔实，收集及时快捷，运用去粗取精、去伪存真，由表及里、由此及彼的改造处理，保证理论信息的生动准确，才能取其精华去其糟粕，洋为中用古为今用——作为"三留守"教育救助体系构建的理论借鉴依据。

坚持实证总结与理论借鉴相结合的方法，本质上是坚持直接经验与间接经验结合，只坚持实证总结可能限制眼界，沦入经验主义的泥坑；只坚持理论借鉴则可能形成"外来的和尚好念经"、"外国的月亮就是圆"，陷入教条主义的泥坑，因此必须坚持二者的有机结合，"三留守"教育救助体系构建从这里开始。

二、问题拉动与系统研究相结合

"三留守"教育救助体系构建问题是动因，系统研究是目的，问题拉动与系统研究相结合的方法要求在"三留守"教育救助体系构建中以问题为中心，找准问题→分析问题→查明原因→构建体系→解决问题是其内在逻辑，首先找准"三留守"关爱体系中教育救助薄弱的问题，再分析留守儿童、妇女、老人现成的教育救助存在的主要问题，进而查明问题产生的原因，运用因果分析手段分清根本原因、派生原因、主要原因、次要原因，在找准原因的基础上构思根本消除或淡化原负面影响的对策——构建"三留守"教育救助的体系。

如果问题是体系构建的动因，那么分析问题、解决问题则是系统研究。系统研究要求从整体上把握"三留守"相互联系的统一体系时分别把握留守儿童、妇女、老人的具体救助体系，既体现"三留守"教育救助的整体性，也体现留守儿童、妇女、老人教育救助体系的特殊性，系统研究是分析后的综合，是有机的综合。

坚持问题拉动与系统研究相结合的方法，本质上是对"三留守"教育救助这一重大实践问题提出完善的解决系统。问题是核心，问题驱动是动力，解决问题是目的，这一过程本身就是从实践到理论的飞跃，从具体到一般，从分析到综合。以问题为起点，解决问题为终点的过程就是系统研究的过程。问题拉动与系统研究有机结合使构建的"三留守"教育救助体系更科学、更有实战意义。

三、政策规范与实践推进相结合

构建的"三留守"教育救助体系只有转化为政策才能实现理论向

实践的飞跃，也才能通过实践落到实处，推进教育救助实践活动有序开展。理论是灰色的，生活之树是长青的，"一步实际运动比一打纲领更重要"，而政策恰好是理论向实践飞跃的中介。"三留守"教育救助体系的理论模式只有转化为政策才有生命力，才有可能在实践中不断完善，政策的功能在于导向、规范、保障。"三留守"教育救助体系转化为政策规范才使救助理论强化，救助体系落地见实效。"三留守"教育救助体系构建必须坚持政策研究的方法，把政策规范作为理论研究的出发点和归宿。

实践推进的方法从本质上讲是理论向实践的飞跃，"三留守"教育救助体系理论模式构建本身植根于实践，是实践经验的总结、抽象、上升；这个理论模式必然转化为实践，由实践赋予活力，由实践来修正，由实践来检验，并不断地在实践中发展。离开了实践，"三留守"教育救助体系的理论模式就成了无源之水、无本之木。

政策规范与实践推进相结合的方法本质上是理论向实践的飞跃，政策规范既是理论成果转化的结果，又是理论向实践飞跃的中介。"三留守"教育救助体系如果不形成政策规范，将永远是束之高阁的"灰色理论"，而实践推进没有政策规范必然带有很大的盲目性，政策规范与实践推进相结合是实现"三留守"教育救助体系科学化的有效途径。

四、计划与市场相结合

尽管我国在 1994 年就曾经向全世界宣布我国已经完成了计划经济向市场经济的根本转变，但是由于我国行政体制的影响，政策的作用巨大，因而工作推进中计划的惯性仍然在起作用，这是无法回避的基本事实。当然，计划分指令性计划和指导性计划两种，指令性计划具有法律意义——必须执行；指导性计划却具有市场意义——引导执行。"三留守"教育救助体系的构建中计划的方法起着不可替代的作用，这个作用主要表现在全国一盘棋需要统筹规划，资金投入、布点、建卡都需要有计划的进展，否则将乱成一锅粥。这个计划表现为"三留守"教育救助的规划、年度计划和各级政府的实施计划。计划是落实"三留守"教育救助政策、实施"三留守"教育救助活动的依据。

市场是我国改革力争要解答的资源配置方程式。"三留守"教育救助体系建立要充分利用市场反应灵敏、价格杠杆刚性、资源配置快速等优势，将市场机制引进到"三留守"教育救助体系中来，运用政府购买服务等方式把"三留守"教育救助市场化，运用市场的有机性推动"三留守"教育资源优化整合。

计划与市场相结合，本质上是利用计划和市场的双重优势，构建"三留守"教育救助体系。坚持"三留守"教育救助的计划性，是由我国的体制决定的，充分发挥计划的优势，让"三留守"教育救助有序进行。坚持"三留守"教育救助的市场驱动，是由我国经济体制改革的需要决定的，推动"三留守"教育救助市场化，在市场的汪洋大海中经风雨见世面——不断完善。计划与市场相结合的方法具有典型的中国特色，是中国式的建构方法。

五、关爱与教育救助相结合

"三留守"关爱体系构建是党中央国务院十分关注的重要民生问题，"三留守"处于弱势地位，需要党和政府以及社会的关心、爱护。"三留守"关爱的方法就是要求各级政府、社会各界、人民团体、企事业单位，运用切实可行的手段建立关爱服务网络；运用信息管理的方法，建立"三留守"翔实完备、动态更新的信息管理系统；运用机构救助的方法，建立"三留守"救助保护的机构；运用系统工程的方法，建立家庭、学校、基层组织、政府和社会力量相衔接的留守儿童关爱服务网络；运用司法救助的方法，对"三留守"实施法律援助；运用经济补贴方法，对"三留守"中的困难家庭提高救助水平，确保基本生活；运用激励的方法，引导和鼓励社会力量参与"三留守"关爱服务工作；建立健全"三留守"关爱体系。

教育救助的方法要求运用资源整合的方法将学校、社区、机构等教育资源整合，为"三留守"教育救助提供优质教育资源；运用平台借助的方法，借助社区、学校、机构、老年大学的平台实施教育救助；运用社会力量的方法，将家政、种养殖专业户、教育志愿者、心理咨询师、律师、医生组织起来，不定期有针对性地开展教育救助。教育救助的方法是研究的重点，在这里仅仅是将一般性的罗列出来。

从本质上讲，关爱体系的建立涵盖了教育救助的内容，而教育救助本身体现了关爱，是关爱体系建设的灵魂。教育救助让"三留守"自觉认识到学习技能、提高生存发展能力是自己的事，将外在的压力转变为学习的动力，而关爱更多的是将"三留守"看成需要救助的弱势，含有施舍、补贴的意思，况且关爱仅仅是一种提倡，没有实打实的政策、机制、经费保障，是一种软方法，教育救助的方法既是他救又是自救，基本可以实现从根本上解决问题。当然，关爱是基础、是条件，只有关爱的方法全面具体了，才能将教育救助的方法提上议事日程；只有教育救助的方法真正实施了，才能在实现"三留守"自救方法上真正体现关爱方法的实质。

六、资源优质与对象强化相结合

"三留守"教育救助最大的问题是救助对象学习动力缺乏，按照中央供给侧改革的要求，只有优质教育资源的供给，才能有效激发"三留守"的学习积极性。教育救助资源优质的方法要求政府在组织"三留守"教育救助时将优质设备、平台、师资、课程等有机整合，向"三留守"提供当地最优质的教育资源，以优质的教育资源吸引"三留守"，加大投入，尽量地请名师、用名台、设备先进、课程实在、效果立竿见影。特别是借助电大和互联网的新传媒系统，组织优质课程，吸引"三留守"。教育资源优劣决定着"三留守"教育救助是否能落地见实效。

"三留守"作为教育对象本身主动性较弱，相当一部分坐地等花开——等政府救济，等学校上门，等外出务工者汇钱回家，除了维持正常生存以外，对自我发展思考的人很少。留守老人总认为年老不中用、学习更无用，虽然对"少壮不努力，老大徒伤悲"有深刻的感触，但除了叹息以外，很难有实际的突破；留守妇女本来文化程度就偏低，除了一部分家里条件差需要自己种承包地、搞点养殖以补贴家用的有一定的学习积极性外，相当一部分没有学习动力；留守儿童本来是学习读书的黄金时期，但由于父母不在身边，逃学、辍学较为普遍，除了其中一部分较优秀，希望能升入上一级学校深造的外，相当一部分没有学习积极性。需要采取激励、榜样等方法，强化"三留守"的学习动力，促进他们为了生存发展完善自我而接受教育救助。

提供优质资源既是吸引"三留守"接受教育救助的有力方法，又是强化"三留守"学习动因的重要手段，只有提供优质教育资源，才能强化"三留守"的教育需求，为"三留守"接受教育救助提供客观条件。而强化"三留守"接受教育的需求，教育救助立竿见影的实惠是最有力的武器，这是供给侧改革的必由之路；劣质教育资源不仅不能吸引"三留守"、强化教育需求，还有可能让他们远离教育救助，甚至产生抵触情绪。提供优质教育资源和"三留守"教育需求强化的方法互为表里，最终让"三留守"接受教育救助，并实现强制向自觉转化。

七、全面救助与单项突击相结合

"三留守"教育救助体系构建坚持全面救助的方法必然要求救助的主体、对象、领域、方式、方法都具有全面性。救助主体全面要求坚持全民救助——政府主导，充分发挥学校、培训机构、企事业单位、村（居）民委员会、群团组织、社会组织、专业社会工作者、志愿者等各方面积极作用，着力解决"三留守"的教育救助过程中遇到的困难和问题，形成全社会关心"三留守"教育救助的良好氛围。救助对象全面要求留守儿童、妇女、老人不让一个人掉队，虽然在实际救助中留守儿童是重中之重，但也不能忽视留守妇女，特别是留守老人的救助。救助领域全面要求种养殖培训、实用技能培训、创业教育、健康咨询、司法救助、思想政治教育等领域都应囊括，这是由"三留守"人口众多、居住分散、需求各异的现状决定的。救助方式全面要求学校教育、成人教育、特殊教育、社区教育齐头并进，不要产生任何盲点。救助方法全面要求根据"三留守"需求的特点，运用应知、应会、现场观摩、实际操作、榜样宣传、远程教育等方法，顺利将教育信息传递。

单项突击要求针对"三留守"的要求强度和不同人群实施相对集中的专题教育，"三留守"最集中的教育需求受留守人员的性质、留守地的特点、留守人员需求等影响。留守人员性质要求实施留守儿童、留守妇女、留守老人分类指导的方法。留守儿童主要强化学校教育救助，家庭、社区为辅；留守妇女则集中在家政、种养殖、实用技术、健康、法律等专题教育救助上；留守老人则主要集中在健康和法律等专题救助上。我国幅员辽阔，留守地分散，专题教育主要以当地经济社会发展的主攻方向为依据，种养殖相对集中则开展种养殖专题培训，富余劳动力集中的地方开展劳动力转移培训。留守人员需求一般分三大类：一类是得过且过，当一天和尚撞一天钟，这种类型主要实施健康、法律的教育救助；二类是企图通过劳动来补贴家用，这种类型主要实施家政、实用技术、种养殖的教育救助；三类是留守人员中的佼佼者，想干一番事业的，这种类型主要实施创业培训。

全面救助的方法是从全局、整体、面上开展的，这种教育救助规划号召性偏多，实效性要差一点；而单项突击的方法针对性强，从点上着力，实效明显。全面救助与单项突击相结合的方法要求点面结合，这种"三留守"教育救助方法具有既突出重点又照顾全局的特色。

八、模糊评价与定性评价相结合

"三留守"教育救助的所有方法实施的效果都需要检验，而评价则是检验的手段。由于"三留守"教育救助的效果评价很难量化，只能采取近似客观的模糊与定性评价相结合的方法，从结果引导推动"三留守"教育救助方法论体系的建立。模糊评价要求将"三留守"教育救助结果无法精确量化的部分采取专家、专业人员、领导、群众打分的办法量化，进而运用模糊数学模型强行量化。由于结果只有相似性，所以是一种模糊评价。这种评价是被国内外实践证明了的，具有较强的真理性。作为"三留守"教育救助体系实施效果评价有较强的实战意义。

定性评价是社会科学中运用最广泛的，"三留守"教育救助体系最后实施的效果最简单的办法就是采取定性评价，由专家、专业人员、政府官员进行优良中差的等次划分，然后用专家参与的人数除统计的优良中差数，得出优良中差的评价结论。这种办法在管理学中叫领导、专家、专业人员评价法。

科学的评价坚持定量和定性相结合，定量分析的手段最好是云计算，采取大数据。但"三留守"教育救助相关的数据严重不足，因而无法运用大数据进行云计算。况且"三留守"教育救助是一个系统工程，涉及问题很多，很难用一个准确的数据来评价其优良中差的程度。因而采取模糊数学的方式进行模糊定量评价，模糊评价弥补了定性评价对程度的把握，而定性评价既把复杂问题简单化，又从总体上有明确的定性结论。二者有机结合的方法有助于"三留守"教育救助体系构建时的预测评价，也有助于对实施结果进行相对真理的客观评价。

第八章 农村"三留守"教育救助需求及体系建设基础

农村"三留守"人员素质提高，实现幼有所养、妇有所归、老有所依，破解弱势群体脱困自救的难题，确保社会稳定，全面建成小康社会，教育救助是唯一的路径。农村"三留守"教育救助体系建设是教育救助实施的基础，构建由教育救助需求、构建基础、救助系统为主体的有机体系，是实现"三留守"教育救助目标的制度、机制保证。

第一节 农村"三留守"教育救助的需求

"三留守"教育救助是一个新课题，要构建"三留守"教育救助体系，首先就必须弄清楚"三留守"教育救助是否有需求市场，需求弹性怎样，只有弄清楚需求才能有针对性地构思教育救助体系，才不至于政府、专家学者上演独角戏。"三留守"教育救助分为救助对象需求和救助主体需求两类，而主体需求要以对象需求为基础，否则这种救助体系只能成为学者们申请职称、空对空的"研究成果"。

一、教育救助对象需求

"三留守"教育救助体系的建立，首先从"三留守"的需求出发。"三留守"作为教育救助对象对教育救助的需求既是教育救助体系建立的现实基础又是评价体系科学性的标准。需求是市场、是本源、是动因，下面将"三留守"对教育救助需求分类分析，以便为体系构建提供需求依据。

（一）留守儿童对教育救助的需求

我国几千年来形成的理念就是通过读书改变自身，"穷不丢猪，富不丢书"在老一辈农民的脑海中打下深深的烙印，"万般皆下品，惟有读书高"绵延百世，农村孩子一出生父母就会教育："只有读书才能改变自己。"这种理念传播强化了儿童读书的意识，是儿童对教育救助需求产生的传统动因。儿童、青少年时期主要任务是学习，学生以学为主、兼学别样，这是全社会都明确了的理念。儿童、青少年在实践中观察到身边的人通过读书发展自己、完善自己的实际，也为努力学习、好好学习加重了砝码。即使没有条件读书也有学习的需求，"养儿不学艺，担断箩筐系"，学习技术、谋生手段成几何式风靡各留守地。更何况，儿童时期不学习、不读书、不学艺又有什么可干的，弄不好逃学开始中经辍学最后成为流浪儿童，流落街头。因此，但凡正常的儿童都有学习的需求，厌学、逃学的是少数。生存和发展是儿童学习的终极动因，只不过这种动因分自觉和自发两种。

留守儿童虽然地处偏远的农村，但也与非留守儿童一样，有改变自己、完善自己的渴望，尽管这种渴望带有原始性、非自觉性，但毕竟有渴望。有渴望就有需求，有需求就使教育救助有了广阔的市场、对象。留守儿童的教育救助需求与非留守儿童一样，首先是通过选拔淘汰考试划分出需求层次，最低层次的教育需求就是扫除文盲，接受九年制义务教育，国家实施"两基"工程就是满足这一层次需要的。这个层次主要满足会认字、会算账，九年制义务教育的目的一是为上一级学校培养人才，二是为社会培养有文化的劳动力。第二个层次是中专、高中、专业资格需求，这个阶段是留守儿童步入青年的关键阶段，这一时期的留守儿童、青少年需求的动力一是学习专业实用技术或获取专业资格进入中专或培训机构，二是准备考大学进入普通高中学习。

留守儿童学习的需求是非常强的，学习的动机是生存和发展，直接目的是找一份轻松一点、社会地位高一点、收入丰厚一点的工作。建立教育救助体系首先必须将留守儿童的需求层次摸清楚，同时还需要进一步明确儿童群体当中的另类，厌学、逃学、辍学，最后成为流浪儿，更有甚者被犯罪团伙引诱、威逼下水，干出损害国家、社会，让家族蒙羞的事来。这一类儿童学习需求欲望不强，学习动机不足，但作为政府、学校、社会应主动实施救助，真正实现不让一个孩子掉队。

（二）留守妇女对教育救助的需求

"女性人力资本的提高对提升自身的素质与对下一代的教育投入、直接或间接教育与培养孩子所带来的效益，直接影响到孩子的成长与未来，也就影响到一个国家与民族的工作能力与全社会素质的提高。"①而妇女自身素质提高除了学习还是学习。留守妇女处于弱势，提高素质的基本手段是教育救助，但推动留守妇女教育救助发展的原动力是留守妇女的需求。留守妇女对于教育救助的需求与留守儿童一样也具有层次性。据调查，有相当一部分留守妇女虽然也在照顾留守老人、儿童，但其余时间则是在打麻将、聊天、走亲访友中度过的，身心健康受到威胁时、遭受欺负时才产生对身心健康咨询、司法救济等教育救助需求，这是最低层次的需求。具有第二层次的需求是希望适度挣钱补贴家用的留守妇女群体，她们在经营庭院经济、种承包地、从事手工劳动中发现自己的问题，渴望通过学习来改变自己的处境。具有第三层次的需求是希望自强自立自我发展的留守妇女群体，这个留守妇女群体共同的特点就是渴望通过学习培训体现自己的自尊、实现自己的自立、达到自强、摆脱对男人的依附，因而她们积极参加卫生保健知识、养殖技术、打工技术、种植技术、思想文化素质、科普知识、法律知识、农产品技术加工等培训，学得一技之长，并以此作为谋生和发展的手段，这种需求属留守妇女自我实现的需要。留守妇女中没有教育需求的约占30%，70%的人希望参加各种培训，② 这种需求层次对于教育救助体系的建构提出

---

① 王晓莹：《新农村建设背景下农村女性人力资本的提升：意义、现状、对策》，《前沿》2010 年第 21 期，第 99－101 页。

② 叶敬忠：《留守妇女与新农村建设》，《中华女子学院学报》2009 年第 3 期，第 16－21 页.

了要求。在这里必须指出的是留守妇女中无所事事、信奉封建迷信、参与邪教等现象也时有发生。对于这一部分留守妇女也需要实行教育救助，这种教育救助则带有社会强制的特点。

（三）留守老人对教育救助的需求

我国 2000 年已经进入老龄化社会，民政部《2015 年社会服务发展统计公报》公布：截至 2015 年底，我国 60 岁及以上老年人口 22200 万人，占总人口 16.1%；① 预计 2020 年老年人口将达到 2.43 亿，② 农村留守老人约 5000 万人、贫困和低收入老年人约有 2300 万人（2012 年底）。③ 这支庞大的留守老人队伍一直被教育救助边缘化，事实上留守老人也有接受教育救助的需求。据调研，留守老人第一需要教育救助的就是政策法律咨询教育，其中社保政策、个人权益保护司法救济等是重点；第二需要是健康，随着年龄的增长，身心健康困扰着留守老人的正常生活，身体健康自我保健、救助，心理健康自我保健、调适等的教育咨询成为其教育救助的直接需求；第三需要是交往，老年人也是社会人，最怕孤独，通过健康的闲暇生活、朋友交流、代际沟通等以缓解孤独带来的心理焦虑是其教育救助的更高层次需求。对于一些有一定特长、爱好、追求的留守老人，通过特殊教育救助以满足其发展需求。

在留守老人教育救助需求摸底中，一定要搞清楚留守老人到底需要什么内容、什么方式的教育救助，只有适合留守老人需求的教育救助才能收到教育实效。杜绝把留守老人看成负担，没有追求、没有希望、没有教育需要的人群，而忽略教育救助。

---

① 《我国 60 岁以上老年人口已达 2.22 亿人 占总人口的 16.1%》2016 年 7 月 11 日，见 http://news.xinhuanet.com/2016 – 07/11/c_ 1119200343.htm.
② 《老年教育发展规划（2016—2020 年）》，2016 年 10 月 20 日，见 http://news.xinhuanet.com/politics/2016 – 10/19/c_ 1119748146.htm.
③ 《我国老年人口将破两亿 农村留守老人达 5 千万》2013 年 2 月 28 日，见 http://news.sina.com.cn/c/2013 – 02 – 28/052926380503.shtml.

二、教育救助主体需求

教育救助主体就是根据"三留守"教育需求而实施教育救助的社会组织和人群，是由政府、学校、社区、群团组织、社会力量参与等组成的系统。从整体上说，教育救助主体的需求就是以政府需求为核心，学校、社区、群团组织、社会力量参与等的需求为支持的有机需求体系。

（一）教育救助的政府需求

本来"三留守"的教育是私权问题，属司法管辖，政府不管合理也合法，但我国是社会主义国家，政府是人民的政府，为人民服务是政府的宗旨，代表最广大人民群众利益是党维护先进性的根本。"三留守"教育救助是政府完成扶贫攻坚、全面建成小康社会、推进社会公平、巩固执政基础、维护国家长治久安、提升国际形象的需要。

扶贫攻坚是我国政府当前最紧迫的任务，7000多万农村贫困人口摆脱贫困，教育脱贫是关键。"三留守"是贫困人口的最弱势群体，改善他们的生存状况是脱贫攻坚中最具挑战性的任务，是关系能否如期实现脱贫攻坚目标的关键环节，而教育扶贫是最有力的造血扶贫，因此对"三留守"实施教育救助是政府打赢扶贫攻坚战的需要。

2020年全面建成小康社会是党和政府"第一个百年目标"，全面建成小康社会要求现代国民教育体系更加完善，终身教育体系基本形成，全民受教育程度和创新人才培养水平明显提高。国民教育体系更加完善必然要求关注留守儿童的教育，终身教育体系不能遗忘留守老人，全民受教育不能把留守妇女边缘化。实现"第一个百年目标"决不让一个地区、一个民族、一个人掉队，实施"三留守"的教育救助，提高其受教育程度，是党和政府的战略需要。

社会公平是党和政府追求的执政目标，而教育公平是体现社会公平的重要方面。教育公平解决的基本手段是对弱势群体实施教育救助，通过救助提供公平接受教育、公平竞争、公平发展、公平就业的机会。"三留守"属于弱势群体中的弱势，相当一部分不救不活、不教不发，不仅差距越来越大，而且可能成为实现社会公平的拖累。实施"三留守"教育救助是实现教育公平的有力措施，是党和政府推进教育公平的需要。

工人、农民、新的社会阶层等是中国共产党执政的群众基础，从数量上看，农民人口最多，而"三留守"近2亿，约占人口的1/7，是我党执政的群众基础。这一人群虽然处于弱势，但涉及2.7亿外出务工人群，近1亿儿童将逐步进入成人队伍，成为社会主义建设者和接班人。教育救助就是提高这2亿人的思想政治素质、文化素质和生存发展能力的唯一手段，夯实执政基础，对"三留守"实施教育救助是新时期中国共产党执政的需求。

社会不稳定的根本原因是贫困人口数量大，社会分配不公，教育水平低，"三留守"中贫困人口比重大，收入普遍偏低，小学及以下文化程度占70%左右，是农村极不稳定的因素。教育救助造血扶贫，提高"三留守"的文化素质、技能水平，增加收入，从根本上脱贫是政府维护社会长治久安的需要。

鸦片战争打开国门，贫穷、落后、愚昧是最早的国际形象；新中国成立，标志中国人民站起来了，由于三十年关着门干社会主义，没有比较，国际形象仍然是一个穷大国；十一届三中全会后改革开放，中国的国际形象逐步在改变，特别是进入"十三五"期间，一个自由、民主、繁荣、富强的大国形象已经屹立在世界民族之林。但"三留守"群体处于弱势，收入低、文化层次低，虽然不能代表全民族的形象，但却代表了中国农村广大农民的形象，这种形象与四个现代化的要求差距很大。通过教育救助提高"三留守"的文化素质，破解三农的难题，进而提升全民族的整体素质，是政府提升国际形象的需要。

（二）教育救助的学校需求

学校本来是从事教育的机构，学校要生存发展就必然实施教育活动，学校三大功能中首先是培养人才，其次是科学研究，再次是社会服务。

"三留守"教育救助的实施学校为主体,"三留守"教育救助中儿童的教育救助是天然由学校承担的。孔子曾经提出"有教无类"的主张,成为几千年来学校开门办学的理论依据。留守儿童与正常儿童一样,都应该进入学校学习,而接收适龄儿童入学是学校不可推卸的责任。学校招生、实施教育是天经地义的需求;根据儿童德智体美全面发展的要求组织教学是学校生存发展的需要;针对留守儿童身心发展的特殊性实施教育既是学校不可推卸的责任也是学校适应教育对象特殊性的需求。学校要对留守儿童受教育情况实施全程管理,利用电话、家访、家长会等方式加强与家长、受委托监护人的沟通交流,了解农村留守儿童生活情况和思想动态,帮助监护人掌握农村留守儿童学习情况,提升监护人责任意识和教育管理能力;及时了解无故旷课农村留守儿童情况,落实辍学学生登记、劝返复学和书面报告制度,劝返无效的,应书面报告县级教育行政部门和乡镇人民政府,依法采取措施劝返复学;帮助农村留守儿童通过电话、视频等方式加强与父母的情感联系和亲情交流。对留守儿童实施教育救助是党和国家给学校下达的任务,主动完成任务是我国农村中小学的普遍要求,也是学校完成教育救助任务的需求。

学校对留守妇女的教育救助的需求强度不如儿童,因为留守儿童教育救助既是国家的政策又是学校义不容辞的责任。虽然义务教育不收费,但国家财政拨款从根本上解决了教师的工资和学校办公发展问题。而留守妇女的教育救助却具有公益性——学校不能按一般办学成本收费——基本是只有投入没有产出,至多国家给一定的补贴,因而积极性要大打折扣。尽管如此,我国社会主义制度的本质决定了即使不收费,学校也要成为政府"三留守"教育救助主体成员。由于政府主张、社会需要,学校又具备条件开展教育救助,学校实施救助乃是天经地义的。实施留守妇女教育救助是学校承担社会责任、完成社会任务的需求。

学校对留守老人的教育救助的需求强度弱于妇女,由于"三留守"大多在偏远山区,留守老人又分散在山中居住,乡小、村小往往成为留守老人的活动区域，政府未赋予学校留守老人教育救助的责任，而留守老人的教育不收费，没有经济效益，只有社会效益，学校作为救助主体很难有积极性，因此留守老人的教育救助在偏远山区学校缺乏动力。当然《老年教育发展规划（2016—2020年)》颁布后，国务院办公厅提出各级各类学校开展老年教育，探索利用自身教育资源举办老年教育（学校）的模式，接收有学习需求的老年人入校学习，面向老年人提供课程资源的要求，给学校压了担子。老年教育成了学校教育的有机组成部分，自然成了学校发展的需求。

（三）教育救助的社区需求

社区既是"三留守"教育救助的主体之一，又是"三留守"教育救助的载体。社区村（居）委会既是政府联系人民的中介，又是"三留守"相对集中居住的地方。在国外，社区学校实际上就是社区成员教育救助的机构，我国国家赋予了社区开展"三留守"教育救助的职权。国家规定村（居）委会必须承担儿童教育救助的任务：村（居）民委员会要加强对留守儿童监护人的法治宣传、监护监督和指导，督促其履行监护责任，提高监护能力；定期走访、全面排查，及时掌握农村留守儿童的家庭情况、监护情况、就学情况等基本信息，并向乡镇人民政府（街道办事处）报告；为农村留守儿童通过电话、视频等方式与父母联系提供便利。留守儿童的社区教育救助是国家政策规定的任务，也是社区完成救助任务的需求。

国家还赋予社区对留守妇女进行教育救助的功能。留守妇女长期居住在留守地，村（居）委会既是村（居）民的自治机构又是联系镇、街道的纽带。社会主义改造以来形成的大队、生产队这种体制，今天虽然已经解体，但很多功能仍然被村（居）委会沿袭。村（居）委会既是留守妇女教育救助最基层的直接实施者、组织者、管理者，又是国家政策落地见实效的直接见证；既担负着组织留守妇女学文化、学种养殖技术、学就近打工的实用技术等任务，又担负着聘请老师、组织志愿者等任务；同时，村（居）委会的工作人员又与当地妇女比较熟悉，帮亲帮邻也成为村（居）委会实施教育救助的动力。完成任务和帮亲帮邻是实施留守妇女教育救助的社区需求。

国家服务社区对留守老人进行教育救助的功能。明确要求建立健全"县（市、区）—乡镇（街道）—村（居委会）"三级社区老年教育网络，方便老年人就近学习。发展农村社区老年教育，有效整合乡村教育文化资源，以村民喜爱的形式开展适应农村老年人需求的教育活动。加强对农村散居、独居老人的教育服务。留守老人比较分散，学习需求强度比妇女更弱，但是终身学习是时代潮流，建立学习型社区是村（居）委会的重要任务。组织留守老人参加医疗救助、心理健康、司法救济学习，推进老有所为的创业学习，聘请相关教师和志愿者是国家赋予社区留守老人教育救助的任务。与留守妇女一样，村（居）委会的工作人员与当地老人多年交往，帮亲帮邻也是教育救助实施的动力。完成任务、帮亲帮邻是实施留守老人教育救助的社区需求。

（四）教育救助的群团组织需求

群团组织是我国的一大特色，在"三留守"教育救助中，启迪群团组织充分发挥教育救助优势的需求动力是实施"三留守"教育救助的积极措施。留守儿童的教育救助中共青团、工会、关工委起着十分重要的作用，共青团组织是由少先队发展起来的，是少先队的升级，与留守儿童有共同的语言，有哥哥姐姐扶持弟弟妹妹的需求；工会则有广泛动员职工开展留守儿童教育救助的积极性，这是由工会的性质决定了的；关工委的核心任务就是关心下一代的成长，对留守儿童实施教育救助既是关工委的分内工作又是当代的主题，妇联、残联等在留守儿童教育救助中起着辅助作用，但自觉救助是其内在动因。

留守妇女教育救助中妇联是核心，妇联依托妇女之家对留守妇女进行全方位的教育救助是分内的事，妇联对留守妇女身心健康、法律救助、自强自立、开拓创业等教育救助活动的组织、实施有着不可推卸的责任。妇联是留守妇女的"娘家",娘家意识是妇联自觉实施留守妇女教育救助的情感需求。工会、共青团、关工委、残联等社会组织在留守妇女教育救助中扮演"敲边鼓"的角色,但帮助留守妇女发展却是自觉救助的义务动因。

留守老人教育救助中老年教育联盟、老龄事业发展基金会是核心,全国性的老年教育联盟正在倡导组建中,该联盟承担的主要任务是老年教育,留守老人教育救助是其主体工作范围。老龄事业发展基金会主要是为老龄事业发展的基金进行筹措、安排、使用、管理,为留守老人的教育救助提供资金支持是其不可推卸的义务。联盟具有组织、计划、实施留守老人学习的需求,基金会则有资金筹措、安排的需求。工会、共青团、妇联、残联在留守老人教育救助中发挥协助功能,但义务救助却是发自内在的动因。

(五)教育救助的社会力量参与需求

随着社会进步,社会力量参与"三留守"教育救助成为一种时尚,社会工作专业服务机构、公益慈善类社会组织、志愿服务组织、民政等部门积极通过政府购买服务等方式深入到留守地的社区、学校和家庭,开展农村留守儿童、老人的监护指导、心理疏导、行为矫治、能力提升、道德规范、社会融入和家庭关系调适等教育救助;社会组织、爱心企业依托学校、社区综合服务设施举办农村留守儿童学业和心理辅导,留守老人健康、法律咨询,这些社会组织和爱心企业自愿实施对留守妇女的创业、实用技术、身心健康、法律救助等教育救助活动。社会力量是教育救助不可忽视的强大队伍,社会力量参与教育救助的动因是市场,手段是政府购买服务,捐赠是补充教育救助。市场驱动和回报社会的良心是社会力量参与教育救助的动因。

"三留守"对教育救助的需求是一种客观需求,这种客观需求是教育救助活动的原动力,也是教育救助体系构建的基础,只有根据需求的客观性来设计实施教育救助体系,尊重教育救助一定要适应救助对象的需求的规律，才能有的放矢、针对性强、落地见实效。"三留守"救助主体——政府、学校、社区、群团、社会力量的教育救助需求是以救助对象的需求为动因的，而救助主体中人民政府为人民的本质决定了教育救助需求的民生性、公平性，决定了救助措施的针对性、全面性，政府的地位决定了教育救助需求的引领性、规范性。正是政府的需求决定了学校、社区、群团、社会力量实施教育救助的任务需求；回报、反哺社会，责任、发展、利益等构成了学校、社区、群团、社会力量实施教育救助的主观需求。正是教育救助客体的客观需求，政府的民生性需求，学校、社区、群团、社会力量的任务和主观需求构成了"三留守"教育救助综合动因，而教育救助体系的构建从这里开始。

第二节　农村"三留守"教育救助体系构建的理论基础和政策依据

"三留守"教育救助体系构建的先进性、可行性取决于理论的真理性、政策的适应性、经验总结的科学性、借鉴的本土需求性。只有坚持以先进的理论为认识工具，从国家现行政策规范出发，才能构建具有中国特色的"三留守"教育救助体系。

一、"三留守"教育救助体系构建的理论基础

科学构建"三留守"教育救助体系必须以科学的教育理论为基础，教育理论发展快、流派多，聚焦在"三留守"教育救助体系构建上有较大的难度，根据"三留守"教育救助体系建构的需要，找准当代教育流派的相关理论观点和具体的理论成果，站在理论研究的前沿、夯实"三留守"教育救助体系的理论基础。

（一）当代教育流派的相关理论观点

当代教育流派中的结构主义、建构主义、教学过程最优化、教学与发展、范例方式教学、目标教学等理论对"三留守"教育救助体系建构都提供了可支撑的理论观点，将这些理论观点整合，作为"三留守"

教育救助体系建构的理论基础，使"三留守"教育体系更具有科学性和理论性。

结构主义"三个任何"观点。结构论是由美国著名的心理学家、教育改革家、新教学论思想家杰罗姆·布鲁纳（J. S. Brunner）二战后创立的。这种理论的核心观点是学习就是建立一种认识结构——掌握学科的基本结构以及研究这一学科的基本态度和方法是非常重要的，因此他提出著名的"任何学科的基本结构都可以用某种形式教给任何年龄的任何儿童"的"三个任何"观点。"三个任何"研究了教学的普遍性，适合任何留守儿童、妇女、老人。因此在"三留守"教育救助体系中首先必须注意建立一种具有"三留守"特点的认知结构，促进其自觉掌握所需要学习的知识和能力。

建构主义"同化"与"顺应"观点。建构主义是由瑞士的皮亚杰（J. Piaget）创立的，他认为，儿童是在与周围环境相互作用的过程中，逐步建构起关于外部世界的知识，从而使自身认知结构得到发展。① "同化"与"顺应"是儿童与环境的相互作用，涉及两个基本过程：

"同化"是把外部环境中的有关信息吸收进来并结合到儿童已有的认知结构中；"顺应"是外部环境发生变化，而原有认知结构无法同化新环境提供的信息时所引起的儿童认知结构发生重组与改造的过程。"同化"是认知结构数量的扩充，而"顺应"则是认知结构性质的改变。儿童就是通过同化与顺应这两种形式来达到与周围环境的平衡，并在"平衡——不平衡——新的平衡"的循环中得到不断地丰富、提高和发展。② 同化和顺应是留守儿童在教育救助过程中提高自己的两个必要过程，既是儿童的社会化过程，又是儿童的认知结构发展过程。这种同化和顺应也适合留守妇女、老人的教育救助。只不过留守妇女和老人

---

① 钟毅平、叶茂林：《认知心理学高级教程》，安徽人民出版社 2010 年版，第 53 页。
② 高文、徐斌艳、吴刚：《建构主义教育研究》，教育科学出版社 2008 年版，第 11 页。

已经建立起自己的认知结构，重组合改造更加困难，但将同化和顺应的观点纳入"三留守"教育救助体系，推进建构过程科学化，其价值不可低估。

教学过程最优化"控制"与"标准"观点。教育过程优化是由前苏联著名的教育家尤·康·巴班斯基（юрий Констаитииович Вабаиский）首先提出的。他提出"教学过程最优化是在全面考虑教学规律、原则、现代教学的形式和方法、该教学系统的特征以及内外部条件的基础上，为了使过程从既定标准看来发挥最有效的（即最优的）作用而组织的控制"。① 教学过程的最优化要求在一定的教学条件下寻求合理的教学方案，使教师和学生花最少的时间和精力获得最好的教学效果，使学生获得最好的发展。教学过程最优化的基本标准是效果、质量、时间，尤·康·巴班斯基要求在教学活动中严格遵照有效性、质量性、时间性，实现教学过程最优化。教学过程最优化"控制"与"标准"观点对留守儿童、妇女、老人的教育救助都具有基础性的指导意义，"三留守"教育救助体系构建的目的就是追求效果明显、质量上乘、救助及时，慢工细活、不计成本、无质量要求的救助应该从体系中剔除。

教学与发展的"教学效果"与"一般发展"观点。教学与发展是由苏联著名教育家、心理学家赞可夫（Занков Леонид Владимирович）1957 年提出的，他一生"致力于探求新的途径"，"以尽可能大的教学效果来促进学生的一般发展"——身心的发展；主张打破教学只传授知识、技能和技巧的旧模式，把教学同发展联系起来；并且以高难度、高速度、理论知识指导、学生理解学习过程、全体学生都得到发展等五大原则来规范教学效果与学生一般发展的联系。赞可夫提出的"教学效果"与"一般发展"观点对于"三留守"教育救助体系构建有着特别

---

① ［苏］巴班斯基：《教学过程最优化——一般教学论方面》，人民教育出版社2007 年版，第 57 - 58 页。

的价值,"三留守"教育救助中首先就涉及身体健康教育、心理健康教育,其次才是文化、技能的教育,同时教育救助体系还涉及留守儿童、妇女、老人的全面发展,也是一种发展教育。

范例教学的"三性"、"四统一"、"五分析"观点。范例教学最先由 H. 海姆佩尔(Hermann Heimpel)提出构想,后由 M. 瓦根舍因(Martin Wagenshein)正式提出并付诸实践,再由德国教育家沃尔夫冈·克拉夫基(Wofgang Klafki)做理论阐述而逐渐完善。他们提出运用基本、适应、范例"三性",教学与教育、问题解决与系统学习、掌握知识与培养能力、主体与客体"四统一",基本原理、智力作用、未来意义、内容结构、内容特点"五分析"的原理和方法,促进学生从个别到一般、掌握教材结构、理解带有普遍性的规律性知识的观点,对于"三留守"教育救助体系建构经验价值较大。"三留守"教育救助开始于个别范例,即通过留守儿童、妇女、老人的救助范例实践,归纳出普遍性或规律,尊重规律、提高教育救助的水平和自觉性,使"三留守"教育救助活动更有成效。

目标教学的"目标分类"与"掌握学习"观点。目标教学是以布卢姆(B. S. BLOOM)率先建立教育目标分类系统为标志开创的教育改革流派。他针对 20 世纪 70 年代初美国教育制度只注意培养少数尖子学生而牺牲大多数学生的弊端,主张通过教育目标分类制定学生必须掌握的课程标准,实施"掌握学习"教学——指导学生以 80%—100% 的掌握水平通过考试,目标教学的"目标分类"与"掌握学习"的观点对于"三留守"教育救助体系建立有着直接的指导作用,对于救助体系中留守儿童、妇女、老人分类制定总体教育目标,根据留守儿童、妇女、老人内部不分层次的教育需求、已受教育水平制定层次目标,针对留守儿童、妇女、老人个体的特殊性制定相应的具体目标。在"三留守"所有成员"都能学好"的思想指导下,以集体教学为基础,辅之以经常、及时的反馈,为"三留守"提供所需的个别化帮助以及所需的额外学习时间，从而使"三留守"教育救助都达到希望的目标。

（二）当代研究成果的相关理论观点

当代教育科学研究取得的教育公平、终身学习、弱势群体教育、特殊教育、社区教育等理论研究成果，对"三留守"教育救助体系建立提供了最新的理论支持，让"三留守"教育救助体系建立在最新的理论研究成果基础上而更科学、实用。

教育公平理论。追求教育公平是人类社会永恒的主题。中国古代的孔丘，古希腊的柏拉图、亚里士多德都提出"有教无类"、"教育公平"的理念；中国科举考试倡导"分数面前人人平等"；近代卢梭等思想家也致力于教育公平理论研究；当代西方科尔曼主张教育机会公平，胡森主张教育起点、过程与结果公平，帕森斯主张把教育公平作为社会公平的基础和实质，罗尔斯主张把补偿教育作为实现社会平等的前提条件；西方社会公平的理论基础是"天赋人权"——人生而平等决定了教育平等。杨东平教授认为教育公平包括教育权利平等与教育机会均等两个基本方面，而教育资源配置、教育机会分配、招生政策制定和实施等的不公平是影响我国教育公平的三大主要问题。影响"三留守"教育救助体系建设滞后的最根本原因是教育不公平，教育不公平的三大问题在留守地区更加突出。"三留守"教育救助体系建立本身的任务就是实施教育公平——消除，至少是减轻留守地区教育不公的负面影响，为留守儿童、妇女、老人提供平等受教育的权利与机会。教育不公造成的后果，通过教育救助体系的实施进行弥补，这是"三留守"教育救助体系构建的重要任务之一。

终身学习理论。1926 年英国耶克斯利明确提出"对成年人教育提供的机会不仅应该是普通的、而且是终生的"终身教育概念；① 法国保

---

① 蔡群青、夏海鹰：《终身教育时代成人教育发展研究》，《成人教育》2016 年 7 期，第 10 – 13 页。

罗·朗格朗则把成人教育看成是终身教育体制的"火车头"。① 与终身学习相联系，1968 年美国学者哈钦斯提出学习型社会概念；1972 年埃德加·富尔任主席的国际教育发展委员会向联合国教科文组织提交的《学会生存：教育世界的今天和明天》的调研报告则肯定了终身学习、学习型社会建设的必要性、必然性，提出了建设的途径和方法。国内朱新均同志认为学习型社会"终身学习文化为基本特征"，是一种"能保障和满足社会成员学习基本权利和终身学习需求，……有效地促进社会成员全面发展和社会价值得以充分实现，使社会可持续发展的一种开放、创新、富有活力的新型社会"；② 郝克明教授从实证上研究了终身教育体系的建设；③ 夏海鹰教授则建议建立终身学习的动力机制。④ "三留守"学习本身就是终身学习体系的有机组成部分，留守儿童、妇女、老人虽然处于人生的不同发展阶段，但学习的需求确实终身的，而"三留守"教育救助体系构建的目的有效促进其"全面发展和社会价值得以充分实现"，建设的内容是教育救助体系，建设的核心是动力机制。将"三留守"教育救助体系建立在终身学习的理念、原则、方法的基础上，使其更具有可行性、前瞻性。

弱势群体教育理论。弱势群体教育既是实现教育公平的要求，也是解决社会共同进步的问题，弱势群体在任何时候都是社会的难题，也是社会救助的重点。教育救助是一种造血救助，明确提出是在 20 世纪末和 21 世纪初。1990 年，美国普林斯顿大学毕业生温迪·卡普为了实现"招募热心教育的优秀大学毕业生到贫困、边远地区和城市的薄弱学校

① ［法］保罗·朗格朗：《终身教育导论》，滕星等译，华夏出版社 1988 年版，第 67 页。

② 《未来 10 年，如何推进学习型社会建设?》，《中国教育报》2012 年 1 月 4 日。

③ 郝克明：《建设终身学习体系和学习型社会的研究报告（续）》，《教师教育论坛》2007 年第 9 期，第 4－10 页。

④ 夏海鹰：《学习型社会建设动力机制探究》，《教育研究》2014 年第 6 期，第 48－52 页。

任教两年，以弥补优质师资不足带来的差距"的想法，在美孚石油公司的资助下，成立了"为美国而教"（Teach for America，简称 TFA）机构，开始了弱势群体教育救助的先河。新西兰则在《2011/12—2016/17 新西兰教育战略规划》中开始强调弱势群体的教育的重要性，并将其作为六大优先战略规划的主要目标，确定毛利学生、太平洋岛国学生、来自低社会经济地位社群的学生和有特殊教育需要的学生为教育救助的弱势群体。弱势群体教育理论研究了社会对弱势群体实施教育救助既是人权的需要，也是社会稳定的需要，因其弱势才需要采取特殊的手段、方法进行教育救助，救助的目的是摆脱弱势地位，成为正常的社会成员。留守儿童、留守妇女、留守老人生活来源靠在外务工者汇钱、社会给予一定生活补贴维持，自身糊口能力薄弱，发展的能力更薄弱，还有一部分是不救不活的对象，因而首先是政府和社会应该关注的救助对象，其次是采取教育救助手段实施造血救助，使其能自我救助、自我发展。世界各国和国内弱势群体研究理论为我国"三留守"教育救助提供了十分有价值的理论成果。

特殊教育理论。法国精神病医生伊塔德是第一个对特殊儿童进行教育的人，他主张课程设计以儿童的特殊需求为中心，被誉为"特殊教育之父"；美国的柯克教授则主张特殊教育以帮助克服教育对象学习障碍（Learning Disability）为基础；北欧提出的正常化（Normalization）、欧洲的一体化（或译"融合"，Integration）、美国的"回归主流"个别化教育计划（IEP）等都是当今西方特殊教育发展的理论基础。前苏联谢切诺夫（Сеченова，1829—1905）和巴甫洛夫（Павлов，1849—1936）的反射学说、信号系统学说也为特殊教育提供了生物基础；中国的补偿教育理论也很有特色。对特殊教育理论全面提出系统建构的是英国的克拉克（Clark, et. Al, 1998），他对特殊教育的特殊性、个体差异性、实用性、有效性等进行了专门研究，提出了很多有价值的见解。特殊教育范畴分为广义和狭义两类：狭义的特殊教育主要指对残疾人实施的教育；广义的特殊教育是指对特殊的教育群体实施特别教育。"三留守"是一大特殊教育群体，特殊教育针对他们的特殊性、个体差异性，进行实效性、有效性教育，对教育救助体系构建有着特殊的指导意义，特别是对于针对留守儿童、妇女、老人个体的特殊性实施有效教育提供了扎实的理论支撑。

社区教育理论。社区教育是 20 世纪先后在欧美一些国家兴起的一种教育形态。最早由美国的德威（Deway）在 20 世纪初提出"学校是社会的基础"的理念开始；由曼雷（Mallley F. L.）和莫托（Mott C. S.）在美国的密执安州进行实验并总结的基础上形成的。社区教育理论的核心就是以居民相对集中的社区作为载体，整合教育资源从事教育活动的一种教育方式，社区教育理论主要研究了社区教育的模式、依据、方法、评价等，我国的社区教育可以首推到 20 世纪初，但形成严格的社区教育理论却在 20 世纪末和 21 世纪初。厉以贤教授建立了社区教育的理论体系，提出了以社区教育载体、模式、制度、机制、方法为主体的理论体系。① 夏海鹰教授提出"从科学性、适应性、创新性等出发，建构'面向市场，政府主导，居委会组织，社区学校为实体，整合教育资源，实行国有民营'的'移民社区教育—市场型'模式"② 的主张。"三留守"主要活动区域在社区，以社区为载体实施教育救助，方便其学习、生活，同时社区教育灵活多样，以实用技术、身心健康、法律咨询等为主体，也适合"三留守"的学习需求。社区教育理论研究成果为"三留守"教育救助体系借助社区平台有着十分重要的价值。

二、农村"三留守"教育救助体系构建的政策依据

"三留守"教育救助体系本质上是国家运用行政权力组织全社会开展的一项公益性的活动，实际上是利用公权干预私权领域的一种救助活

---

① 厉以贤：《社区教育原理》，四川教育出版社 2003 年版。
② 夏海鹰：《三峡库区移民社区教育模式的创建及价值研究》，《西南民族大学学报（人文社科版）》2016 年第 2 期，第 219－224 页。

动。行政权力救助是通过政策体现出来的。政策是贯穿于"三留守"教育救助体系建立过程中的灵魂，只有政策依据充分，救助实施才底气充沛、效果良好。

（一）国外教育救助的政策依据

发达的国家几乎没有"三留守"，而发展中国家虽然有"三留守"现象，但没有我国这样典型，同时，发达的国家一直把留守现象看成是个体的私权问题，因此没有专门的针对"三留守"的教育救助政策。国外的教育救助政策主要集中在教育公平和特殊教育两个领域。

运用教育公平政策实施救助。公平、效率、优异和选择的公共价值取向深深地扎根于美国的教育政策中——不同时期教育政策都是以公平和效率为出发点。"不让一个孩子掉队"法案（NCLB法案）从政策上规定不论种族、贫富都应享有公平的受教育机会，而黑人、印第安人、穷人和落后地区则是NCLB法案救助的对象，虽然NCLB法案突出强调了对于优异的偏好，但教育公平的价值观却有所体现。《每个学生都成功法案》（*Every Student Succeeds Act*）不仅是对1965年《初等与中等教育法》和2002年《不让一个孩子掉队法案》（*No Child Left Behind*）教育公平精神的延续，而且是对《不让一个孩子掉队法案》中问题的修订。总体来说，NCLB法案和《每个学生都成功法案》都显示了美国政府对于教育权力的不断加强，导致了学校治理结构的变化。公共价值取向对于教育政策的制定产生了重要的影响。美国教育公平的政策为穷人、黑人等的教育救助提供了政策依据，使社会教育救助活动既是一种公益活动又是实施政策的合法行为。美国的这种从政策上保证教育公平的做法对我国"三留守"教育救助的政策设计提供了参考。

运用特殊教育政策实施救助。英、美、加拿大都十分注重运用特殊教育政策对需要救助的对象实施教育救助。英国"1994年特殊教育需要法典"（1994 Special Education Need Code，简称SENCode）虽不具法律效力，但具有政策效益，被英伦三岛广泛接收和执行。美国PL102 –

119 全称是"残疾人教育法"（Individual with Disabilities Education Act of 1991），简称为 IDEA，是比较完善的特殊教育法典。加拿大的特殊教育是通过各省出台政策实施教育救助的。英、美、加拿大虽然在特殊教育救助的具体规定上有差异，但基本原则都是要确保每一个特殊学生不因为其障碍而失去受教育的权利，学校董事会有责任确保每个特殊学生根据个人特点为其提供教育和相关服务。有针对性地提供特殊的教育救助，这是英、美、加拿大法律政策的精髓。国外特殊教育政策虽然主要针对残疾人制定，但通过特殊政策实施教育救助却是肯定的，并将这种救助上升到国家层面，通过立法肯定，对我国"三留守"教育救助的政策设计有着十分重要的借鉴意义。

（二）我国"三留守"教育救助的政策依据

"三留守"教育救助具有鲜明的中国特色。按照私权自治，"三留守"的教育救助是私权问题，应该留守家庭自救，但由于我国城镇化的特殊形态，"三留守"量大、分散已经成为社会问题。我国社会主义制度从本质上规定了政府关注民生问题，因此"三留守"教育救助由私权转化为公权问题，但是政策滞后却成了困扰"三留守"教育救助的重要原因。

"三留守"教育救助现行政策依据。"三留守"教育救助的现行政策是不齐备的，留守儿童的教育救助相对完善。《国务院关于解决农民工问题的若干意见》（国发〔2006〕5号）对流动儿童（农民工同住子女）的教育救助做出明确的政策规定：要求"输入地政府要承担起农民工同住子女义务教育的责任，将农民工子女义务教育纳入当地教育发展规划，列入教育经费预算，以全日制公办中小学为主接收农民工子女入学，并按照实际在校人数拨付学校公用经费。城市公办学校对农民工子女接受义务教育要与当地学生在收费、管理等方面同等对待，不得违反国家规定向农民工子女加收借读费及其他任何费用。输入地政府对委托承担农民工子女义务教育的民办学校，要在办学经费、师资培训等方面给予支持和指导,提高办学质量"。具体救助对经费拨付、入读学校、收费等做出明确规定。要求"输出地政府要解决好农民工托留在农村子女的教育问题",虽然没有明确规定对留守儿童怎样实施教育救助,但从原则上提出了要求。

《国务院关于加强农村留守儿童关爱保护工作的意见》(国发[2016]13号)明文规定:县级人民政府在教育救助中的任务是"完善控辍保学部门协调机制,督促监护人送适龄儿童、少年入学并完成义务教育";教育行政部门在教育救助中的任务是"落实免费义务教育和教育资助政策,确保农村留守儿童不因贫困而失学;支持和指导中小学校加强心理健康教育,促进学生心理、人格积极健康发展,及早发现并纠正心理问题和不良行为;加强对农村留守儿童相对集中学校教职工的专题培训,着重提高班主任和宿舍管理人员关爱照料农村留守儿童的能力;会同公安机关指导和协助中小学校完善人防、物防、技防措施,加强校园安全管理,做好法治宣传和安全教育,帮助儿童增强防范不法侵害的意识、掌握预防意外伤害的安全常识";中小学校在教育救助中的任务是"对农村留守儿童受教育情况实施全程管理,利用电话、家访、家长会等方式加强与家长、受委托监护人的沟通交流,了解农村留守儿童生活情况和思想动态,帮助监护人掌握农村留守儿童学习情况,提升监护人责任意识和教育管理能力;及时了解无故旷课农村留守儿童情况,落实辍学学生登记、劝返复学和书面报告制度,劝返无效的,应书面报告县级教育行政部门和乡镇人民政府,依法采取措施劝返复学;帮助农村留守儿童通过电话、视频等方式加强与父母的情感联系和亲情交流。寄宿制学校要完善教职工值班制度,落实学生宿舍安全管理责任,丰富校园文化生活,引导寄宿学生积极参与体育、艺术、社会实践等活动,增强学校教育吸引力"。县人民政府、教育行政部门、中小学校各负其责、各司其职,开展留守儿童教育救助活动。

《中共中央国务院关于落实发展新理念 加快农业现代化实现全面小

康目标的若干意见》要求"落实和完善农民工随迁子女在当地参加中考、高考政策",既为留守、流动儿童公平地参加中高考提供了政策依据,又为实施教育救助提供了政策保障。

留守儿童的教育救助政策虽然比较完善,但这些政策是作为留守儿童关爱体系的组成部分,不是专门的教育救助,政策出台到政策落实还需要程序保证,这是建构留守儿童教育救助应深入思考的问题。

留守妇女教育救助政策没有明文规定,但国务院办公厅印发的《中国妇女发展纲要(2011—2020年)》把"平等享有受教育的权利和机会,受教育程度持续提高"作为妇女发展目标的重要组成部分,具体规定了女性在学前、九年义务、高中、高教等层次都享受平等的教育权利,把提高女性接受高等教育、终身教育的水平和高等学校女性课程普及程度、女性接受职业学校教育和职业培训的比例,加大女性技术技能人才培养力度作为特殊规定,要求劳动年龄人口中女性平均受教育年限达到11.2年、女性青壮年文盲率控制在2%以下。这些政策不是专门针对留守妇女的,但留守妇女也是女性群体的有机组成部分,因而也适用,是留守妇女教育救助体系建设的政策依据。

留守老人的救助政策也没有明文规定,2001年5月江泽民在亚太经合组织人力资源能力建设高峰会议上明确指出"构筑终身教育体系,创建学习型社会",我国顶层开始关注老年教育的问题。2016年国务院办公厅印发了《老年教育发展规划(2016—2020年)》,对"丰富老年教育内容和形式"、"探索养教结合新模式"、"积极开发老年人力资源"等做了详尽的政策规定,这些规定针对所有的老人,当然也包括留守老人,也是留守老人教育救助体系建立的政策依据。

2017年《中共中央国务院关于深入推进农业供给侧结构性改革加快培育农业农村发展新动能的若干意见》把"开发农村人力资源"作为供给侧结构改革、加快培育农村发展新动能的重要任务,明确"围绕新型职业农民培育、农民工职业技能提升,整合各渠道培训资金资源，建立政府主导、部门协作、统筹安排、产业带动的培训机制"是农民教育的重点，"探索政府购买服务等办法，发挥企业培训主体作用，提高农民工技能培训针对性和实效性"是农民教育方式改革的突破口，"优化农业从业者结构，深入推进现代青年农场主、林场主培养计划和新型农业经营主体带头人轮训计划，探索培育农业职业经理人，培养适应现代农业发展需要的新农民"是农民教育的具体目标，"鼓励高等学校、职业院校开设乡村规划建设、乡村住宅设计等相关专业和课程，培养一批专业人才，扶持一批乡村工匠"是农民专业人才教育的创新。这些政策虽然不是针对"三留守"的教育救助，但是"三留守"主要生存发展地在农村，留守儿童中将有相当大一部分成为农村的优质人才资源，而留守妇女也是新式农民的主力，留守老人虽然即将推出历史舞台，但是老有所为，新农村建设也不能把他们完全边缘化。

对于"三留守"这一特殊的群体，党中央国务院首先从关爱着手，把留守儿童教育救助作为关爱的核心内容，这是符合人生发展过程的，但并没有放弃对留守妇女、老人的教育救助，只不过将这个教育救助纳入妇女发展和老人教育的体系而已。正是党中央国务院从政策上保证对"三留守"实施关爱，在实施"三留守"输血救助的同时推进造血救助——教育救助体系的建立，这是由党的性质和社会主义制度决定的。

第九章 农村"三留守"教育救助体系构建

"三留守"教育救助体系构建必须对留守儿童、妇女、老人进行分类，有针对性地建构适合三大群体的教育救助体系。虽然三大救助体系有交叉，但三大群体的教育救助又各具特殊性，只有分别建构留守儿童、妇女、老人的教育救助体系，才能在分析的基础上综合，形成相互区别又相互联系的"三留守"教育救助体系。

第一节 农村留守儿童教育救助体系构建

留守儿童教育救助体系是由组织、制度、机制构成的有机整体。组织体系是决定条件，制度体系是实施条件，机制体系是保障条件，从这三个方面着力构建留守儿童教育救助体系，以推动留守儿童教育救助落地见实效。

一、留守儿童教育救助组织体系构建

政治路线确定以后，干部是决定因素，组织路线是政治路线得以实施的保障，留守儿童教育救助体系构建首先就涉及组织体系。《国务院关于加强农村留守儿童关爱保护工作的意见》（国发〔2016〕13号）明确对留守儿童关爱的组织体系做了规定："建立健全政府领导，民政部门牵头，教育、公安、司法行政、卫生计生等部门和妇联、共青团等群团组织参加的农村留守儿童关爱保护工作领导机制"；"民政部要牵头建立农村留守儿童关爱保护工作部际联席会议制度"；"各级妇儿工委和农民工工作领导小组要将农村留守儿童关爱保护作为重要工作内

容,统筹推进相关工作";"各地民政、公安、教育等部门要强化责任意识,督促有关方面落实相关责任"。实际上,国务院在这里已经将组织体系规定为领导、牵头、统筹、督促的有机体系,也就是留守儿童关爱体系的组织体系,政府是领导,民政部门是牵头单位,教育、公安、司法行政、卫生、计生、妇联、共青团是参与领导的部门,整个领导系统健全以后,各级妇儿工委、农民工领导小组作为组织系统的成员主要开展统筹推进工作,民政、公安、教育则是督促机构。关爱体系的组织系统是国务院做出的原则性规定,对留守儿童教育救助组织体系建构有着指导意义。

(一)留守儿童教育救助组织体系的特点

留守儿童教育救助组织体系与其关爱体系相比有着特殊性,这个特殊性表现在两个方面:一是教育救助是这个组织体系的主要功能。教育救助功能必然要求救助的主体与教育有关,不仅掌握有教育资源,还必须熟知教育手段,能推进教育救助有条不紊地进展,而熟悉教育的是教育行政部门和学校。二是教育救助的对象必然要求救助主体有内在的本质联系。而留守儿童的教育与学校息息相关,留守儿童与非留守儿童一样,都处于长身体、长知识的阶段,接受学校教育是主要手段,最能实施教育救助的是就读学校。这两大特征必然要求留守儿童教育救助组织体系中教育行政部门和学校处于举足轻重的地位。我国行政权力集中、行政资源丰富的特点又决定了在任何组织系统中政府都处于核心。

(二)留守儿童教育救助组织体系构建的建议

根据留守儿童教育救助组织体系的特点,建议构建政府领导,教育行政部门牵头,学校组织实施,民政、公安、司法行政、卫生等部门和妇联、共青团、关工委等群团组织参加的农村留守儿童教育救助组织系统,以保证留守儿童教育救助有人管、有能力管。这个组织系统建立由各级政府的分管领导作组长,同级教育、民政分别派出分管领导做副组长,其他部门和群团组织做成员的领导小组;领导小组在同级教育行政部门设办公室，办公室主任由教育行政部门的副组长兼任，负责留守儿童救助的日常工作。这个组织系统要求各级政府按党中央国务院的政策全面领导开展留守儿童教育救助工作，包括出台、实施政策，控制政策的离散率，决定人力、物力、财力的投向，协调组织内部各种矛盾。教育行政部门牵头要求各级教育局在自己所属的行政区域内组织、协调、联系留守儿童教育救助活动。牵头是受政府委托，代表政府实际实施教育救助职能，可采用联席会议工作方式。学校组织实施要求在教育行政部门统一管理下，各级各类学校针对校内的留守儿童实施具体教育救助的活动。留守儿童主要学习的场所是学校，接受的也是学校教育，学校关注一般留守儿童，同时还要对逃学、辍学的儿童实施特殊救助。学校的救助非常具体，在组织系统中，学校既是救助实体，又是救助的实际组织者。民政主要实施流浪儿童的教育救助；公安、司法行政部门主要承担不定期的法制教育救助；卫生部门主要实施身心健康教育救助；妇联通过留守儿童的母亲实施教育救助；少先队、共青团是留守儿童两级组织，共青团通过组织系统对留守儿童实施教育救助；关工委则从工作重点的角度对留守儿童实施教育救助。

　　留守儿童教育救助组织体系，学校是最关键的环节，执行政府、教育行政部门的救助政策，组织具体的教育救助实施，协调相关参与单位。建议国家赋予学校教育救助特权，让学校真正在教育组织系统中起到综合、协调的作用，使留守儿童教育救助真正落地见实效。

二、留守儿童教育救助制度体系构建

　　留守儿童教育救助制度是救助工作取得实效的规范保证，建立留守儿童救助的实体制度和程序制度，并从政策上将制度落实，是留守儿童教育救助体系构建的基础性工作。

（一）留守儿童教育救助实体制度构建

　　实体制度（entity system）是政府或社会组织运用一定的方法，遵照一定的程序制定、相对稳定、组织成员必须遵守的具体权利义务内容构成的规范总和。留守儿童教育救助的实体制度是由国家出台的相关实体权利、义务的政策法规和各级政府的实施细则的总和。

国家出台的实体政策法规。留守儿童教育救助属于公法问题，公共权力主张，国家出台相关政策法规才具有意义。建议国家出台留守儿童教育救助条例或意见，对救助主客体的权利义务、资金保证、控制手段做出规定：包括救助主体的组织系统——省、市、县、乡镇人民政府、村（居）民委员会、教育行政部门、学校、群团组织、社会力量等在教育救助中的权力和地位，也包括教育救助客体（留守儿童及留守家庭）的权利义务——强化家庭对留守儿童教育的保证监护主体责任、留守儿童必须接受教育的义务。留守儿童除了与正常儿童一样享受《宪法》和《义务教育法》赋予的权利义务以外，还应根据留守儿童的特殊性制定相应的教育救助条款，确保农村留守儿童安全、健康、受教育等权益得到有效保障。

地方出台的实体政策法规。我国幅员辽阔，民族众多，由于区域分布形成的留守儿童各具特色，国家出台的政策一般只管原则、方向，从整体上规定。地方政府则在国家政策指导下，根据辖区特色制定与之相适应的实体政策法规。从大的方面看，中部与西部的省市区留守儿童的情况各有千秋，少数民族地区与汉族地区也有显著差异，地方政府都面临着创造性地执行中央任务。建议地方的人大和政府针对本地的情况，以中央政策为依据，制定相应的实施细则，具体条款与中央政策法规对应，但又必须从实体上体现地方特色。留守儿童教育救助的地方政策是地方政府制定执行的，但不能与中央政策冲突。

（二）留守儿童教育救助程序制度构建

程序制度（procedural system）是规定以保证权利和职权得以实现或行使，义务和责任得以履行为主要内容的程序保障制度。留守儿童教育救助制度的程序制度是实现实体制度的手段或工具，是对实体公正的程序保证。程序制度所规定的秩序具有"强制性和排他性"，体现了社会关系的稳定性、行为的规则性、"进程的连续性以及实际结果的确定性和自缚性"。[①] 留守儿童教育救助制度的程序制度包括实体制度实施的主体、对象、过程、控制、评价等规定。留守儿童教育救助的程序制度首先是按实体制度的规定明确由谁来实施教育救助，教育救助谁；其次是明确救助活动过程的步骤（建档立卡—学习问题梳理—特殊救助措施—救助效果评价）；再次是保证实施过程的有效性，必须采用必要的事前、事中、事后控制，让整个教育救助活动按照程序制度的要求有条不紊地进行。程序制度是实体制度的保障，程序设计科学才能保证实体救助的有效。建议各级政府在上级政府的程序制度指导下，制定本级政府的实施细则，以从程序上保证实体制度执行到位，相关组织和人员工作到位，具体救助措施到位，继发控制到位，评估务实、准确。

程序制度中涉及特别程序——控辍保学程序的构建。建立县级人民政府完善控辍保学部门协调程序，督促监护人送适龄儿童、少年入学并完成义务教育；建立教育行政部门、留守儿童贫困救助、中小学校、心理健康教育监督、教职工专题培训、会同公安机关法律常识教育等实施程序；建立九年制义务教育实施的保证程序；建立逃学、辍学、流浪儿童返学等的教育救助程序；建立异地中高考合法的保障程序。

（三）加大教育部门和学校教育救助力度

县级人民政府要完善控辍保学部门协调机制，督促监护人送适龄儿童、少年入学并完成义务教育。教育行政部门要落实免费义务教育和教育资助政策，确保农村留守儿童不因贫困而失学；支持和指导中小学校加强心理健康教育，促进学生心理、人格积极健康发展，及早发现并纠正心理问题和不良行为；加强对农村留守儿童相对集中学校教职工的专题培训，着重提高班主任和宿舍管理人员关爱照料农村留守儿童的能力；会同公安机关指导和协助中小学校完善人防、物防、技防措施，加

---

① 邹学荣：《民事诉讼法价值新探》，《探索》2003 年第 1 期，第 135 – 137 页。

强校园安全管理，做好法治宣传和安全教育，帮助儿童增强防范不法侵害的意识、掌握预防意外伤害的安全常识。中小学校要对农村留守儿童受教育情况实施全程管理，利用电话、家访、家长会等方式加强与家长、受委托监护人的沟通交流，了解农村留守儿童生活情况和思想动态，帮助监护人掌握农村留守儿童学习情况，提升监护人责任意识和教育管理能力；及时了解无故旷课农村留守儿童情况，落实辍学学生登记、劝返复学和书面报告制度，劝返无效的，应书面报告县级教育行政部门和乡镇人民政府，依法采取措施劝返复学；帮助农村留守儿童通过电话、视频等方式加强与父母的情感联系和亲情交流。寄宿制学校要完善教职工值班制度，落实学生宿舍安全管理责任，丰富校园文化生活，引导寄宿学生积极参与体育、艺术、社会实践等活动，增强学校教育吸引力。

三、留守儿童教育救助机制体系构建

留守儿童教育救助机制从本质上说是组织与制度的相互排斥、相互对立过程中形成的必然如此的趋势或倾向，是联系组织与制度的纽带。组织制定、实施、修改制度；制度规范组织行为，对组织活动形成巨大的反作用；而机制是组织与制度作用与反作用推动对立走向统一的必然性。

（一）建立留守儿童教育救助强制报告机制

中小学校、幼儿园、村（居）民委员会、民政及其工作人员，在工作中发现农村适龄留守儿童不入学、无故旷课、中途辍学、长期流浪、劝返复学无效等情况的，应当在第一时间向教育行政机关报告。负有强制报告责任的单位和人员未履行报告义务的，其上级机关和有关部门要严肃追责。留守儿童教育救助强制报告机制建立就是要求以中小学为主体，重点落实留守儿童接受正常教育的情况，并将相关情况报告给上级组织，坚决杜绝留守儿童的教育救助情况顺其自然的不作为状况。强制报告机制是为了全面及时掌握农村留守儿童在校学习、辍学学生名单、劝返复学、劝返无效等情况而运用的向县级教育行政部门和乡镇人

民政府报告的一种机制。这种机制起的关键性作用在于对留守儿童的非正常学习状况及时掌握，以便上级及时采取措施。

（二）完善留守儿童教育救助应急处置机制

上级教育行政部门和乡镇人民政府要及时受理有关报告，第一时间派专人调查，有针对性地采取应急处置措施。中小学作为强制报告责任人要协助相关部门做好调查和应急处置工作。属于农村适龄留守儿童未报名入学的由乡镇人民政府责令其父母或受委托监护人立即报名入学；属于无故旷课者由学校与乡镇政府联系农村留守儿童父母或委托其他亲属监护照料人要求规劝或强制回学校上学；属于辍学者由学校和乡镇政府联系农村留守儿童父母或其他监护人采取规劝或强制的措施重新回校学习；属于辍学劝返无效又外出流浪成为"盲流"或被其他不法分子不法伤害者，学校不仅要及时报告乡镇政府和上级主管部门，还必须督促公安、民政实施救助措施，就近护送至委托监护人、村（居）民委员会或救助管理机构、福利机构临时监护照料，并及时通知农村留守儿童父母立即返回或重新确定受委托监护人，学校、政府、监护人齐抓共管以实现辍学流浪儿童重返校园；属于失踪的留守儿童由学校协助相关部门按照儿童失踪快速查找机制及时开展调查。留守儿童教育救助应急处置机制主要解决个案，实现应急处置机制运转正常，做到案案查清、事事处置得当。

（三）健全留守儿童教育救助评估机制

教育行政部门和乡镇人民政府（街道办事处）定期对中小学的留守儿童的身心健康、学习成绩、纪律观念、学习习惯、道德品质进行评估，并与非留守儿童的评估指标进行比较，在科学评估机制上，针对留守儿童普遍存在的学习被动、成绩较差、心理封闭、道德行为差、受打工父母"读书无用"的影响大的问题，实施教育救助。健全留守儿童个体学习科学评估指标体系、中小学留守儿童教育救助评估指标体系，对个体和留守儿童相对集中的学校有针对性地安排监护指导、医疗救治、心理疏导、行为矫治、法律服务、法律援助等专业救助；健全留守儿童教育救助层层负责的评估机制，上级人民政府和教育行政部门对具有管辖权的下级部门和学校的留守儿童救助活动实施定期评估，根据评估结果进行奖罚，以激励约束下级部门和学校积极规范地实施留守儿童教育救助。

（四）强化留守儿童教育救助干预机制

留守儿童教育救助归根结底是要实现留守儿童平等享受教育的权力，并在教育中成人成才，这本来是私权的范围，但留守儿童是祖国的未来、民族的希望，实施的九年制义务教育是国家政策规定，这种政策本身就具有公权干预私权的含义——带有强制性，这种干预也是合理合法的。留守儿童在享受九年制义务教育权益的过程中容易出现的是三个方面的问题：一是监护干预——父母或者其他法定监护人无正当理由不送适龄留守儿童、少年入学接受义务教育的，由当地乡镇人民政府或者县级人民政府教育行政部门给予批评教育，责令限期改正；在校接受义务教育的适龄留守儿童辍学的，在城市由市或者市辖区人民政府及其教育主管部门，在农村由乡级人民政府，采取措施，使留守儿童就学。这种监护干预主要是由政府采取强制手段，依据《义务教育法》对适龄留守儿童的入学和辍学实施救助。二是胁迫诱骗干预——胁迫或者诱骗应当接受义务教育的适龄留守儿童失学、辍学的，依照有关法律、行政法规的规定对不法分子予以处罚的一种干预。这是公安、民政实行对胁迫留守儿童街头卖艺、乞讨、盗窃，诱骗留守儿童吸毒、贩毒、卖淫等的不法分子进行打击，并对相关失学、辍学留守儿童进行收容、教育、遣送回原读学校学习的一种强制干预。三是童工干预——非法招用应当接受义务教育的适龄留守儿童的，依照有关法律、行政法规的规定对招聘者予以处罚的一种干预。这是公安、民政、劳动等部门依法对招收留守儿童的各种娱乐、服务场所、工厂进行清查、打击，并对招收的留守儿童进行教育、遣返、复学的一种强制干预。

第二节　农村留守妇女教育救助体系构建

留守妇女的教育是一种成人教育，也是一种女性教育，教育救助有鲜明的特色。教育救助体系是由留守妇女教育救助组织、制度、机制构成的有机整体。组织体系是决定条件，制度体系是实施条件，机制体系是保障条件，从这三个方面着力构建留守妇女教育救助体系，以推动留守妇女教育救助落地见实效。

一、留守妇女教育救助组织体系构建

《国务院关于加强农村留守儿童关爱保护工作的意见》（国发〔2016〕13号）将留守儿童关爱的组织体系规定为领导、牵头、统筹、督促的有机结构，这对留守妇女教育救助组织体系建构有着指导意义。

（一）留守妇女教育救助组织体系的特点

留守妇女教育救助组织体系与留守儿童教育救助相比有着特殊性，这个特殊性表现在两个方面：一是教育救助的对象是留守妇女，留守妇女首先是成人，而且是已婚的女性，大多数居住在偏远的农村。这一特殊性必然要求教育救助组织适应成人，方便教育救助对象——就近救助的需求，才能推进教育救助有条不紊地进展，而熟悉留守妇女的是乡镇（街道）、村（居）委会。二是教育救助的对象必然要求救助主体有内在的本质联系。而留守妇女的教育与妇女儿童工作委员会息息相关，留守妇女与非留守妇女一样，都是女性，都有学习的需求；参与的实用技术培训和职业技能培训是帮助农村留守妇女和返乡妇女多种形式创业就业的主要手段。最能实施留守妇女教育救助的组织就是妇女儿童工作委员会。这两大特征必然要求留守妇女教育救助组织体系中乡镇、村（居）委会和妇女儿童工作委员会处于举足轻重的地位。我国行政权力集中、行政资源丰富的特点又决定了在任何组织系统中政府都处于核心。

（二）留守妇女教育救助组织体系构建的建议

根据留守妇女教育救助组织体系的特点，建议构建政府领导，妇女

儿童工作委员会牵头，乡镇（街道）、村（居）委会组织实施，教育局、民政、公安、卫生等部门和妇联等群团组织参加的农村留守妇女教育救助组织系统，以保证留守妇女教育救助有人管、有能力管。这个组织系统建立由各级政府的分管领导做组长，同级妇女儿童工作委员会、民政分别派出分管领导做副组长，其他部门和群团组织做成员的领导小组，领导小组在同级妇女儿童工作委员会设办公室，办公室主任由妇女儿童工作委员会派出的副组长兼任，负责留守妇女教育救助的日常工作。这个组织系统要求各级政府按党中央国务院的政策全面领导开展留守妇女教育救助工作，包括出台、实施政策，控制政策的离散率，决定人力、物力、财力的投向，协调组织内部各种矛盾。妇女儿童工作委员会牵头要求各下属机构在自己所属的行政区域内组织、协调、联系留守妇女教育救助活动。牵头是受政府委托，代表政府实际实施教育救助职能，可采用联席会议工作方式。乡镇（街道）、村（居）委会组织实施要求在妇女儿童工作委员会的统一管理下，针对辖区内的留守妇女实施具体教育救助活动。留守妇女主要学习的场所是乡镇（街道）、村（居）委会，接受的是成人培训。乡镇（街道）、村（居）委会的教育救助非常具体，在组织系统中，乡镇（街道）、村（居）委会既是救助实体，又是救助的实际组织者。教育行政部门或学校主要运用现有的教育资源，根据乡镇（街道）、村（居）委会提出的要求实施留守妇女的教育救助；民政则主要实施教育救助补贴；公安等部门主要承担不定期的法制教育救助；卫生部门主要实施身心健康教育救助；妇联直接对留守妇女实施教育救助。

留守妇女教育救助组织体系，乡镇（街道）、村（居）委会是最关键的环节——执行政府、妇女儿童工作委员会的救助政策，组织具体的教育救助实施，协调相关参与单位。建议国家赋予妇女儿童工作委员会教育救助特权，让其在教育组织系统中起到综合、协调的作用；赋予乡镇（街道）、村（居）委会组织微观具体实施的权益，使留守妇女教育救助真正落地见实效。

二、留守妇女教育救助制度体系构建

留守妇女教育救助制度包括实体和程序两大类，实体制度是从根本上保证留守妇女教育救助中方方面面的实体权利和义务；程序制度是实体制度的保障，是为维护实体制度落地生根的工具，二者互为表里，构成留守妇女教育救助的制度体系。

（一）留守妇女教育救助实体制度构建

国家出台的实体政策法规。留守妇女教育救助与留守儿童不一样，留守儿童教育救助直接由《义务教育法》和《国务院关于加强农村留守儿童关爱保护工作的意见》（国发〔2016〕13 号）做出政策规定，虽然还有待进一步完善，但基本的实体规定已经很明确了。留守妇女却没有明确的实体制度对教育救助做出规定，只能依据《宪法》、《中华人民共和国妇女儿童权益保护法》、《中国妇女发展纲要（2011—2020年)》一般妇女教育的原则规定，结合留守妇女的特点制定出台留守妇女的专门政策法规，建议这个制度体系从以下几个方面着手：一是明确留守妇女在教育救助中的权利义务；二是明确救助组织的结构及成员的权利义务；三是规范教育内容（种养殖技术、职业技能、创业、家政等)，方式（短期培训、现场指导、学历教育、远程教育等)，考核（考试、考查、操作考核等)、颁证（资格证、结业证、毕业证等)；四是完善留守妇女教育救助的政府相应的配套措施（经费投入、场地租用、教师聘用等)；五是留守妇女教育救助后续工作（推荐就业或支持享有优惠政策的项目)。

地方出台的实体政策法规。留守妇女的教育救助也是对成人实施的一种教育救助，我国 960 万 km² 的土地上有 56 个民族，留守妇女区域、民族形成各具特色，国家出台的政策一般只管原则、方向——从整体上规定，地方政府则在国家政策指导下，根据辖区特色制定与之相适应的实体政策法规。建议国家出台宏观政策，中西部的省市区留守妇女的情况各有千秋，少数民族地区与汉族地区在思路、文化程度、语言上有显著差异；每一个地方政府都面临着创造性地执行中央政策任务。建议地方的人大和政府针对本地的情况，以中央政策为依据，制定留守妇女教育救助实施细则，具体条款与中央政策法规对应，但又必须从实体上体现地方特色。留守妇女教育救助的地方政策是地方政府制定执行的，但不能与中央政策冲突。

留守妇女实体政策制定中非常重要的就是赋予乡镇（街道）、村（居）委会特殊权利，促进镇、村两级在留守妇女教育救助中真正起到组织者、协调者的作用，从实体上保护留守妇女接受教育救助的合法权益。

（二）留守妇女教育救助程序制度构建

实体制度解决什么的问题，明确的是留守妇女救助中的实体权利义务，而程序制度则是解决怎么救的问题，是从程序上保障留守妇女实体权利义务不遭受侵害。程序制度构建主要分以下几步进行：一是明确救助组织和救助对象的程序，二者形成什么样的救助关系，解决谁来救助、救助谁的问题；二是摸清情况的程序，要求救助主体摸清留守妇女的受教育程度，教育救助的需求是什么，希望采取什么救助方式；三是选择救助方式的程序，根据留守妇女的需求实行分类指导的原则，按种植、养殖、家政、就近就业等需求将其分开，根据需求组织多元化的培训班；四是开班培训的程序，根据培训目的决定教师组成、授课考核方式；五是培训结果评估与反馈程序，留守妇女教育难度大的重要原因是主体需求强度弱，培训后对就业、创业产生的影响进行评估，并将评估结果反馈到培训主体为下一轮培训提供经验教训。

留守妇女教育救助程序制度中涉及特别程序——司法教育救助和心理健康教育救助的程序。留守妇女与留守儿童、老人不同，一是由于本身弱势，留守后弱势更加凸显，经常与左邻右舍产生权益争议，更要应对不法分子的性侵犯，借助的武器就是法律，因而司法教育救助有组织的进行就必然要求在教育救助程序制度中设立司法救助特别程序。留守妇女一般都处于青壮年时期，而丈夫长期在外，心理健康受到严重影响，这就要求教育救助有组织地定期进行心理咨询或辅导，从而使留守妇女能健康地生活，因而也需要设立心理健康教育救助的特别程序。而这两大程序必须聘请专家才能开展，这种特殊性最重要的是有经费保障。

（三）加大妇儿工委和村（居）委会教育救助力度

留守儿童接受教育的主要场所在学校，而留守妇女则在社区，因此妇儿工委和村（居）委会在教育救助中地位特殊——既承担主要救助任务，又是非政府组织，占有的社会资源短缺，增加了救助难度，但留守妇女教育救助又是无法回避的责任。强化妇儿工委和村（居）委会的救助力度，必然要求国家赋予妇儿工委和村（居）委会在留守妇女教育救助中的特殊权能。本来妇联是实体，最关心留守妇女的发展和身心健康，但妇联本身不是一级政府，是属于群团组织，因而掌握和支配的社会资源更稀缺。妇儿工委的基本职能有：协调和推动政府有关部门做好维护妇女儿童权益工作；协调和推动政府有关部门制定和实施妇女和儿童发展纲要；协调和推动政府有关部门为开展妇女儿童工作和发展妇女儿童事业提供必要的人力、财力、物力；指导、督促和检查下级人民政府妇女儿童工作委员会的工作。尽管妇儿工委是国务院下属的协调议事机构，但主任刘延东，副主任江小涓、宋秀岩、王晓涛都是行政资源丰富、工作能力很强的领导，因而能有力地协调留守妇女的教育救助，这个组织机构1993年成立以来正在努力探索权能边界和有效运作机制。只有强化妇儿工委对留守妇女教育救助的力度，才能保证妇女发展纲要的实施，保证妇女教育救助有比较充足的人力、物力、财力。

村（居）委会虽然是自治组织，但却是连接百姓与政府的最基层的环节。同时，留守妇女居住在本乡本土，既属村（居）委会管理，又属村（居）委会直接救助的对象，更何况村（居）委会对辖区内的留守妇女情况最熟悉，因此建议赋予乡镇（街道）、村（居）委会一定的职权，让其能有效行使留守妇女教育救助的职能。

三、留守妇女教育救助机制体系构建

近些年来，留守妇女教育救助效果不如留守儿童，基本处于起步阶段，机制不健全是其根本原因，建议从计划、激励、实效、保障等方面健全留守妇女教育救助机制体系，为留守妇女教育救助落地见实效提供机制基础。

（一）留守妇女教育救助的计划机制

我国1992年就曾向全世界宣告：我国市场经济体制已基本建立，全面实现了计划经济向市场经济的根本转化，因此计划作为一种经济发展形态已经完成了任务，退出了历史舞台，但我国计划经济形态延续了半个多世纪，而计划形态是与行政权力息息相关的，一般是行政权力越集中计划实施的力度越大、越发展，反之则发展迟缓。留守妇女教育救助本来是私权问题——政府可以不管，但社会主义制度的优越性又决定了必须管，从机制上说就需要回答一个问题——怎样管。计划作为一种管理形态其运行机制是按照行政体制的管辖范围制定相应的政策制度，全国整体一盘棋就需要计划。计划机制要求留守妇女教育救助必须借助行政权力进行科学规划，然后才能将6000万留守妇女有条不紊地组织教育救助。我国计划经济运行了三十多年，现在虽然倡导市场经济，但经济形态转变了，计划的卓越功能、作用却仍然在起作用。计划与计划经济是两个不同的概念，行之有效的工作必须作计划，《中国妇女发展纲要（2011—2020年）》就把"开展便于农村妇女参与的实用技术培训和职业技能培训"、"帮助农村留守妇女和返乡妇女多种形式创业就业"纳入了计划，构建留守妇女教育救助的计划机制就是要将计划作为留守妇女教育救助的基本手段。全国一盘棋，区域一盘棋，县域、乡镇、村（居）委会一盘棋，逐步推进留守妇女教育救助。建议在十年内将所有留守妇女轮训1－2次。

（二）留守妇女教育救助的激励机制

留守妇女一般文化水平比较低，年轻的时候有一部分因家贫而辍

学、失学，还有一部分是厌学。据三峡库区统计，留守妇女中文盲、半文盲和小学学历的人群占37%。[①] 虽然70% 的留守妇女希望参加培训，希望参加种植业技术、养殖业技术、卫生保健知识培训和务工技术培训，[②] 但仅仅是希望而已，在相关部门举办培训班时，留守妇女召集起来相当困难，来了坚持下去也难，除了一部分希望改变处境的留守妇女以外，大部分学习积极性都较差。建立激励机制就是要针对留守妇女的不同层次需求，以马斯洛的需要层次理论为指导，以满足为诱因，激发她们学习的积极性，推动她们由被动学习向主动学习转化。

留守妇女教育救助本身也是难度很大的工作，政府、社会组织、群众团体在救助中有很严重的顺其自然倾向，就连妇儿工作委员会对留守妇女的培训都感觉到费力不讨好，而具体承办的乡镇，特别是村（居）委会更是觉得救助难度大，忙了半天效果不明显，有相当一部分在救助中就准备放弃。只有建立激励机制，将留守妇女教育救助工作的实绩与干部考核、升降联系起来，才能变外在的压力为动力，变被动适应为主动追求，留守妇女的教育救助才能收到良好的效果。

（三）留守妇女教育救助的实效机制

农民做事本身就注重实效，农村留守妇女对身边所发生的一切事物都十分重视实际效果。留守妇女教育救助强化重实效的机制要求从四个环节把握：一是确定的项目有针对性是取得实效的基础。留守妇女虽然很分散，但是她们在接受教育救助中往往根据自己的爱好和需求来做出选择，因此设计教育救助的项目一定要从她们的需要出发，否则只能是空对空，项目确定输了，后面的效果就必然出现偏离。二是课程设计要围绕培养目标。不管是教育还是培训都涉及课程，课程设计的出发点和

---

① 邓卓明等：《库区劳动力转移途径及保障措施》，《中共重庆市委二届九次全委会议重点课题调研报告专集（下）》，第33页。

② 叶敬忠：《留守妇女与新农村建设》，《中华女子学院学报》2009 年第 3 期，第16－21页。

归宿是培养目标。农村留守妇女培训目标是掌握一门或两门谋生的手段，这种手段分种养殖技术、实用技术、外出务工技术、家政技术、自我救助能力等。培训主体要根据培养对象的需求和培养目标的规定开设有针对性的课程，让所有留守妇女通过上课提高自己的理论水平和实际操作能力。三是教育救助的方法问题。留守妇女都是成人，又比较好面子，但文化水平差，因而在培训中要注重实战操作训练，杜绝从理论到理论的假大空，才能收到培训实效。四是教育救助结果评估要实事求是。坚决杜绝统计脱盲，统计数据证明学习效果良好，这种状况误导了做出评估的领导或专家，最终得出错误结论。

注重实效的机制既是从认识论上解决机制建设问题，又是从实战需求上强化效果，只有建立留守妇女教育救助注重实际的评估指标体系，才能杜绝数据脱盲、数据脱贫、数据优质，最终让救助实效深入评估人员和当事人的心脏。

（四）留守妇女教育救助的保障机制

组织领导、经费投入、设施设备配置、监督控制等是留守妇女教育救助保障机制的有机构成。建立健全政府领导、妇儿工委会牵头、社会群团参与的留守妇女教育救助的领导工作机制，通过考核、升降将领导机制与激励机制结合，以保障留守妇女的教育救助有人管、积极管。建立健全经费投入和设施设备配置的保障机制，建议中央和地方财政投入中要保证留守妇女教育救助的基本需求，确保教育救助经费随地方财政收入的增加适当增长。鼓励多种形式筹措资金，增加留守妇女教育救助的投入。社区是留守妇女教育救助的平台和主要依托，建议留守妇女经费投入中按一定比例投入到社区的教育救助设施设备配置上，合理配置留守妇女的教育资源，扩大优质教育资源覆盖面，建议国家对社区教育救助的设施设备配置做出原则规定，并充分发挥学校、机构等设施设备的功能，满足留守妇女教育救助的活动需求。留守妇女教育救助是一个系统工程，横向涉及面宽，纵向层次多，建议各级政府出台社区留守妇女教育救助综合督导评估和素质提升督导评估体系，开展经常性的督导检查，并向社会公示，以控制教育救助的全过程，进而保证教育救助活动规范、科学地进行。

第三节　农村留守老人教育救助体系构建

留守老人这一特殊群体与留守妇女和儿童在教育救助方面都有不同，相当长的时间内都是被遗忘了的。终身教育提出后，特别是我国《老年教育发展规划（2016—2020年）》颁布后，老年教育提到十分显著的地位，而留守老人这一群体的教育救助开始被政府、专家、媒体关注，建构留守老人教育救助的组织、制度、机制体系已经提上议事日程。

一、留守老人教育救助组织体系构建

《老年教育发展规划（2016—2020年）》关于"建立健全党委领导、政府统筹，教育、组织、民政、文化、老龄部门密切配合，其他相关部门共同参与的老年教育管理体制；各相关部门要按照职责分工，加强沟通协调，通过规划编制、政策制定、指导监督，共同研究解决老年教育发展中的重大问题"的规定是老年教育救助组织体系构建的政策依据。

（一）留守老人教育救助组织体系的特点

留守老人教育救助组织体系与留守妇女、儿童教育救助相比有着特殊性，这个特殊性表现在两个方面：一是教育救助的对象是留守老人，留守老人首先是成人，而且是接近生命终点的成人，大多数居住在偏远的农村。这一特殊性必然要求教育救助组织适应老年成人，方便教育救助对象——就近救助的需求，才能推进教育救助有条不紊地进展。而留守老人主要居住在农村老家，信奉的是"金窝银窝不如自己的狗窝"，很少去养老机构，这样与乡镇（街道）、村（居）委会联系最多。二是教育救助的对象必然要求救助主体有内在的本质联系。老人很多事项都是由民政局直接管理，因而留守老人的教育与民政局息息相关。留守老

人与非留守老人一样，都是老人，受终身教育理念的影响，有学习的需求；最关注老年保健、司法救助、情感交流，因此老年教育救助身体健康、心理健康、法律咨询等是重点，思想道德、科学文化、职业技能、法律法规、家庭理财、闲暇生活、代际沟通、生命尊严等是辅助。这两大特征必然要求留守老人教育救助组织体系中民政部门和乡镇（街道）、村（居）委会处于举足轻重的地位，党组织、政府在留守老人教育救助组织体系中处于核心地位。

（二）留守老人教育救助组织体系构建的建议

《老年教育发展规划（2016—2020年）》关于老年教育管理体制的规定对留守老人教育救助组织体系的构建具有十分重要的指导意义。根据留守老人教育救助组织体系的特点，建议构建党委领导，政府统筹，民政部门牵头，乡镇（街道）、村（居）委会组织实施，组织、教育、文化、司法、卫生、体育等部门和老龄委、老协、共青团、妇联等群团组织参加的农村留守老人教育救助组织系统，以保证留守老人教育救助有人管、有能力管。这个组织系统建立由各级政府的分管领导做组长，同级民政、教育分别派出分管领导做副组长，其他部门和群团组织做成员的领导小组；领导小组在同级民政部门设办公室，办公室主任由民政部门的副组长兼任，负责留守老人教育救助的日常工作。这个组织系统要求各级政府按党中央国务院的政策全面领导开展留守老人教育救助工作，包括出台、实施、控制的政策，决定人力、物力、财力的投向，协调组织内部各种矛盾。民政部门牵头要求各级民政局在自己所属的行政区域内组织、协调留守老人教育救助活动。牵头是受政府委托，代表政府实际实施教育救助职能，可采用联席会议工作方式。乡镇（街道）、村（居）委会组织实施要求在民政部门统一管理下，乡镇（街道）、村（居）委会针对辖区内的留守老人实施具体教育救助的活动。留守老人主要学习的场所是社区，接受的是社区组织的教育。村（居）委会关注一般留守老人的终身学习，同时还对那些家庭关系不好，身体状况不好，心理障碍明显的留守老人实施特殊救助。社区的教育救助非常具体，在组织系统中，社区既是救助实体，又是救助的实际组织实施者。教育行政部门和学校主要为社区教育提供教育资源、组织具体的培训。司法行政部门主要承担不定期的法制教育救助，特别是对那些儿女不承担赡养义务的老人提供司法救济。卫生部门主要针对留守老人实施健康咨询、心理咨询方面的教育救助；老龄委、老协、老年基金会等按照职能分工对留守老人教育救助提供道义、人才、经费的支持；共青团、妇联则在政府领导下对留守老人实施教育救助，真正实现老有所养的目标。

留守老人教育救助组织体系，乡镇（街道）、村（居）委会是最关键的环节，执行政府、民政部门的教育救助政策，组织辖区内具体的教育救助实施，协调相关单位参与教育救助，形成合力。建议国家赋予乡镇（街道）、村（居）委会留守老人教育救助特权，让乡镇（街道），特别是村（居）委会真正在教育组织系统中起到综合、协调的作用，使留守老人教育救助卓有成效。

二、留守老人教育救助制度体系构建

留守老人的特殊性决定了教育救助制度体系一定要与之相适应，留守老人教育救助制度是救助工作取得实效的规范保证；建立留守老人教育救助的实体制度和程序制度，并从政策上将制度落实，是留守老人教育救助体系构建的基础性工作。

（一）留守老人教育救助实体制度构建

留守老人教育救助的实体制度（entity system）是一级政府运用一定的方法，遵照一定的程序制定、相对稳定、组织成员必须遵守的留守老人教育救助主体和教育救助对象的具体权利义务构成的规范总和。留守老人教育救助的实体制度是由国家出台的相关实体权利、义务的政策法规和各级政府的实施细则构成的。

国家出台的实体政策法规。留守老人教育救助是属于公法问题，公共权力才能主张；国家出台相关政策法规才具有意义。建议国家出台留守老人教育救助条例或意见，对救助主客体的权利义务、资金保证、控制手段做出规定：包括留守老人救助主体的组织系统——省、市、县、乡镇人民政府、村（居）民委员会、民政部门、教育、司法、老龄委、群团组织、社会力量等在教育救助中的权力和地位；也包括教育救助客体（留守老人、家庭）的权利义务——强化家庭（外出务工的儿女）对留守老人的关爱、赡养的社会责任的法制、人道、孝道教育，加强留守老人接受教育救助的责任教育。留守老人除了与正常老人一样享受《宪法》和《老年教育发展规划（2016—2020年）》赋予的受教育权利义务以外，还应根据留守老人的特殊性制定相应的教育救助条款；确保农村留守老人身心健康、老有所养、接受教育等权益得到有效保障。当然，老有所为、老年创业也是我国多年倡导的，国家出台的政策中，把留守老人创业教育作为重要内容也是十分有价值的。

地方出台的实体政策法规。中华人民共和国管辖三十余个省、市、自治区，香港、澳门特别行政区，由于区域、民族不同，留守老人教育救助需求各具特色，国家出台的政策一般只管原则、方向，从整体上规定。省（市、区）地方政府则在国家政策指导下，根据辖区特色制定与之相适应的实体政策法规。从大的方面看，中西部及沿海的省市区留守老人的情况各有特色，少数民族地区与汉族地区也有显著差异，地方政府都面临着国家政策本地化的任务。建议地方的人大和政府针对本地的情况，以国家政策为依据，针对本地特殊情况制定相应的实施细则，具体条款既要与国家政策法规对应，又要从实体上体现本地特色。留守老人教育救助的地方政策是地方政府制定执行的，但不能与国家政策冲突，若发生冲突，则地方政策服从国家政策。

（二）留守老人教育救助程序制度构建

留守老人教育救助程序制度（procedural system）是规定以保证权利和职权得以实现或行使，义务和责任得以履行为主要内容的程序保障制度。留守老人教育救助的程序制度是实现实体制度的手段或工具，是对实体公正的程序保证。留守老人教育救助的程序制度所规定的程序对救助活动具有强制性、排他性、规范性，体现了社会关系的稳定性、行为的规则性、"进程的连续性以及实际结果的确定性和自缚性"。① 留守老人教育救助的程序制度包括实体制度实施的主体、对象、过程、控制、评价等规定。留守老人教育救助的程序制度首先是按实体制度的规定明确由谁来实施教育救助，教育救助谁；其次是明确救助活动过程的步骤——留守老人建档立卡—主要需求—问题梳理—救助措施—效果评价；再次是保证实施过程的有效性——事前、事中、事后控制，让整个教育救助活动按照程序制度的要求有条不紊地进行。程序制度是实体制度的保障，程序设计科学才能保证实体救助的有效。留守老人教育救助的程序制度是解决怎么做的问题，建议各级政府在上级政府的程序制度指导下，制定本级政府的实施细则，以从程序上保证实体制度执行到位，相关组织和人员工作到位，具体救助措施到位，过程控制到位，评估务实、准确。

留守老人教育救助程序制度也涉及特别程序——司法救济和安全自救教育救助程序的构建。留守老人首先面临的是外出务工子女不履行赡养老人的义务的问题，建议建立县级民政部门完善司法救济协调程序，聘请律师或法官讲解依法维护自己的权益，督促在外务工子女赡养留守老人。留守老人一般都住在比较偏僻的地方，身边又无子女，生病无人照顾，死在家里无人知道的状况时有发生，建议从程序上保证民政部门督促乡镇（街道）、村（居）委会定期关注留守老人的健康，通过教育救助提高留守老人的自助自救能力。

（三）加大民政部门和村（居）委会教育救助力度

留守老人的活动场地主要在家和社区，至多到乡镇赶集，因而在对他们实施教育救助中最直接的是村（居）委会，但村（居）委会既无

① 邹学荣：《民事诉讼法价值新探》，《探索》2003 年第 1 期，第 135 - 137 页。

经费又无教育救助资源，要实施有效的教育救助要必须依赖行政组织，民政局是直管老人的行政机构，因此教育救助最有力度。建议强化民政局和村（居）委会对留守老人教育救助的功能，从制度上保证其在教育救助中发挥特殊作用。村（居）委会切实负责将辖区内的留守老人登记造册，明确教育救助的个体需求，有针对性地进行教育救助，包括开展什么样的培训班，进行什么咨询，开展什么有意义的活动。有条件的地方建议学习城市依托社区学校或老年大学的做法，定期开展有针对性的老年教育救助活动，因为留守老人一般不愿离开故土与儿女住在一起，也不愿意去敬老院，居家养老是几千年来的习惯，因而村（居）委会对其进行教育救助是最近、最直接、最有效的，但村（居）委会经费、场地、教育资源都短缺，这就需要民政部门牵头协调乡镇（街道）加大村（居）委会留守老人教育救助的投入。同时，民政部门有国家转移支付的相关经费，直接开展村社试点，建立村（居）委会教育救助的示范基地。只有民政部门牵头，依托村（居）委会，留守老人的教育救助才有可能落到实处。

三、留守老人教育救助机制体系构建

留守老人教育救助机制构建从本质上说是在分析组织与制度的相互排斥、相互对立过程中的本质联系基础上揭示组织与制度作用与反作用推动对立走向统一的必然性。这个必然性是由行政领导、政策保障、资源整合、经费投入、创新发展等机制构成的有机体系。

（一）留守老人教育救助的行政领导机制

领导是组织的灵魂，而组织则是实施战略任务的实体支撑，加强组织实施就必然要求健全行政领导机制。留守老人教育救助要求建立健全党委领导、政府统筹，民政牵头，乡镇（街道）、村（居）委会实施，教育、组织、文化、老龄部门密切配合，共青团、妇联等群团组织和相关部门共同参与的教育救助机制。这种机制要求各相关部门要按照职责分工，加强沟通协调，通过规划编制、政策制定、指导监督，共同研究

解决留守老人教育救助中的重大问题，并通过建立责任制把留守老人教育救助纳入对各级政府相关部门绩效考评内容，并与职务升降联系。建立各级政府把留守老人教育救助纳入本地区经济社会发展规划和教育事业发展规划以及督促全社会参与的机制。

（二）留守老人教育救助的政策保障机制

政策制度是留守老人教育救助的依据，推动留守老人教育救助的政策法规建设，建立有条件的地区通过制定相关地方法规促进留守老人教育救助规范健康发展的机制。特别是建立健全西部地区、民族地区在留守老人教育救助政策措施中有重大突破的机制。尽管留守老人教育救助全国一盘棋，但由于地区差异救助也有较大的差异，建立健全推动留守老人教育救助的政策法规保障机制，将救助工作纳入规范发展的范围，以政策法规保驾护航，促进留守老人教育救助健康发展。

（三）留守老人教育救助的资源整合机制

实施留守老人教育救助首先就涉及教育资源，建立鼓励普通高校、职业院校相关专业毕业生及相关行业优秀人才到留守老人集中的乡镇工作，特别是做村官的机制。建立支持各级各类学校要鼓励教师参与留守老人教育救助，并纳入本校工作考核；支持教师到就近的社区留守老人培训班兼职或从事志愿服务的机制。建立老年大学、全日制学校、社区学校培训机构教育资源共享的机制。通过工作人员、教师、教学场地、图书等教学资源的有机整合，建立留守老人教育救助师资库、图书网、教学场地网、培训信息网，将社区本来短缺的教学资源整合，形成较丰富的教育救助资源，以提高留守老人教育救助的水平，实现老有所养、老有所教、老有所发的教育救助目标。

（四）留守老人教育救助的经费投入机制

经费投入是留守老人教育救助得以实施的经济基础，建议国家、省、市、县、乡镇各级政府采取多种方式努力增加对留守老人教育救助的投入，切实拓宽老年教育经费投入渠道，形成政府、市场、社会组织和学习者等多主体分担和筹措留守老人教育救助经费的机制。留守老人教育救助本身无法收费，基本是以政府投入为主，因此建立政府为主体，鼓励和支持行业企业、社会组织和个人投入相结合的留守老人教育救助投入机制，以保证留守老人教育救助有比较充足的经费支撑，否则巧媳妇难为无米之炊，必然困扰留守老人教育救助的健康发展。

（五）留守老人教育救助的创新发展机制

留守老人教育救助是一个新生事物，鼓励社会力量参与，造成全社会关注留守老人教育救助的文化氛围。建议充分激发市场活力，推进举办主体、资金筹措渠道的多元化，政府购买服务、项目合作等多种方式，支持和鼓励各类社会力量通过独资、合资、合作等形式举办或参与留守老人教育救助的机制。政府购买服务是留守老人教育救助机制创新的核心，因为留守老人教育救助基本无利可图，要激发市场、社会参与，政府购买是最好的手段。同时，创新留守老人教育救助与相关产业联动的机制。扩大留守老人教育救助消费，发掘与留守老人教育救助密切相关的养老服务、旅游、服装服饰、文化等产业价值，促进留守老人生活健康服务业提档升级，拉动内需，推动投资增长和相关产业发展，当然留守老人这个群体本身收入比较低，消费能力弱，但量大，也是一块巨大的有潜力的待开发市场。

第十章　农村"三留守"教育救助体系实施

制定制度、出台政策、明确程序、健全机制是为了更好地实施"三留守"教育救助活动,而"三留守"教育救助活动中首先要解决理论模式转化为政策的问题,其次是明确"三留守"教育救助具体开展,再次是实施成效的保障。

第一节 助推"三留守"教育救助理论模式转化为政策

"三留守"的理论研究成果不转化为政策而束之高阁,最终对"三留守"教育救助没有任何帮助,"三留守"教育救助体系只有成为政策才能有效地实施救助活动。研究"三留守"教育救助理论模式向政策转化的途径、机制,是"三留守"教育救助落地见实效的中介。

一、"三留守"教育救助理论模式向政策转化的路径

认识来源于实践,"三留守"教育救助的实践为理论研究提供了取之不尽用之不竭的实证案例,实践也需要理论指导,而理论指导实践的中介就是政策。经验→理论→政策→实施是"三留守"教育救助理论形成并向政策转化的过程。

(一)经验—理论—政策路径

要实现"三留守"教育救助理论模式向政策转化首先就面临着经验上升为理论,并形成相对系统的理论模式。"三留守"作为一种社会现象虽然出现近四十年,但对这一社会现象的研究,特别是对"三留守"教育救助的研究还比较薄弱。"三留守"出现以来理论界的研究经

历了三个阶段：

"三留守"现象研究。1979 年，农村责任承包吹响了中国经济体制改革的号角，亿万农民的积极性得到充分发挥。由于责任承包有效地调动了农民的生产积极性，农民的劳动效率提高，时间相对缩短，开始出现了剩余劳动力，农民不仅在农闲时有相当长的空闲时间，农忙收割播种的速度加快，也很快进入空闲，剩余劳动力已经成为农村一大问题。农民在空闲时间内无事可做，往往通过赌博、聊天、开会、看电视打发无聊时光。1984 年 10 月，《中共中央关于经济体制改革的决定》吹响了城市体制改革的号角，企业放权、工资分配逐步放开、个体户出现，一时城市沸腾起来，用工需求急剧膨胀。经济迅猛发展必须具备充足的资金和足够的劳动力——最好有剩余。城市经济体制改革对劳动力的需求呼唤着农村剩余劳动力在种养殖以外谋求发展，而工农业产品的剪刀差、城乡二元体制造成的城乡差别，又造成工农差别——主要是收入差别——种田不如务工。一些胆大年轻的农民开始流入城市（最早称盲流，经常有被遣送的危险），由于城市建设的需要，由工商企业出面协调，农民工这一名词开始出现，并逐步被合法化。到 1988 年，农民工总量在 1.2 亿左右，[①] 当时四川百万川军南征北战的说法就开始了，有十余个打工大县通过邮局汇回的人民币超过了县财政收入。

随着务工队伍的扩大，理论界开始用"农民工"这一概念，"农民工"一词最早出现在 1984 年中国社会科学院的《社会学通讯》中，随后这一称谓因比较准确、简洁、符合我国国情，并且约定俗成而被广泛引用。理论界这一时期主要集中在研究农民工这一现象上，在 CNKI 上以"农民工"为篇名进行检索，研究农民工的论文或研究报告 1985 年 1 篇、1988 年 1 篇、1989 年 2 篇、1990 年 3 篇、1991 年 1 篇、1992 年 3 篇、1993 年 4 篇、1994 年 5 篇、1995 年 11 篇、1996 年 18 篇、1997

---

① 《1980 年代农民工总人数约 1.2 亿 75% 出自乡镇企业》，《南方日报》2011 年 07 月 01 日。

年 16 篇、1998 年 24 篇、1999 年 20 篇、2000 年 24 篇、2001 年 38 篇、2002 年 107 篇、2003 年 589 篇、2004 年 1637 篇、2005 年 2460 篇、2006 年 7022 篇,从检索的结果来看,农民进城务工现象虽然出现很早,但一直到 20 世纪末才有学者研究,形成一些散见的研究成果,21 世纪初开始出现研究的高潮,2006 年进入高峰期。理论研究推动了国家决策,理论成果转化为政策——《国务院关于解决农民工问题的若干意见》(国发〔2006〕5 号)出台。

由于农民工主要以青壮年男劳动力为主,因为他们有气力、丢的开、需要钱,所以第一批吃螃蟹——出门务工的是青壮年,这一现象的出现必然导致将妻儿、老人留在当地,"三留守"作为一种现象已经出现。但这时"三留守"的研究还仅仅作为一种现象,从属于农民工的研究,单独独立研究的很少,因此农民工的理论研究转化为政策——《国务院关于解决农民工问题的若干意见》(国发〔2006〕5 号)颁布。

将留守儿童作为现象研究是从 2002 年开始的,在 CNKI 上以"留守儿童"为篇名进行检索,研究留守儿童的论文或研究报告,1994 年 1 篇、2002 年 2 篇、2004 年 23 篇、2005 年 131 篇,由于问题没有到非解决不可的时候,因此这种研究也不充分,转化为政策底气不足。《国务院关于解决农民工问题的若干意见》(国发〔2006〕5 号)仅仅提到"输出地政府要解决好农民工托留在农村子女的教育问题",还没有上升到留守儿童层面表述。

将留守妇女作为现象研究是从 2003 年开始的,在 CNKI 上以"留守妇女"为篇名进行检索,研究留守妇女的论文或研究报告,2003 年 1 篇、2004 年 3 篇、2005 年 8 篇;将留守老人作为现象研究是从 1996 年开始的,以"留守老人"为篇名进行检索,研究留守老人的论文或研究报告,1996 年 2 篇、1998 年 1 篇、2000 年 1 篇、2001 年 1 篇、2002 年 1 篇、2004 年 4 篇、2005 年 4 篇。留守妇女和了老人在这一阶段的研究成果量少、质劣,没有引起顶层的关注,也无政策措施。很显然,这一时期"三留守"作为一种现象儿童研究的理论成果丰富一些,留守妇女、老人研究薄弱一些,因此这一时期的政策仅仅提到,未有专门条款。

"三留守"问题研究。中央出台了《国务院关于解决农民工问题的若干意见》(国发〔2006〕5号)文件以后,一时引起农民工研究的热潮,研究中涉及的问题引申出了留守儿童、妇女、老人的问题,而"三留守"也开始从现象研究向问题研究深化。在CNKI上以"留守儿童"为篇名进行检索,研究留守儿童的论文或研究报告,2006年366篇、2007年1008篇、2008年941篇、2009年913篇、2010年931篇、2011年1004篇、2012年929篇;以"留守妇女"为篇名进行检索,研究留守妇女的论文或研究报告,2006年42篇、2007年78篇、2008年87篇、2009年92篇、2010年125篇、2011年144篇、2012年93篇;以"留守老人"为篇名进行检索,研究留守老人的论文或研究报告,2006年22篇、2007年56篇、2008年30篇、2009年55篇、2010年55篇、2011年71篇、2012年83篇。这一时期的研究是以留守儿童为重点,留守妇女和老人有了突破性的进展,而研究的主题是留守儿童面临的学习、生活、爱、心理、辍学、流浪等问题,留守妇女面临的经济、婚姻、身心健康、自我保护、自我发展等问题,留守老人面临的经济保证、身心健康、老有所养等问题。理论研究成果呼吁社会广泛关注"三留守"的问题,理论研究的成果引起了顶层关注。2012年《全国人大政府工作报告》明确把"关爱留守儿童、留守妇女和留守老人。让农民无论进城还是留乡,都能安居乐业、幸福生活"作为国家决策,纳入工作计划。针对问题,用关爱解决,这就是结论。

"三留守"关爱研究。全国人大提出对"三留守"实施关爱后,理论研究又掀起新高潮,主要集中在关爱体系建设、实施保障上。在CNKI上以"留守儿童"为篇名进行检索,研究留守儿童的论文或研究报告,2013年1084篇、2014年1001篇、2015年1297篇、2016年

1442 篇；以"留守妇女"为篇名进行检索，研究留守妇女的论文或研究报告，2013 年 126 篇、2014 年 149 篇、2015 年 103 篇、2016 年 97 篇；以"留守老人"为篇名进行检索，研究留守老人的论文或研究报告，2013 年 91 篇、2014 年 103 篇、2015 年 110 篇、2016 年 93 篇。这一阶段的研究是在中央和省市出台相关关爱政策、实施"三留守"关爱的过程中进行的，也正是这些研究成果助推 2014 年《关于全面深化农村改革加快推进农业现代化的若干意见》、2015 年《中共中央 国务院关于打赢脱贫攻坚战的决定》、2016 年《中华人民共和国国民经济和社会发展第十三个五年规划纲要》等都把"建立健全农村留守儿童和妇女、老人关爱服务体系"作为一项国家决策。这一时期政策解决的主要问题是关爱服务体系的建立。

"三留守"教育救助研究：这一时期习近平总书记提出"扶贫必扶智"，扶贫攻坚明确将教育扶贫作为主要手段，2016 年国家出台《国务院关于加强农村留守儿童关爱保护工作的意见》（国发 [2016] 13 号）明确将留守儿童教育救助作为关爱保护工作的主题，分别对县级人民政府、教育行政部门、学校提出了教育救助的要求，将各自的责任作为政策规定必须执行。要求"县级人民政府要完善控辍保学部门协调机制，督促监护人送适龄儿童、少年入学并完成义务教育。教育行政部门要落实免费义务教育和教育资助政策，确保农村留守儿童不因贫困而失学；支持和指导中小学校加强心理健康教育，促进学生心理、人格积极健康发展，及早发现并纠正心理问题和不良行为；会同公安帮助儿童增强防范不法侵害的意识、掌握预防意外伤害的安全常识。中小学校要对农村留守儿童受教育情况实施全程管理，帮助监护人掌握农村留守儿童学习情况，提升监护人责任意识和教育管理能力；及时了解无故旷课农村留守儿童情况，落实辍学学生登记、劝返复学和书面报告制度，劝返无效的，应书面报告县级教育行政部门和乡镇人民政府，依法采取措施劝返复学。国务院关于留守儿童教育救助的相关规定比较全面具体，但遗憾的是留守妇女的教育救助仅仅在《中国妇女发展纲要（2016—2020年)》中将其作为"开展便于农村妇女参与的实用技术培训和职业技能培训"的组成部分，目的是"帮助农村留守妇女和返乡妇女多种形式创业就业"，没有明确将留守妇女教育救助作为政策规定。留守老人的教育救助虽然可纳入《老年教育发展规划（2016—2020年)》，但没有明确对留守老人做出规定。很显然，经验总结必然上升为理论，而理论研究助推政策法规出台，这已经成为重大实践问题，必然引起理论探索创新，进而推动政策出台的铁律。

（二）政策实施完善路径

政策本身是从实践提出问题开始，经验上升为理论聚焦，理论向政策飞跃，完成政策出台。任何政策不可能一蹴而就，因为实践本身是发展的，而理论必须根据实践发展而发展，政策在理论升华中不断完善，政策只能解决实践提出的问题，是对理论研究相对集中的普遍性进行实践层面的规范，理论研究的最大价值就是转化为政策。"三留守"教育救助比较完善的是儿童教育救助，这个教育救助对九年制义务教育、辍学、失学、心理健康教育等作了实体和程序的规定，也就是说儿童在任何时候、任何地点都在社会的视角关注下，都有相应的机构实施对应的救助。但随着留守儿童的基本教育救助得到解决，教育公平、异地入学、中高考又面临着很多现实问题，特别是留守地都处于边远农村、边远山区，教育资源短缺、教育质量低下，留守儿童一开始就输在起跑线上，这不是一般简单救助能解决的，必须靠宏观政策解决教育公平的问题。二是尽管2006年国务院就规定流动儿童就近入学与非留守儿童享受一样的待遇，但九年制义务教育兴起的小升初抓阄，初升高则读高价，而高考往往被视为高考移民——必须回原籍参加。这一系列问题在留守儿童教育救助中虽然是老问题，但都一直没解决，破解这一难题就需要理论研究深入、政策进一步完善。

同样，留守妇女的教育救助虽然提上议事日程，妇女发展规划纲要也涉猎了留守妇女教育救助的问题。但现在所有的政策都只能依据《中国妇女发展纲要（2011—2020年）》，这个政策只具有普遍性，而缺乏留守妇女的特殊性，呼唤出台留守妇女教育救助既是理论和实践界的共同愿望，也是一个十分艰难的工作。这不是完善问题，而是出台问题。留守老人教育救助更是一个难题，能老有所养、寿终正寝就算不错了。国家刚出台《老年教育发展规划（2016—2020年）》，全面要求老人接受终身学习的理念，不断完善丰富自己，但政策主要针对全国的老人，而留守老人这一特殊群体基本没有涉猎，这就涉及这个群体的教育救助如何开展的问题，助推这一方面的政策出台也是十分困难的。尽管如此，"三留守"作为一种社会现象已经出现，"三留守"教育救助已经成为一种社会责任摆在政府、社会、人民面前，实践已经把问题提出了，理论界的同仁也正在探索，预计最终出台并完善政策是必然的。

二、"三留守"教育救助理论模式向政策转化的机制

理论向政策的转化不能就事论事，必须形成相对稳定的运行机制。"三留守"教育救助理论研究成果要转化为政策，国家立项与专家研究结合是基础，理论成果与决策沟通是前提，政协、媒体助推人大、政府政策法规出台，颁布相关政策——转化完成。

（一）国家立项与专家研究结合机制

我国政治体制改革的重要内容就是决策民主化、科学化，而决策科学化又必须将决策建在调查研究、理论抽象的基础上，只有对重大的现实问题进行深入的调查研究，提供科学真实的研究报告，并将实践经验上升为理论，将个别上升为一般，才能为科学决策提供真理性的支撑。

习近平总书记指出，"面对改革进入攻坚期和深水区、各种深层次矛盾和问题不断呈现、各类风险和挑战不断增多的新形势，如何提高改革决策水平、推进国家治理体系和治理能力现代化，迫切需要哲学社会科学","深入研究关系国计民生的重大课题"。① 国家各部委根据各自在实践中遇到的问题立项,邀请社会科学专家开展课题研究,为决策提供理论支撑。近年来,国家社科基金委、教育部、全国教育规划办、国家科委(社会发展科技司)及各部委每年多推出重大招标课题,向全国招标。国家社科基金委将全国重大的理论和实践问题梳理出来向全国招标,通过全国专家投标,最后确定 1—2 家入围,下达立项通知,开展课题研究。教育部将国家重大的理论和实践问题提出,向全国高校公开招标,高校专家中标后立项研究。全国教育规划办主要就教育相关问题立项;国家科委社会发展科技司主要就社会发展领域科技发展规划、政策建议等立项。各部委则在自己管辖的领域设立重大项目,向下属高校或科研机构招标。这些项目为国家决策咨询提供了很多有价值的建议,推动了国家相关政策的出台。除此外,国家还就比较重要的问题立项。"三留守"正是国家基金委作为重大问题而立的项,立项研究首先就明确了研究领域和研究方向,以国家需要解决的重大理论和实践问题为牛鼻,研究的结论更具有针对性。

我国科研成果要转化为政策,首要是建立国家立项与专家研究相结合的机制。"三留守"关爱服务体系建设是国家立项的课题。国家立项向社会招标或向专家要约,专家投标或承诺,中标或批准,构成立项研究的合同关系。申报书和合同对研究的中期成果和最终成果必然产生具有法律意义的约束力。这一阶段招标或要约方与投标或承诺方对课题研究的思路、方法、主要内容、最终成果都达成了基本一致的协议。招标或要约方通过年度检查、资金拨付、成果鉴定等程序控制研究进度、方向、成果质量。这种制度和运行机制把国家立项与专家研究有机结合起来,既解决了国家需要什么、专家研究的决策针对性,又解决了专家在研究中的相对自主权与国家立项控制权的矛盾,这种运行机制是科研成

① 《习近平:在哲学社会科学工作座谈会上的讲话》,2016 年 5 月 18 日。

果转化为政策的开始，"三留守"教育救助的研究也是从这里起步。

（二）理论成果与决策沟通联系机制

理论研究成果一般以论文、研究报告、专著的形态出现，长时间以来我国社会科学研究形成了丰富的成果，但与政府、企事业决策相脱离的现象比较普遍，许多成为研究者晋升职称、参与评奖、评导师、评各类荣誉称号、进入各个层次的人才工程的工具。课题结题了，钱花了；文章、报告、专著出来了，万事大吉。虽然在"空谈误国、实干兴邦"的指导下，"近年来，哲学社会科学领域建设智库热情很高，成果也不少，为各级党政部门决策提供了有益帮助"，开始将社会科学研究成果纳入国家决策参考体系，但仍然对国家决策影响较小。究其原因，除了专家学者研究成果的实战水平有限外，更重要的是没有建立理论研究成果与决策沟通联系的机制。

习近平总书记关于"加强决策部门同智库的信息共享和互动交流，把党政部门政策研究同智库对策研究紧密结合起来，引导和推动智库建设健康发展、更好发挥作用"的指示成为社会科学研究理论成果与决策沟通联系机制建立的契机。近年来，国家社科基金委出版了《成果要报》，可以送达顶层，但影响力还不够。建议编辑《决策参考》，将社科研究的优秀成果和建议摘录送高层领导参阅，让高层领导及时了解重大的社科研究成果，如果认为对决策有参考价值则纳入决策参考系统，形成社科研究优秀成果与领导联系的直达通道，真正让中国特色新型智库建设，建立健全决策咨询制度落到实处，最终实现决策民主化、科学化。现阶段直接联系的只有《成果要报》，有些社科成果虽然对决策有所影响，但是通过的报送渠道却带有非正规性，建议各部委、省市也设立相应的机构，将本地社科研究的最终成果纳入领导的决策视野。"三留守"作为社会重大的现实问题，社科研究在20世纪90年代就开始了，虽然仅仅是私权问题，但我们是社会主义国家，因而国家在2012年正式把问题提出，各省市才出台相应的救助意见，而儿童问题最严重，在各方呼吁和理论研究的促进下，《国务院关于加强农村留守儿童关爱保护工作的意见国发》（［2016］13 号）正式出台，且专门规定了留守儿童的教育救助；各省相应地出台了实施意见。而留守妇女、老人虽然研究多、呼吁多，但没有专门的救助政策。建议将"三留守"研究的优秀成果通过正规渠道送达领导手中，以为科学决策提供参考。

（三）政协、媒体对人大、政府助推机制

国外立法是通过两院，而我国政治体制是人民代表大会制度，政协是共产党领导下的多党合作制。媒体行使的是舆论导向和监督两大功能，法律出台必须通过人大，政策出台是政府制定、颁布，因此"三留守"教育救助要作为一种政策制度——实现理论成果向政策转化，政协的推动作用最直接、最大。政协的职能就是参政、议政，政协由党领导，各民主党派、无党派中的社会名流组成，人员素质普遍高；政协成员既代表各个领域、各个方面的利益，又有参政议政的能力；而且每年必须举行例会，又属于我国的五大领导班子之一，政协主席一般作为同级中共常委，在政府决策时都会进入决策层；同时，政协委员的提案，特别是牵涉面广的重大提案，相关行政部门必须限时做出回复，明确处理意见；由于政协的推动力度最大，"三留守"教育救助通过政协渠道以提案的形式助推可直达顶层。

新闻媒体特别是中央媒体对政策舆论有着积极的导向作用，同时对社会的重大问题又能及时反映给决策层，容易与决策层沟通，对中国共产党领导下的其他媒体具有正面宣传的作用、维护政策权威，对政策导向起着积极作用，对政策执行的监督也起着非常重要的作用。新闻媒体对于助推"三留守"教育救助政策出台有着非常重要的意义。

建立健全政协、媒体对人大、政府的助推机制必然要求政协以提案的形式将"三留守"教育救助提案的建议送达人大法工委、政府相关部门，以推动人大立法和政府决策；也必然要求新闻媒体对"三留守"教育救助的问题做出真实、全面的报道，并将真实情况通过新华社直通

车直达顶层。只有健全这样的通道和机制，才能推动"三留守"教育救助政策制度尘埃落定。

构建理论研究成果转化为政策的机制已经成为广大理论和实践工作者共同的呼吁，并将其贯穿于具体工作中。据不完全统计，全国理论界公开发表的论文和研究报告中 37% 提出关于将"三留守"关爱服务体系上升到立法层面，至少推动出台《"三留守"关爱和教育救助意见》。正是理论和实践界的呼吁推动、研究成果向政策转化的力度加大了，2013 年教育部等五部门出台了《关于加强义务教育阶段农村留守儿童关爱和教育工作的意见》、2013 年《国务院关于加快发展养老服务业的若干意见》、2016 年《民政部 教育部 公安部关于开展农村留守儿童摸底排查工作的通知》、2015 年中共中央办公厅、国务院办公厅印发的《关于深入推进农村社区建设试点工作的指导意见》等。省、市、县、乡镇到村的"三留守"规定也是全面推动的结果。其中有代表性的是广西壮族自治区《脱贫攻坚农村"三留守"人员和残疾人关爱工作实施方案》、重庆市《彭水自治县农村留守老人扶贫关爱行动工作方案》、石柱土家族自治县《进一步加强农村"三留守"人员关爱服务工作实施方案》、广西贵港市《港北区脱贫攻坚农村"三留守"人员和残疾人关爱工作实施方案》、河南省济源市《沁园街道办事处进一步做好关爱"三留守"人员工作的实施方案》、湖北省恩施州巴东县《溪丘湾乡开展"三关爱六服务"活动实施方案》、福建省武夷山市新丰街道《洋墩村关爱"三留守"人员服务工作实施方案》等。据不完全统计，全国这种方案有 4800 余种，自上而下、自下而上政策覆盖了"三留守"的全部问题，当然其中留守儿童的研究为翘楚，留守妇女和老人研究及出台的政策相对少一些，但这些政策出台无不是以理论研究和实践经验总结为基础的。

第二节 建立农村"三留守"教育救助体系实施保障系统

"三留守"教育救助体系实施的是政策规定，而实施过程必须靠组织、程序、监督来保障。组织是执行政策的灵魂，程序是对实体教育救助制度实施的过程保障，监督是通过对实施过程的控制降低政策执行的离散率，保证政策全面规范的实行。

一、建立"三留守"教育救助体系实施组织保障系统

"三留守"教育的组织系统是政府组织与非政府组织的统一体，政府是组织的灵魂，非正式组织包括群众团体、机构及企事业单位。

（一）政府

政府是"三留守"教育救助组织系统的灵魂，负责全面组织领导实施工作。"三留守"教育救助按理属于私权范围，主要依赖留守家庭自救、自助，但是由于两亿多农民工为社会主义建设做出重要贡献，而"三留守"付出了前所未有的牺牲，政府看在眼里、想在心里，实施救助就成为必然。而一当政府介入，"三留守"的教育救助就进入了公权视野——运用社会公共权力进行救助，而在公权实施中，最有能力、最能见实效的是政府机构有组织地开展救助活动。我国从党中央、国务院开始，中经省、市、县、镇，最终直达村居委会（社区）。政府系统对"三留守"教育救助的主要工作一是对辖区做出全面规划，制定相关政策，组织政策实施，对实施过程进行全面控制，实施后的评估、反馈。二是组织协调非政府组织在"三留守"教育救助中的全部活动，主要采取的手段是分工——交通警察各管一段，控制、监督非政府组织在救助活动中的偏离，规范非政府组织教育救助的行为。在政府救助活动中中央政府主要以出台政策、管理下属为主；省市县政府制定中央政府的实施细则，对自己职权范围内的"三留守"教育救助做出实体和程序安排，接受上级政府的监督检查，对下级政府的行为实施管理和监督；

最终"三留守"教育救助制度落地乡镇（街道），乡镇作为政府的底层又与"三留守"空间距离最近，还是直管村居委会的政府组织，最终"三留守"教育救助的落脚点在村居委会，组织活动从这里开始，也到这里结束。离开政府的组织领导，"三留守"教育救助就必然成为个体的自发行为。

（二）非正式组织

非政府组织也叫社会组织或社会力量，是"三留守"教育救助不可忽视的力量。非政府组织中一般以组织功能来划分救助对象，实施救助活动。留守儿童教育救助的非政府组织主要是学校，中小学在政府领导下直接负责招生区域留守儿童的教育救助，主要责任是教育及管理留守儿童入学、在校文化学习、身心健康教育、道德教育；救助失学、辍学留守儿童。

为留守妇女、老人的教育活动提供教学资源，并积极参与教育救助活动。妇儿工委是政府的派出机构，是妇儿教育救助的工作班子，有半官方的职能，主要功能是协调妇女儿童的教育救助，因此我们将其纳入非官方组织系统，但妇儿工委这种特殊性决定了在妇女教育救助中的特殊组织作用，老龄工委与妇儿工委一样，也是政府设立的一种半官方的、行使行政管理职能的组织，这个组织对妇女教育救助起着十分重要的组织作用，充分发挥妇儿工委的半官方特点，建立妇儿工委牵头、吸纳妇联参与、其他社会组织自觉参与的妇女救助的非政府组织活动，当然这个组织最终要落地还必须借助乡镇、两委这一平台，否则这个教育救助仍然处在自发状态，肯定影响救助效果。留守老人教育救助是在民政局领导下依靠老龄委组织实施，最终在乡镇、街道直至村居委会落实。

"三留守"教育救助的组织系统实施的是领导组织功能，政府既是责任主体，又是救助行为主体，但实施的是组织领导，非政府组织属于具体实施救助的社会组织，执行的是政府决策，完成的是政府统筹后分配的具体任务，这样"三留守"教育救助就形成了政府主导、非政府组织参与的组织体系，领导组织"三留守"教育救助的全部活动，这种组织体系在实践中行之有效，是"三留守"教育救助的灵魂。

二、完善"三留守"教育救助体系实施程序保障系统

"三留守"教育救助政策出台后，保证实施过程有条不紊地进行，必须根据教育救助的客观过程，完善实施程序。"三留守"教育救助一般按照摸底建档、规划计划、组织协调、培训、跟踪的程序开展。

(一)摸底建档

摸底就是弄清楚"三留守"的数量、教育救助的具体需求情况，而这种摸底又是分层次进行的。据民政部报告，中国农村空心化日趋显著，留守人员总数超 1.5 亿，实际测算大约接近 1.8 亿，对这支庞大的队伍摸底建档既是系统工程又是艰巨的任务，但如果不摸清情况则无法开展教育救助工作。

留守儿童摸底建档。建议以学校为单位，对全部留守儿童的生活思想、学习和家庭教育情况进行调查摸底，逐一登记造册，建立反映其进步与不足的成长记录档案，这是最基层的工作。按照九年制义务教育的要求，适龄儿童必须进学校读书，学校是留守儿童教育救助的第一责任单位。对未入学的适龄儿童，学校有责任督促家长或留守儿童监护人送其入学。同时，学校应对问题留守儿童特别关注——将厌学、逃学、辍学及采取救助措施的情况无遗漏地明确记入成长档案。各学校的统计情况上报县教育行政部门；各级教育行政部门逐级上报直达教育部；教育部基础教育司专门设处室统一掌握全国留守儿童教育救助的情况。学校上报的留守儿童教育救助情况主要针对在校学生，还有一部分适龄未入学、社会流浪的儿童，建议这部分儿童的存在状况及教育救助情况的摸底建档以村（居）委会为单位进行，由县民政局统筹，逐级上报直至民政部。

留守妇女摸底建档。建议以村（居）委会为单位对全部留守妇女的生活、教育需求、经济状况进行调查摸底，逐一登记造册，建立反映

留守妇女留守过程、从业、种养殖活动、身心状况的变化发展档案，并对留守妇女教育需求的特殊性按家政、种养、实用技术进行分类建档。各村（居）委会将登记造册的留守妇女教育需求情况汇总上报乡镇（街道），由县妇儿工委归类统计整理，逐级上报直达全国妇儿工委。

留守老人摸底建档。建议以村（居）委会为单位对全部留守老人的身心健康、教育需求、生活来源、生产劳动等情况进行调查摸底，逐一登记造册，建立反映留守老人身体、心理、生活现状、面临的主要问题、教育需求等情况的变化发展档案，注明个体教育救助的重点、关爱的重点。留守老人建档中病史记录必不可少，在建档中对留守老人进行教育需求分类、生活关爱分类，根据教育需求分类实施不同的教育救助，根据生活关爱分类抓住重点疾病自救的教育救助。各村（居）委会留守老人的教育需求情况汇总上报乡镇（街道）由县民政局统筹，逐级上报直达民政部。

"三留守"的摸底建档从国家层面是摸清数量，对教育需求的主要类型，为国家做规划、区县做计划提供第一手材料，不能情况不明决心大，坚决杜绝"估计、统计代替实际"、"闭着眼睛拍板"、"摸不着石头也过河"的状况。

（二）规划计划

"三留守"作为重大的社会问题，虽然2012年《政府工作报告》开始第一次出现在顶层决策的政策文件中，后来在党中央国务院的文件中出现的频率也比较高，但是关注的重点在"建立健全农村留守儿童和妇女、老人关爱服务体系"。2015年习近平总书记提出"扶贫先扶智"，教育扶贫提上议事日程，而绝对贫困人口中"三留守"占的比重又较大，留守儿童教育救助被提到了显著位置，但是全国未对"三留守"的关爱体系建立做出有实质性进展的规划，更未对"三留守"教育救助做出实质性的规划。只有规划蓝图才能实现"三留守"教育救助科学规范发展，因此在摸清"三留守"教育需求的现状基础上，做出科学规划，在规划指引下形成救助实施计划，整个救助才能在规划和计划的指引下有条不紊地实施，减少实施的盲目性。建议国家将"三留守"教育救助纳入"十三五"规划体系，各级政府也将纳入政府的"十三五"规划。具体建议由教育部牵头制定全国的《留守儿童教育救助十年规划》，各级教育行政部门制定与教育部对接的《留守儿童教育救助十年规划》；建议由国务院妇儿工委会牵头制定全国的《留守妇女教育救助十年规划》，各级妇儿工委会制定与全国对接的《留守妇女教育救助十年规划》；建议由民政部牵头制定全国的《留守老人教育救助十年规划》，各级民政局制定与全国对接的《留守老人教育救助十年规划》；建议最后由国务院办公厅制定《"三留守"教育救助十年规划》，各级政府制定与国务院办公厅对接的有地方特色的《"三留守"教育救助十年规划》。通过规划明确救助目标，清楚救助措施，明白救助实施程序，这样教育救助工作在规划指引下科学规范发展。

规划是从整体上、方向上对"三留守"教育救助面上做出的，规划要实施就必须根据政策将规划转化为计划。计划是现成的、可操作、可执行的，计划一般是运用目标管理和方针展开的方式将规划从时间上落实到年月，从空间上落实到省、市、区，最终落实到学校、村（居）委会。"三留守"教育救助要落到实处，最终要有切实可行的工作计划，这个计划目标是通过管理层次不断分解而确立的，救助的措施和手段也是根据事先目标而确立的。"三留守"教育救助一般在规划指导下分年度编制，与计划相衔接的就涉及经费、人员、设备等，计划一般采取"两下一上"的方式编制。建议"三留守"教育救助参照精准扶贫，由国家统一规划后按年度确定救助任务，由教育部、妇儿工委会、民政部分别下达留守儿童、妇女、老人教育救助的计划指标；由省、市、县的对口部门牵头，组织相关部门的实际工作者或专家分析辖区内的情况，制定与国家政策衔接的教育救助计划，而县级相关部门将计划指标分解任务下达到乡镇，直至村（居）委会。村（居）委会编制年度的救助计划,并将年度计划上报乡镇(街道),由县相关部门汇总,逐级上报;各省留守儿童教育救助年度计划报教育部汇总,留守妇女报妇儿工委会汇总,留守老人报民政部汇总;"两部一委"报国务院办公厅。办公厅与财政部协商保证实施经费,待经费落实后,则将计划指标分解并带经费层层下达,最后落实在学校和村(居)委会,由学校、村(居)委会按计划组织实施。

这种规划计划模式虽然有计划经济的嫌疑,但是全国留守人口1.57亿左右,教育救助需求千差万别,况且这种救助带有公权救助私权的性质,因而市场因素比较弱——若按市场方式收费预测救助还未开始就已经夭折。

(三)组织协调

计划下达后,有经费保证,"三留守"教育救助进入具体实施程序,留守儿童教育救助实施的主体是中小学,各学校按留守儿童成长变化档案有针对性地开展教育救助,而重点是解决厌学、逃学、辍学的问题,学校还应与乡镇(街道)、村(居)委会配合,救助那些违反《义务教育法》规定而适龄未入学的儿童,配合民政部门救助那些辍学后的流浪儿童,劝其返回学校继续学习,适龄留守儿童家长或监护人不送的报告地方政府,让政府出面强制其入学,学校将救助的对象及问题解决的情况及时报告教育行政部门。

留守妇女教育救助进入具体实施程序后,妇儿工委会主要是对各种培训班的质量进行控制,统计原计划安排的教育救助实施的效果,在实施中有什么新问题需要解决,留守妇女教育需求有什么变化及时做出调整以适应其需要;村(居)委会是留守妇女各种培训班开展学习的实际组织者。留守妇女的教育在面上主要围绕身心健康展开,在点上就根据各自的教育需求开展特色教育。

留守老人教育救助难度更大,主观学习动力较差,再加上精力不济,周边无学习氛围,因而计划执行比较困难。对留守老人的教育救助在实施中进行分类指导，主要围绕身心健康、自救能力提高、维权意识增强、种养殖技术提高而开展。留守老人教育救助是最难办的，尽管国家提倡"终身学习"，也出台了《老年教育发展规划》，但留守老人教育仍是一大难题。不过近年来，留守老人教育还是取得了长足的进展。

"三留守"教育救助的组织协调是进入实质性程序的必要条件，针对"三留守"各自的需求实行分类指导、个别教育的方式很有成效。建议国家将"三留守"教育救助形成相对完善的体系，并推动这一体系不断完善和发展。

（四）培训跟踪

教育培训活动是"三留守"教育救助的中心环节；根据"三留守"对教育的需求开展培训活动并跟踪培训过程及效果，是"三留守"教育救助真正落地见实效的有力措施。培训跟踪首先必须有培训计划，其次要有班次安排，再次是考试考核，第四是总结经验教训，第五是跟踪效果。由于留守儿童、妇女、老人是不一样的，因此培训程序的安排也只能分类指导。

培训计划。"三留守"培训计划的依据是教育救助的年度计划在时空上的展开。从总体上说，"三留守"的成员培训应考虑至少五年轮训一次，因此具体培训必须有五年计划，而把五年计划分到每一年，形成年度计划。年度计划是执行的依据，留守儿童一般是在校生，因而培训主要是针对留守儿童监护人、相对集中学校教职工，特别是班主任、宿舍管理人员等开展的，这个培训一般安排在寒暑假，目的是提高对留守儿童生活、学习直接影响人群的管理水平和工作能力，进而让留守儿童能够接受正常的教育，以便为成人成才提供保障。教育行政部门组织通过下属学校，建立跟踪网络，以查明培训的成效和问题。

留守妇女培训计划主要安排在农闲时间内，并将留守妇女培训计划与回乡创业农民工培训计划结合在一起。这个活动由县妇儿工委会组织，乡镇（街道）、村（居）委会负责组织，将留守妇女的个体需求摸底后分别开展家政、种养殖、就近务工的实用技术培训，一般开展现场培训，应知应会以应会为主——以掌握技术、提高动手能力为目的。一年开办2－3个培训班，五年将所有留守妇女轮训一遍，以提高留守妇女的生存和发展能力。

留守老人培训计划主要安排在春秋两季，地点集中在村（居）委会，以身心健康、自救培训为主，创业、法律咨询为辅。这个培训由县民政局牵头，村（居）委会具体承办，一年开办2－3期，当然留守老人培训还涉及文明丧葬，让80%以上的老人接受一次以上的培训，对于高龄老人，则采取志愿者上门培训的方式。

班次安排。建议留守儿童系列可安排监护人能力培训班、班主任国培班、宿管水平提高班，具体时间、地点、师资、培训主体由县教育局统筹，学校支持并提供场所。建议留守妇女系列举办家政、实用技术、种植、养殖、心理健康、身体保健、法律救助等培训班，班次安排由县妇儿工委统筹，乡镇提供场所，村（居）委会提供操作场地支持，这个班次最好与农民工回乡创业班次交叉或合办。建议留守老人系列举办健康自救、心理咨询、老年创业等培训班，解决老年的身心健康和老有所为的问题。老年培训班由县民政局统筹，就近安排在村（居）委会。

考试考核。"考考考，教师的法宝"，任何培训都需要通过考试考核检验培训效果，考试考核既给老师的教学提出客观要求，又给学习的学员增大学习压力，这种培训不仅与全日制的学校教育不同，也与其他专题培训不同，需要有一点压力，但压力太大容易将学员考走。建议实施分类指导，以考核为主，考试为辅，一般留守儿童系列的培训则以考试为主、考核为辅，主要解决应知问题，何况留守儿童系列的培训都涉及一些关键的政策法规问题，因此建议以考试为主。留守妇女也需要掌握一些知识，但无论是家政还是实用技术都是以应会为主，强调操作训练。虽然身心健康问题的自我救助也需要掌握知识，但是应会则比应知更加实在，因此仍然是以考查为主。留守老人更多的是以交流的方式考查培训结果，不需要特别规范的形式，漫谈交流是最好的考查形式。考试考核的结果记入"三留守"的个人发展台账。

经验教训。总结经验、明确教训是做好"三留守"经验价值的基础性工作，"三留守"培训每一次都需要做适当的总结，梳理培训取得的成就和潜在的问题。"三留守"教育救助培训面临着面宽、需求层次复杂、个体要求高等问题。为了发扬成绩、纠正错误、弥补不足、以利再战，建议"三留守"培训每个班做一次总结，一年形成综合总结并将总结报告较上级领导部门或县级人民政府。一般情况留守儿童系列的培训由县教育局主管、培训学校总结；留守妇女系列的培训由妇儿工委主管；留守老人的培训由民政局组织。首先由乡镇对辖区内的村（居）委会举办培训班的状况进行总结归类，形成总结报告，上报教育局、妇儿工委或民政局，推动上级主管部门对实践中面临的问题尽快解决。

跟踪反馈。总结稍不留意就受总结主体的经验、习惯所影响，很难客观地做出真理性的总结，因此要保证培训实效还必须跟踪反馈，建议每一个镇设立"三留守"培训观察站，主要负责跟踪"三留守"培训后的变化，通过变化明确培训效果，按社会分工，县教委负责牵头留守儿童教育救助的跟踪反馈，而民政局则把视角紧紧盯着留守老人，跟踪留守老人接受培训后的发展变化，妇儿工委全面负责留守妇女、儿童的效果跟踪——通过对培养对象实施培训后运用跟踪手段实地考证培训效果，否则就像我国目前有些地方的企调队、农调队一样，"统计 + 估计"——调查的结果与实际有天壤之别。"三留守"教育救助的培训效果跟踪最后反馈回出台政策计划的上级组织，针对普遍存在的问题调整培训计划，使计划更科学、培训效果更理想。

三、强化"三留守"教育救助体系实施监督保障系统

"三留守"教育救助实施是一个庞大的系统工程，哪个环节监督管理不到位都有可能前功尽弃，再好的政策都必须保证在执行中不走样。"三留守"教育救助实施的监督是促进教育救助体系高效运行的内在要

求，是救助活动顺利进行的基本保证，是提高救助水平的重要手段，是推动救助政策全面落实的重要措施，揭示"三留守"教育救助体系实施监督的规律是教育救助落地见实效的有力保障。"三留守"教育救助实施监督一般采取体内和体外结合的监督方式。

（一）"三留守"教育救助体系实施过程体内监督

"三留守"教育救助实施过程涉及面广，管理层次多，终端实施的主体是学校或村（居）委会，因而这个过程本身监管难度就增大；况且监督是属于工作监督——既不是资金，又不是权力，而是责任监督。建议以县为单位，建立实施过程监督的网络系统，以保证"三留守"教育救助尘埃落定。具体说"三留守"教育救助实施的组织系统就是监督系统，体制内监督是按权力运行模式展开的，也就是上级监督下级、党中央国务院监督全国，监督的内容以教育救助举办的培训班数量、质量、经费使用状况为主。

培训班数量监督。一般举办培训班都由上级主管部门拨付一定的经费，在下达计划时，经费与班次挂钩，因而上级部门在拨付了经费后要监督下级部门是否按时开班，参加学习的人数是否与计划相符，如果有差距，原因是什么。年初下计划，年终按计划检查，中间根据实践安排检查，目的是监督整个救助过程是否按照计划执行。"三留守"教育救助实施一般以县为单位统一由县政府统筹按组织系统实施上级对下级的监督，只不过留守儿童教育救助实施具体由教育行政部门牵头监督留守儿童相对集中的学校；留守妇女教育救助实施则具体由县妇儿工委牵头监督乡镇（街道），乡镇（街道）监督村（居）委会，如果乡镇（街道）直接实施就由妇儿工委监督；留守老人教育救助实施则具体由民政局牵头监督乡镇（街道），乡镇（街道）监督村（居）委会，如果乡镇（街道）直接实施就由民政局监督。这种监督是一种行政监督，监督的目的是保证教育救助能够按计划数实施。对于报了计划并安排了经费而未开班的则要追回经费，追究责任人的行政责任。

培训班质量监督。质量监督仍然按行政组织隶属系统进行，主要监督培训班是否按计划开班，资金投入是否到位，教育计划是否完成，管理是否有效，培训效果是否明显，如果出现违反计划规定的情况则由上级主管部门要求整改，没有按计划开班的必须按计划重新调整。对需要动手操作的培训班则通过和考察考核检查培训班的质量，如果培训班工作不到位，不达标，必须返工，上级主管部门对一些重点难点问题整改不到位的要直接督办，切实做到不折不扣、一抓到底。由于培训班质量既反映了资金效益，又对"三留守"自救、自我发展有着非常重要的价值，因而行政监督一定要到位。

培训班经费使用监督。"三留守"教育救助经费可采用培训任务与培训经费双包干的办法监督，以县为单位按照培训班的数量、质量要求、培训人数实行定额补贴，规定资金使用范围、专项经费数量，严格按照"打酱油的钱不能打醋"的监督管理办法。每一年以县为单位进行资金使用年度审计，由审计部门出具审计报告，上级主管部门按资金使用计划逐项审查，对违规使用资金的状况实施监督，狠抓审计和基层整改，有效地促进资金拨付到位，追回挤占、挪用的培训资金，发现违纪违法行为追究纪律刑事责任，让培训资金真正用在"三留守"教育救助培训上。

（二）"三留守"教育救助体系实施过程体外监督

体内监督实际上是一种行政监督，这种监督是最有效、最有力度的，但"三留守"教育救助涉及的面很广，相关单位和人员也分散，因而必须强化体外监督，以促进"三留守"教育救助体系实施过程规范高效运转。建议建立舆论、第三方、留守人员的综合体外监督体系。

舆论监督。"三留守"教育救助实质上是国家利用公权惠民，以维护社会公平。政府既是组织者又是管理者还是投资主体，正是"三留守"出现后社会舆论、社会关注，才促进了政府决策建立健全关爱服务体系，但"三留守"中确实仍然有相当一部分处于弱势中，成为不救不活的对象，因此社会舆论呼吁建立健全"三留守"教育救助体系，以提高"三留守"自救自强的能力。一旦国家将这种舆论呼吁纳入政府决策视野，出台教育救助政策就必然有项目资金支持，这就涉及整个救助过程计划的科学性、经费使用的阳光性、救助效果的显著性，社会舆论是最能及时总结成绩、发现问题的。舆论监督实际上是一种问题监督——通过发现问题实施监督推进整改，当然舆论监督涉及的面很广，信息社会舆论载体又多，这就要求必须建立舆论监督的科学选择机制，"择其善者而从之，其不善者而改之"。舆论监督与行政监督相比，是一种软监督，但是舆论监督及时、敏感、广泛，对于提出问题、引起体内监督主体的重视意义不可低估。

第三方监督。第三方监督是改革开放以来的监督机制创新，这种监督制度既非"三留守"教育救助制度的制定者，也非执行者，从本质上说是一种更客观的社会监督，增加了监督的可行度和透明度。"三留守"教育救助实施效果引入第三方监督，既可平衡内部矛盾，又可满足群众对社会公平正义的要求和愿望。建议"三留守"教育救助实施聘请第三方监督是特别重要的事，选择并确定第三方时首先要研究第三方的资质、社会信誉、评估质量，一般经济活动聘请第三方主要是会计师事务所、律师事务所、审计师事务所等中介机构，请他们客观、真实地对"三留守"教育救助活动进行评估、监督，包括事先对"三留守"教育救助实施方案、具体培训班的实施计划深入分析后，提出评估报告和建议，让"三留守"教育救助实施方案更重实效。

留守人员监督。按照常规，留守人员参与教育救助，特别是培训班的学习时间最长，对培训班存在的问题、解决的思路看得最清楚，受益或受害都最直接。他们又是培训的受益者，因而他们对培训的监督最具有针对性和实效性。建立健全一种特殊的机制，以保证留守儿童、妇女、老人能对培训计划、课程安排、经费预算、考查考核提出自己的意见。建议以县为单位建立"三留守"建议集中问题监督的直通车，定期由政府组织巡视组深入社区或培训地，了解"三留守"培训计划执行情况、培训效果及相关问题，使其能面对面地与领导交换意见，进而改进现成的培训制度、机制和方法。

第三节　健全农村"三留守"教育救助实施运行机制

"三留守"教育救助要健康地运行必须有机制保障，前面我们讨论了"三留守"教育救助的机制建设，这里我们将进一步探索"三留守"教育救助体系实施的机制保障。建议完善组织、投入、整合、激励、协同、试点推广、创新一体化实施运行机制，为农村"三留守"教育救助体系的有效实施提供保障。

一、健全实施的组织、投入保障机制

（一）健全实施的组织保障机制

"三留守"教育救助组织保障是核心，建立健全组织领导工作机制是关键环节。要从运行机制上明确，"三留守"教育救助政府主导，教育行政部门（儿童）、妇儿工委（妇女）、民政局（老人）分头负责，公安、司法行政、卫生配合，学校、乡镇→村居委会实施，群团和社会力量参与的组织系统，全面负责留守儿童、妇女、老人的教育救助工作。从国务院到省（市、区）、市（地）直至县（区）都必须建立统一的"三留守"教育救助领导小组，下设办公室负责辖区内"三留守"教育救助政策的实施。健全"三留守"教育救助组织领导机构，必须健全领导到位、人员到位、工作到位，以及监督保障到位的制度。健全"三留守"教育救助的领导、工作人员、研修、培训、考核、晋升机制，全面提高"三留守"组织系统的组织管理水平和责任意识，从组织上保证教育救助落到实处。

（二）健全实施的投入保障机制

"三留守"教育救助是社会公益事业，是党中央国务院的惠民政

策，投入保障是最基础的环节。建立完善的政策、人、财、物的投入机制是"三留守"教育救助健康发展的基本保障条件。在完善实体政策的基础上，健全程序保障政策；随着"三留守"教育救助实践发展不断完善政策投入机制，为农村"三留守"教育救助规范发展提供较丰富的物资保障。加强农村"三留守"教育救助的队伍建设，建立把"重点补充农村、边远、贫困和民族地区镇（乡）中心小学以上学校的……教师"① 的政策落到实处的程序制度。破解人才瓶颈，建立完善农村学校、社区教育、实用技术培训师资的培养、选用、评价、晋升、整合、正常流动的机制，保证农村"三留守"教育救助对人力资源的需求。设立农村"三留守"教育救助转移支付专项资金；完善国家投入为主、鼓励多种形式筹措资金，增加"三留守"教育救助经费的多元投入机制。教学设备是农村"三留守"教育救助依托的场所和工具。国家可在"三留守"教育转移支付资金中设立设备专项，健全把设备购置专项纳入县财政拨款预算与本地推进"三留守"教育救助发展的有关项目中。

二、健全资源整合、协同推进保障机制

（一）健全资源整合保障机制

整合有限资源是实现农村"三留守"教育救助健康发展的现实道路，将政策、教师、设备、平台有机整合，保证资源使用充分、杜绝闲职、充分发挥效率。

政策资源整合：近年来，国家出台的各种有关"三留守"关爱、教育救助的相关政策，几乎都没有针对农村"三留守"教育救助进行特殊规定；2016 年颁布的《国务院关于加强农村留守儿童关爱保护工作的意见》（国发［2016］13 号）又仅仅对儿童教育救助做了特殊规定；2011 年《中国妇女发展纲要（2011—2020 年）》（国发［2011］24

---

① 《教育部关于推进学校艺术教育发展的若干意见》，http://www.moe.gov.cn/src-site/A17/moe_794/moe_795/201401/t20140114_163173.html.

号）也只做出"开展便于农村妇女参与的实用技术培训和职业技能培训，帮助农村留守妇女和返乡妇女多种形式创业就业"的规定。留守老人教育救助几乎没有专门的规定，但 2016 年《老年教育发展规划（2016—2020 年）》（国办发［2016］74 号）对老年教育的普遍性做了规定。政策资源整合首先就需要把普遍政策特殊化、特殊政策具体化，要落到农村"三留守"教育救助上；其次是将"三留守"教育救助政策有冲突的条款清理出来，提出解决冲突的根本规则，将有限的政策资源开发利用。

教师资源整合："三留守"除了留守儿童在学校有专门教师以外，留守妇女和老人的教育救助的教师及工作人员都带有临时聘用的特征，没有专职人员。建议农村留守妇女、老人的教育救助师资可通过在校教师兼职、志愿者招募、实用技师选聘、咨询师选聘等方式有效就近整合本土教师资源以解决教师数量不足、质量不高的燃眉之急；运用国培、专培、进修、交流、教研等方式提高"三留守"教育救助教师的专业水平和教学能力以实现农村"三留守"教育救助师资数质量的有机整合。通过对师资数量和质量的整合，形成合力，以更好地适应农村"三留守"教育救助迅猛发展的需要。

设备资源整合：我国"三留守"教育救助除中小学以外，很多社区几乎没有任何设备，最好的仅仅有教师、黑板，计算机等专用设备都是凤毛麟角——设备少而破旧，而留守地的学校、培训机构、研究机构，特别是大学设备丰裕而闲置率高。县教育局、妇儿工委、民政局牵头建立设备租赁、大学旧设备赠予、购置的整合机制，既解决设备闲置，又解决农村"三留守"教育救助设备不足的问题。

平台资源整合：建议仍然由县教育局、妇儿工委、民政局牵头，围绕提高农村"三留守"教育救助水平，以学校、社区教育平台为主体，就近将学校、培训机构、企事业单位等"三留守"教育救助平台有机整合，充分开发利用有限的教育平台资源，特别是社区、网络平台，实现优质平台资源共享。

（二）健全协同推进保障机制

"三留守"教育救助是巨大的系统工程，建立政府主导，教育行政、妇儿工委、民政牵头，学校、村居委会实施的组织系统，不是一个单位、一个部门就能完成救助任务的。建议建立健全行政、学校、群团、社会多位一体的协同推进机制；完善校内外、课内外协同创新体制；推进教育与宣传、文化等部门及文艺团体的长效合作机制；充分调动各方面积极性，协同推进，以保障农村"三留守"教育救助的健康发展。

三、健全激约、创新保障机制

（一）健全激约新保障机制

建立完善以科学评价、责任制度的"三留守"教育救助激励、约束机制以激发各部门努力工作，以保证"三留守"教育救助取得成效。

科学评价：建立完善以县级政府为单位的"三留守"教育救助工作评价与公示制度；根据"三留守"教育救助的年度计划和班次的培训计划，制定应知、应会的测评指标；根据儿童、妇女、老人参与度、教师配备完善率、培训达标率制定具体培训班的质量评价指标；采取学校和村居委会自评、综合评价的结果和年度发展报告通过县级政府网站向社会公布，以形成社会压力，运用社会认同功能激励农村"三留守"教育救助的领导、工作人员、教师和学员重视每一班次的培训。

责任制度：通过明确职责来激励农村"三留守"教育救助的领导、工作人员、教师作无私奉献。建议分别建立政府、牵头单位、学校、乡镇、村（居）委会一把手、分管领导、牵头部门领导、学校和村（居）委会领导、教师的责任制度。以每年评价结果为依据决定"三留守"教育救助干部、教师、工作人员的奖罚；以一定考核年限的评价结果作为行政干部升迁的依据。强化问责制，对于不作为、乱作为造成农村"三留守"教育救助停滞不前或造成事故者追究责任。

(二) 健全激约、创新保障机制

创新是"三留守"教育救助长期稳定发展永不枯竭的动力,"创新机制是保障机制建设的灵魂"。① 只有在保障机制建设实践中敏锐洞察新情况、研究新问题、提炼新经验、升华新结论、揭示新规律才能推动"三留守"教育救助规范发展的保障机制不断完善;将创新的理论模式、保障机制运用于"三留守"教育救助实践,不断推动"三留守"教育救助朝着规范、科学的方向迈进。正是创新机制内在的修复创新功能推动着"三留守"教育救助保障机制自发而自觉的升华、完善。组织保障机制是关键,投入保障机制是基础,整合保障机制是策略,激约保障机制是动力,协同推进保障机制是手段,创新保障机制是灵魂。只有在农村"三留守"教育救助实践中不断自觉创新、完善保障机制,才能从根本上破解农村"三留守"教育救助短缺这一难题。

---

① 夏海鹰:《农村学校艺术教育发展保障机制研究》,《教育研究》2016 年 7 期。

第十一章 农村"三留守"教育救助体系实施绩效评价

　　绩效评价是指对组织或个体行为活动的效能进行科学测量和评定的程序、方法、形式之总称；绩效评价的研究一直是理论和实践界关注的焦点问题之一。"三留守"教育救助绩效评价，就是采用定性与定量相结合的方法对"三留守"教育救助实施绩效进行评价。通过绩效评价可以判断"三留守"教育救助具体工作是否到位，是否达到预期目的，以便及时采取措施进行整改。明确"三留守"教育救助实施绩效评价的作用和意义，探索评价方法，建构指标体系、评价模型，是获得真理性结论的前提条件。

第一节　农村"三留守"教育救助体系实施绩效评价的作用、意义及方法

　　要对"三留守"教育救助体系实施的过程及其效果进行科学、客观、公正的综合评判，从定性和定量角度来评价救助效果，必须在思想上明确"三留守"教育救助体系实施绩效评价的作用和意义，探索科学的评价方法，才能科学地建立起评价指标体系和评价模型，得出真理性的结论。

一、"三留守"教育救助体系实施绩效评价的作用

　　"三留守"教育救助体系实施绩效评价对于提高教育救助主体的自觉性、教育救助效果的效益性、教育救助政策实施的规范性、教育救助实施行为的导向性都有巨大的作用。

(一) 提高教育救助主体的自觉性

"三留守" 教育救助体系实施绩效评价具有提高教育救助主体自觉性的作用。绩效评价的导向作用十分明显,"三留守" 作为一种社会现象,虽然已经出现了近半个世纪,教育救助活动全社会都在呼吁,但是没有形成系统的教育救助体系,更没有形成科学的 "三留守" 教育救助体系实施绩效评价的指标体系,相当一部分领导和工作人员都有 "走到哪里黑,就在哪里歇"——救助到什么样子就是什么样子的 "当一天和尚撞一天钟" 的思想,还有个别的连钟都不想撞,造成今天除学校对留守儿童实施教育救助还有一定成效外,留守妇女和老人基本上处于自发状态。这种现象追究其认识根源就在于:"三留守" 教育救助主体头脑中没有教育救助的概念,因此没有坚决实施教育救助体系的自觉性。这种状况严重影响了 "三留守" 教育救助的绩效,只有科学设计 "三留守" 教育救助体系实施的评价指标体系,并将这一体系在 "三留守" 教育救助主体中生根发芽、开花结果,才能减少救助的不作为,才有可能按救助计划实施救助,充分发挥主体的主观能动性。

(二) 提高教育救助效果的效益性

"三留守" 教育救助体系实施绩效评价具有提高教育救助效益性的作用。如果 "三留守" 教育救助体系实施绩效评价的指标体系科学,能指导教育救助全过程必然有利于提高教育救助体系的实施效益。"三留守" 教育救助活动除留守儿童以外一直处于自发状态,没有形成科学、系统的 "三留守" 教育救助的绩效评价指标体系;各级政府,特别是学校凭经验判断留守儿童教育救助的绩效有一定的进展;开展 "三留守" 教育救助体系实施绩效评价的研究有利于自觉地按照科学的 "三留守" 教育救助体系实施绩效评价指标体系来评价救助的实施效果,这样对于提高 "三留守" 教育救助体系的实施效果作用十分明显。

从直观上看,"三留守" 教育救助体系实施在留守儿童救助领域效果明显,特别是民政救援流浪儿童成效显著,但留守妇女和老人的教育救助效果并不明显。如果科学设计"三留守"教育救助体系实施绩效评价的指标体系,政府和牵头部门自觉运用这个指标体系来指导教育救助,效果将更明显。

(三)提高教育救助政策实施的规范性

"三留守"教育救助体系实施绩效评价具有强化救助活动规范性的作用。进行"三留守"教育救助体系实施绩效评价,有利于救助政策的实施规范性的提升,保证政策实施按政策设计的基本要求执行,并取得救助的预期效果,有利于"三留守"教育救助目标的实现。

"三留守"教育救助体系实施评价指标体系必然涉及谁来实施、怎样实施、实施效果怎样等指标。到目前为止,还没有一个科学评价"三留守"教育救助体系实施的指标体系,也就是说实施过程是否规范、实施政策是否偏离,实施效果是否明显等具体指标并不明确,至多只有定性的指标,而无定量的指标。建立实施绩效评价指标体系后,各级政府、牵头部门、组织实施的机构以及参与的社会群团组织都明确各自的责任、救助的预期效果,不仅各级政府负有直接的责任,而且牵头部门和实施部门同样负有无可推卸的责任。实际上绩效评价直接是对"三留守"教育救助的主管部门、牵头部门、实施部门的教育救助活动做出客观评价,评价的结果必然十分有利于规范"三留守"教育救助体系实施的行为,使其实施行为进一步程序化、规范化,进而提高救助水平。

(四)提高教育救助实施行为的导向性

任何一个评价指标体系都有导向的作用——指标就是一个标杆——达到的标准,"三留守"教育救助体系实施绩效评价指标体系本身是评价教育救助实施的标杆,只有达到这个指标,教育救助工作才符合要求,否则教育救助活动无效。因此,"三留守"教育救助体系实施绩效评价的指标体系具有引导救助工作向这个指标靠近的功能。"三留守"教育救助在很长时间内都没有自己的单独评价目标,很大程度是实施模糊、绩效评价指标不明确——没有一个科学的"三留守"教育救助体系实施绩效评价指标体系导向,因而整个救助工作或多或少存在着非自觉性,至少是存在着经验性的倾向。

如果科学地设计"三留守"教育救助体系实施绩效评价体系,引导实施部门和人员按照指标体系的要求来操作就必然使救助工作更加规范、更卓有成效。这种导向性的作用是非常明显的。

二、"三留守"教育救助体系实施绩效评价的意义

"三留守"教育救助体系实施绩效评价不仅对教育救助体系的有效实施具有巨大的促进作用,而且还具有十分重大的理论意义和实践意义。

(一)"三留守"教育救助实施绩效评价的实践意义

"三留守"教育救助绩效评价推动科学决策。科学做出"三留守"教育救助的规划,对人、财、物统筹安排,控制实施全过程,检查实施效果都离不开科学地评价救助绩效。如果"三留守"教育救助体系实施的绩效评价指标体系不科学或者是不完善,就必然导致救助资金超计划使用,直接影响到救助的实效,因此,"三留守"教育救助实施的绩效评价体系为县政府,特别是牵头部门做出科学的救助决策、做出科学规划并组织有效实施有十分重大的意义。

"三留守"教育救助绩效评价规范实施过程。"三留守"教育救助活动时空跨度很大,涉及的人、财、物量多且分散,因而很难有效控制救助全过程。而绩效评价本身又是一种结果评价,如果能够关口前移——从计划开始,就能实现全方位的过程控制,计划控制首先就涉及定性定量的评价指标,只有将科学评价指标体系贯穿于救助活动的全过程才能变终端控制为过程控制,以保证评价指标转化为工作指标。"三留守"教育救助主体自觉控制自己的救助行为,使其符合评价指标要求,评价指标的科学性决定了救助过程的有效性,控制了因管理幅度宽、管理层次多而造成的过程离散。评价指标自始至终成为"三留守"教育救助活动的标杆,而"三留守"教育救助实施的绩效评价指标体系直接关系到教育救助工程是否按计划开展,是否按计划对出现的偏离自觉

整改。只有科学的评价体系贯穿活动的全过程才能保证救助活动落地见实效,"三留守"教育救助要体现实施本身就要求评价指标体系必须公正、公开、公平、科学。评价指标体系的科学性决定着活动过程的规范性、评价结果的公正性。

"三留守"教育救助绩效评价提高救助水平。尽管"三留守"教育救助绩效评价体系是一种结果评价,但是教育救助结果是通过救助过程来实现的,如果能够事先设计一个科学的"三留守"教育救助体系实施绩效评价体系,那么就有可能把管理的关口前置,变终端管理为过程管理,也就是说在"三留守"教育救助过程中控制无效和偏离行为,而不是出了问题再来评价,再来提意见,再来整改;同时,在评价实践中发现指标体系不适应评价对象而产生较大误差时,则可及时调整评价指标体。正是"三留守"教育救助评价对教育救助活动的这种意义,才把教育救助实施活动的偏离率控制在实施主体的视野范围内,才能在救助活动过程中减少失误,从整体上提高救助水平。

(二)"三留守"教育救助实施绩效评价的理论意义

"三留守"教育救助体系实施绩效评价还有一定的理论意义,尽管"三留守"教育救助绩效评价本身是一个实践问题,但是仍然有着重大的理论意义。

"三留守"教育救助绩效评价推动模糊评价理论的发展。"三留守"教育救助体系实施评价很难科学量化,将不能量化的评价对象量化就需要建立模糊数学模型。模糊数学的一般原理就必然渗透到评价过程和结果,把定性分析和定量分析相结合,把定性变成定量,使这种分析进一步量化、科学化,这种分析尽管还很肤浅,也停留在模糊数学的应用层面,但是这种分析特别是形成的系统的评价体系必然对模糊数学的应用理论有一定的促进作用。

"三留守"教育救助绩效评价丰富系统工程理论。系统工程是研究系统内部的信息传递、传输、处理、控制,而"三留守"教育救助绩效评价体系本身就是一个系统工程，涉及到"三留守"教育救助的方方面面。时间跨度很长——多则几百年，少则几十年；空间跨度很大——从中央到地方；涉及的人员很广——救助主体从政府到群团、志愿者，救助的客体从儿童到妇女再到老人，还有占全国人口四分之一的农民工。巨大的评价量，各自的情况又千差万别，不仅需要运用系统工程的理论从总体上把握，评价本身就是一项庞大的系统工程。评价体系的构建和实施丰富了系统工程的理论体系。

"三留守"教育救助绩效评价拓宽评估学研究领域。评估虽然自古有之，但作为一门学科却是 20 世纪 50 年代兴起，21 世纪初得到迅猛发展的。我国历来注重评估实践经验总结，近年来理论探索也越来越深入。"三留守"教育救助是一个新课题，而实施绩效评价则是新开拓的一个领域。通过"三留守"教育救助绩效评价，一方面能科学衡量构建的体系、出台的政策真理性的程度；另一方面，总结的新经验、抽象的新结论又不断地丰富了评估学的理论系统；，这种研究领域的拓展、研究结论的创新是学科发展不竭的源泉，评估学正是在不断开拓新领域、研究新问题、总结新经验中不断发展、丰满的。

三、"三留守"教育救助体系实施绩效评价的方法

绩效评价方法的研究一直是人们十分关注的问题之一，因为它关系到对组织和个人的行为所产生的效果做出科学的评价，并根据这个评价实施奖惩，建立科学的激励约束机制。"三留守"教育救助实施的绩效评价方法关系到能否对教育救助的实施结果进行合理、有效、客观的评价，进而对"三留守"教育救助体系进行正确的评判，发现存在的不足，提出针对性的解决方法，并科学地总结教育救助经验，在此基础上形成"三留守"教育救助的方法论是非常必要的。

方法是过河的桥，是达到目的的手段，计量、经验、综合、模糊等构成"三留守"教育救助实施效果评价的方法论。

（一）计量评价方法

"三留守"教育救助计量评价方法——通过揭示"三留守"教育救

助过程中常量与变量之间、变量与变量之间的内在联系及其相互关系，并用定量的手段测算相关指标的绝对值，而将测算结果进行综合计量的一种评价方法。计量评价法的关键就是定量和测算。最常用的计量评价法主要有以下几类：

1. 秩和比（RSR）法

秩和比法，是利用秩和比 RSR（Rank－sum ratio）进行统计分析的一组方法。RSR 是一个内涵较为丰富的综合性指标，具有 0—1 连续变量的特征，它以非参数分析方法为基础，通过指标数（列）、分组数（行）作秩的转换，再运用参数分析的概念和方法研究 RSR 的分布，解决多指标综合评价问题。

秩和比（RSR）法的评价步骤：（1）要评价的各项指标进行编秩；（2）指标的秩和比（RSR）；（3）RSR 的分布；（4）求回归方程；（5）排序分档。

秩和比（RSR）法的优点：以非参数法为基础，对指标的选择无特殊要求，适于各种评价对象；计算用的数值是秩次，可消除异常值干扰，合理解决指标值为零时在统计处理中的困惑；融合了参数分析的方法，结果比单纯采用非参数法更为精确；使用范围广泛，不仅可以解决多指标的综合评价，而且也可用于统计测报与质量控制中。

秩和比（RSR）法的不足：由于指标采用秩代换，对原始定量指标的信息利用不充分，会丧失一些信息；最终算得的 RSR 值反映的是综合秩次的差距，而与顺位间的差异程度大小无关；当 RSR 值实际上不满足正态分布时，分档归类的结果与实际情况会有偏差，且只能回答分级程度是否有差别，不能进一步回答具体的差别情况。①

运用秩和比（RSR）评价原理分析"三留守"教育救助体系或政策的实施效果，不仅可以解决"三留守"教育救助多指标的综合评价

---

① 邹学荣：《三峡库区移民资金监管模式研究》，河南人民出版社 2011 年版，第122 页。

问题，而且还可将统计数据作评价依据，但要克服分档归类结果与实际情况的偏差，采用辅助方法控制离散率。

2. TOPSIS 法

TOPSIS（Technique for order preference by similarity to ideal solution）法，即逼近理想解排序法，意为与理想方案相似性的顺序选优技术，是系统工程中有限方案多目标决策分析的一种常用方法。在 TOPSIS 方法中，关键是指标选择与权重分配。

TOPSIS 法是基于归一化后的原始数据矩阵，找出有限方案中最优方案和最劣方案（分别用最优向量和最劣向量表示），然后分别计算诸评价对象与最优方案和最劣方案的距离，获得各评价对象与最优方案的相对接近程度，以此作为评价优劣的依据。相对接近度取值在 0 与 1 之间，该值愈接近 1，表示评价对象越接近最优水平；反之，该值愈接近 0，表示评价对象越接近最劣水平。

TOPSIS 法的评价步骤：（1）建立数据矩阵；（2）使指标具有同趋势性；（3）数据归一化；（4）确定指标最优值和最劣值；（5）计算评价单元指标值与最优值和最劣值的距离；（6）计算各评价单元指标与最优值的相对接近程度；（7）按接近度大小对各评价单元优劣进行排序。

TOPSIS 法的优点：结构合理、排序明确、应用灵活；充分利用原始数据信息，排序结果能定量反映不同评价对象的优劣程度，直观、可靠；对数据无严格要求；能消除不同量纲带来的影响，因而可同时引入不同量纲的评价指标进行综合评价；TOPSIS 法与秩和比法结合应用，既能排序又能合理分级，前者能为后者提供定量依据。

TOPSIS 法的缺点：只能反映各评价对象内部的相对接近度，并不能反映与理想的最优方案的相对接近程度；灵敏度不高。①

运用 TOPSIS 法评价原理分析"三留守"教育救助体系或政策的实

---

① 邹学荣：《三峡库区移民资金监管模式研究》，河南人民出版社 2011 年版，第 123 页。

施效果，能充分利用原始数据信息，消除不同量纲带来的影响，既能排序又能合理分级，能将多目标评价结果进行有机综合，得出相对真理性的结论，但要克服灵敏度不高的缺点。这种方法"三留守"教育救助实施效果评价可借用。

（二）经验评价法

"三留守"教育救助经验评价法——评价者依据"三留守"教育救助已有的经验、资料、信息结合正在变化或者在判断变化趋势的基础上对结果做出评价的方法。这种方法受评价者的主观经验、阅历、知识结构影响比较大。但是可以对评价者进行组织，把多个评价者的评价综合起来，也具有较大的科学性。按评价主体最常用的评价方法的不同，可分为比较评价法、因素评价法和层次评价法三类。经验评价法最关键是评价主体的选择，领导、专家、专业人员是主要评价主体，但选择时必须根据评价对象确定三者的比例，还应考虑留守儿童、妇女、老人的不同教育救助对象的因素，一般情况留守儿童由教育行政部门、学校的领导，教师、研究人员，管理人员组成评估主体团队；留守妇女则由妇儿工委、妇联的领导，教师、研究人员，村居委会主管人员组成评估主体团队；留守老人则由民政局、老龄委的领导，教师、研究人员，村居委会主管人员组成评估主体团队，这些人员占的比重可根据实际评估需要做临时调整，一般3∶3∶3的比重安排，余1作机动。

1. 比较评价法

比较评价法是"三留守"教育救助评价主体依据已有的经验对实施效果在时空上进行比较，并做出判断的一种评价方法。这种评价方法要求领导、专家、专业人员根据需要确定比重，评价结果具有一定的综合性，但是以经验评价为主。这种评价又分三种比较：

目标预定与实施效果比较法。以"三留守"教育救助体系实施效果与预定目标的差距评价起点，统计完成率，分析完成或未完成目标的原因或制约因素，从而对"三留守"教育救助实施进行绩效评价。

纵向比较法。纵向比较法又称时间序列法，将历史上各个时期"三留守"教育救助的实际效果进行纵向比较，从而对教育救助情况进行前后对比，查明教育救助发展的变化趋势，得出"三留守"教育救助体系实施的动态评价结论。

横向比较法。横向比较法又称空间布局分析，将相同或近似的"三留守"教育救助项目或班次在不同地区实施结果进行横向比较分析，找到"三留守"教育救助项目或班次实施的具体差异，进而综合寻找各地的空间差异，并找到这种差异产生的原因，以利于调整教育救助战略和策略。

"三留守"教育救助比较评价法主要依据是领导、专家、专业人员已有的经验，然后将三者的经验评分进行统计，得出评价参数，实际是一种近似的评价法，也带有较强的主观性。

2. 因素评价法

因素评价法是评价主体依据经验首先确定所有影响"三留守"教育救助体系实施的内外因素，然后再根据经验决定这些因素对教育救助的影响程度，再由评价主体根据自己的经验对不同因素的不同影响程度打分。最后，将打分的结果加起来除以专家人数，得到每个因素的平均值。"三留守"教育救助体系的有效实施取决于留守人员接受教育救助的需求、领导干部的认识程度、设备硬件是否齐备、教师教材是否准备充分、资金是否到位等因素。通过领导、专家、专业人员组成的评价团队对这些因素的分析进行综合评价，形成全方位、多角度的评价结果，再将这些结果进行统计分析，形成相对准确的判断。但使用因素分析法时，列举的内外影响因素应尽可能的多，以使评价的结果更客观。

3. 层次分析法

层次分析法（Analytica Hierarchy Process，AHP）是"三留守"教育救助主体运用系统分析的方法，对评价对象依据评价目的所确定的总评价目标进行连续性的分解得到各级（各层）评价目标，并以最下层作为衡量目标达到程度的评价指标，然后依据一定方法通过这些评价指标对评价对象的总评价目标计算出以综合评分指数，以其大小来确定评价对象的优劣等级。

层次结构是"三留守"教育救助评价主体运用层次分析法将决策过程定量化的基础。主体根据自己对问题的认识，或是根据现有文献的结果，整理出影响"三留守"教育救助实施效果的因素以及因素间的相互关系，将决策目标细化。在问题求解过程中，运用"问题归约方法"，将"三留守"教育救助体系实施这个复杂的无结构评价问题分解成若干部分，并按照基本变量的关系，把这些部分分组形成递阶的层次结构，上一层次对相邻的下一层次的全部或某些元素起着支配作用，这样就形成"三留守"教育救助层次间自上而下的逐层支配关系，这种层次通常被学者们分为目标、准则、措施等三个层次。

"三留守"教育救助实施效果层次分析法分 10 步走：目标分解——通过分析"三留守"教育救助这一复杂系统所包含的因素及其相互关系，对总评价目标进行连续性分解，将问题分解为不同的要素，并将这些要素归并为不同层次；建立目标图——画出"三留守"教育救助实施系统相关图；目标树打分——在图上按目标树的分支情况对每一目标按自上而下分层次一一对比打分，建立成对比较判断判断优选矩阵；计算出权重系数——根据各个目标在评价中的作用确定权重系数；计算归一化权重系数——用权重系数乘以实际评价定量；求判断矩阵的最大特征根；用一致性指标检验该项目的相对优先顺序有无逻辑混乱；计算各评价指标的组合权重系数；求出综合评分指数：应用 Saaty 氏提出的计算各层评价因子组合权重的方法——乘积法；求出综合评分指数对评价对象的总评价目标进行综合评估。在这一分析方法中关键是"三留守"教育救助实施中各种目标的具体作用确定，权重大小是关键环节。

层次分析法的优点：原理简单、层次分明、因素具体、结果可靠；不仅可用于同一单位不同时期的纵向比较，也可用于不同单位同一时期的横向比较；指标对比等级划分比较细，能充分显示权重作用；没有削弱原始信息量；能客观检验其判断思维全过程的一致性；能对定性与定量资料综合进行分析，特别适用于那些难以完全用定量指标进行分析的复杂问题。

层次分析法的缺点：构建递阶层次结构的过程比较复杂，各层因素较多时两两判断比较困难，计算比较复杂；在权重的确定上，由于有评价人的参与，评价结果难免受评价人主观因素的影响。

层次分析法是一种定性和定量相结合，系统化、层次化的分析方法，由于在处理复杂决策问题上的实用性和有效性，其在科学技术、经济计划和管理、环保、行为科学等领域中有着广泛的应用。

在这里值得一提的是，任何计量评价方法都不是纯之又纯的计量评价，都有其他评价方法杂在其中，但主体评价方法是计量评价；同样，任何经验评价法也不是纯之又纯的经验评价，也有其他方法杂在其中，但主体评价方法是经验评价，这是我们研究的时候一定要说明的。

"三留守"教育救助实施效果层次评价法在实施中还面临经验评价依据是否充分，评价结果是否符合评价对象的实际，因而克服评价偏差，将离散率控制在一定的范围，以克服经验评价的主观性，使评价结果更接近"三留守"教育救助的客观实际。

（三）综合评价方法

"三留守"教育救助体系实施综合评价方法从大的方面来说，是把计量评价和经验评价的方法交替使用，评价的指标是综合的，方法是综合的，结果是综合的。综合评价方法是相对于以计量评价方法为主体或以经验评价方法为主体的评价方法而言的。下面我们分别对综合评价方法的评价要素和一般的综合评价方法加以介绍：

1. 综合评价方法的关键要素

"三留守"教育救助体系实施综合评价的关键要素是：评价主体、评价对象、评价目的、评价指标、权重系数、综合评价模型及评价结果。重点是评价指标体系和评价模型的建立。

评价主体——是指采用一定的方法和技术对"三留守"教育救助体系实施进行综合评价的上级主管部门或受托第三方。评价主体的经验、水平、选择的方法是否科学，直接影响到评价的结果。"三留守"教育救助体系实施绩效评价的主体一个是上级主管部门所做的评价，这种评价从实质上说是对自我工作的自我评价。另一个主体是主管部门聘请的第三方，对"三留守"教育救助体系的实施绩效进行评价，这种评价的主体与"三留守"教育救助体系实施主体没有利害关系，因而能较公正地对教育救助绩效进行评价，得出比较让人信服的结论。

评价对象——是指"三留守"教育救助体系实践活动本身。具体说，一是评价"三留守"教育救助体系设计是否科学、合理，包括教育救助组织、制度、机制体系是否从实践中来，真实地反映了实践过程的基本矛盾及其解决方式；二是评价"三留守"教育救助体系实施过程是否科学，组织、人员、工作是否到位，监督控制是否得力，偏离整改是否到位，实施效果是否明显——这个效果可分为"三留守"教育救助体系实施效果和偏离整改回归效果。前者即是否真正实现了"三留守"教育救助的数量、质量目标，对"三留守"自己、家庭、桑梓的发展有什么贡献；后者即是通过评价发现问题是否真正开展整改——不折不扣地按事先的教育救助计划实施教育救助。如果执行主体乱打折，整改是否到位，造成的损失是否追究责任。

评价目的——是指综合评价最终要达到的科学、公正、客观地评价"三留守"教育救助体系实施活动过程和结果。"三留守"教育救助体系实施过程是否按程序有无超越程序的现象，只有实施程序公正、正义，才能保证实施过程不打折扣。对"三留守"教育救助体系实施绩效进行科学、公正、客观的评价，以便总结经验、克服问题、改进救助工作，使救助活动更到位，真正将救助活动落到实处，以保证留守儿童、妇女、老人得到有效的救助，坚决杜绝数字救助、统计救助、检查救助的干扰，真正实现客观公正、科学地评价"三留守"教育救助的过程和结果，从而使救助对象得到实惠而自我救助能力空前提高。

评价指标——是指评价主体凭借经验、惯例、客观评价需要而设立的有关"三留守"教育救助绩效评价指标的总称，是进行评价的基础。评价指标有静态指标和动态指标、定性指标和定量指标之分，它们在一定条件下可以相互转化，如定性指标经过各种处理可以转化为定量指标。"三留守"教育救助实施绩效综合评价的方法离不开依据主体的经验、惯例和科学评价的需要，分析各评价指标对结果的影响，挑选那些具有代表性、确定性的指标为主干，把非确定性指标量化，形成既有区别又相互联系的评价指标体系。评价系统的复杂性决定了指标筛选的不确定性。在众多的指标中，筛选出灵敏、便于度量且内涵丰富的主导性指标作为"三留守"教育救助体系实施评价指标是比较困难的。根据指标的可得性和统计口径范围的限制，筛选"三留守"教育救助体系实施指标应遵循科学性、可操作性、相对完备性、相对独立性、针对性等原则。系统分析法和文献资料分析优选法是常用的评价指标筛选法。

权重系数——是指"三留守"教育救助体系实施评价主体依据经验、知识水平、惯例和科学评价的需要来确定的每项指标的系数，权重系数确定的客观依据是评价指标在评价指标体系中的重要程度，一般说来越重要系数就越大。"三留守"教育救助体系实施评价指标中最重要的指标应该是教育救助的效果，因而权重系数最大。对权重系数的确定分为主观定权法和客观定权法两类。主观定权法包括专家评分法（specialist – scored method）、成对比较法、Satty 权重法等；客观定权法包括模糊定权法、秩和比法、熵权法和相关系数法等。不管运用什么方法，各权重应满足归一性和非负性的条件。科学、合理、完善的指标权重系数，直接关系到"三留守"教育救助体系实施评价结果的客观性、公正性、准确性和科学性，应审慎对待。对"三留守"教育救助体系实施绩效评价，可以通过问卷调查、专家调研等方法确定教育救助的指标体系及对应的权重系数。

综合评价模型——是指评价主体为了评价科学简便而根据需要建构的数学模型。"三留守"教育救助既是一个新课题，又是一个不确定因素多、很难科学评价的难题，其模型的设计、指标的相关性揭示的难度都很大，因此首先必须研究设计的模型体现的指标体系之间常量与变量、变量与变量之间的内在的逻辑关系，内在的数量关系。建立"三留守"教育救助体系实施数学模型必须把相关的指标纳入这个模型中。"三留守"教育救助体系实施绩效评价，可利用综合评价方法中的典型方法——模糊综合评价方法建立教育救助实施绩效的评价模型，进一步提高评价结果的科学性、精确性。

评价结果——是指经过了以上程序，采用了以上的方法，最终得出的"三留守"教育救助体系实施评价结论，为下一步决策提供依据。评价结果的可靠性取决于"三留守"教育救助体系实施评价指标体系和评价模型筛选的科学性。通过对"三留守"教育救助体系实施的指标体系进行分析与综合比较，发现救助方式的不足，总结经验，提出相应的建议，以提高救助的决策水平。对"三留守"教育救助体系实施进行绩效评价，得出客观的、公正、科学、实事求是的评价结果，根据这个结果来做出进一步完善教育救助体系或者进一步完善教育救助绩效评价体系的决策。

2. 综合评价方法

常用的综合评价有两种类型：一是综合排序，二是根据取值范围和对应的评语进行评价。综合评分法，TOPSIS 法，秩和比（RSR）法，综合指数法，模糊综合评价方法，属性综合评价方法，因子分析法等都是综合评价法。

综合评分法（Synthetical Scored Method）——是建立在专家评价法基础上的一种重要的综合评价方法。它是对不同技术方案设置多项指标，通过"给分"进行综合评价的一种数量分析方法。

"三留守"教育救助绩效综合评分法按以下步骤进行：首先，根据"三留守"教育救助评价目的及评价对象的特征确定必要的评价指标。其次，根据重要程度对各个指标定出评价等级，每个等级的标准用分值表示。各指标分值的确定方法有：专家评分法、离差法、百分位数法、标准分法；总分计算法有：累加法、连乘法、加乘法、加权法。再次，以恰当的方式确定各评价指标的权数。最后，选定累计总分的方案以及综合评价等级的总分值范围，以此为准则，对评价对象进行分析和评价，以决定优劣取舍。

综合评分法的应用范围：综合评分法既吸取了综合定性分析的优点，又将多项指标变为同度量值，给予一个综合型的量化概念，"三留守"教育救助体系实施绩效评价最好能相对准确量化，而综合评分既能掌握各指标的差异，又能得出整体结论，是一种可以借助的分析评价方法。

综合指数法——是指运用数学方法将多个指标的实测值或其转换量综合在一起，以产生一个综合指数作为对于待评价个体进行综合评价或比较的指标的一种方法。指数是一种特定的相对数，按所反映的总体范围不同可分为个体指数和总体指数。反映某一事物或现象的动态变化的指数称为个体指数；综合反映多种事物或现象的动态平均变化程度的指数称为总指数，它说明多种不同的事物或现象在不同时间上的总变动，实际上是反映多种不同事物的平均变动的方向和程度的相对数，系一种多因素的指数。综合指数是编制总指数的基本计算形式，具体可用的方法有加权线性和法、乘法合成法和混合法等。

综合指数法分四步进行：选择适当的指标；确定权重；根据实测数据及其规定标准，综合考察各评价指标，探索综合指数的计算模式合理划分评价等级；检验评价模式的可靠性等。综合指数法具有易于操作、适用范围广、评价结果客观等优点。"三留守"教育救助体系实施绩效评价引进综合指数评价法，可通过教育救助指标的实测值与标准值或中位数或平均数相比较而得出绩效评价值，评价结果客观、公正，但在实际运用中应尽量克服权重加大导致偏离率较高、灵敏度不高的局限。

模糊综合评价法——是根据给出的评价标准和实测值，经过模糊变换对事物做出评价的一种方法。"三留守"教育救助体系实施过程涉及的人、财、物都很广，管理层次多，在评价时必须同时考虑各种因素，很多问题往往难以用一个准确的数值表示——模糊性非常明显，模糊综合评价是切实可行的方法。

"三留守"教育救助体系实施绩效评价一般通过综合考虑各个影响因素，对"三留守"教育救助的决策、实施的制约，而这些因素影响的结果不是绝对地肯定或否定，只能以一个模糊集合来表示。模糊综合评价法是模糊数学的具体应用，其评价模型是由（U V R）三个基本集合条件构成的。U 为评价对象的因素集，因素就是评价对象的各项考核指标；V 为评语集，评语就是评价中对评价对象给出的评价等级，如优、良、中、差等；R 为单因素评价模糊矩阵，单因素评价就是对因素集中的每个因素，根据评语集中评价等级做出模糊判断——即可考核指标关于评语的隶属度大小。

应用模糊综合评价一般分五步走：建立指标集合；建立标准集合；建立模糊关系矩阵；建立权重模糊矩阵；计算模糊综合评价矩阵。"三留守"教育救助体系实施绩效评价很多指标很难精确量化，最终要得到相对真理的评价运用模糊综合的方法可将不能量化的变量量化，是一条达到科学评价的终南捷径。

因子分析法——是用少量的综合指标代替多个可观测变量，所得的综合指标为原来变量的线性组合的一种方法。"三留守"教育救助体系实施评价借助因子分析法——通过研究救助主体、对象、活动等相关矩阵内部依存关系，将救助过程中多个变量综合为少数几个因子，揭示因子之间相关性，以得出综合评价的结论。因此，运用因子分析法可以对"三留守"教育救助体系实施绩效评价指标进行分层归类，把同一概念层次上的指标归为一类。

运用因子分析法分析"三留守"教育救助体系实施绩效评价指标体系，分三步走：首先，将可能影响绩效的指标罗列出来，并设计调研问卷；在问卷设计时，为了使问题量化，也要采用模糊数学的方法，即把问题的定性化答案分别赋予数值，使之定量化。其次，运用因子分析法对"三留守"教育救助指标变量进行归类、精简和分层。最后，确定"三留守"教育救助各类指标的权重。因子分析法与层次分析法在对定性问题进行定量化描述时，均运用模糊数学方法。

因子分析法具有根据指标间相关性的紧密程度进行归类，运用统计方法对获得的问卷数据进行分析，各指标的评价值都是从数学变换中伴生的，结果客观实用，可以反映"三留守"教育救助实际效果，容易获得大样本数据，保证获得正确分析结果等优点。只需要运用回归分析或路径分析中的 AMOS 法来克服问卷设计的科学性、调查分析的合理性等就能保证对"三留守"教育救助实施效果做出公正、科学的评价。

主成分分析方法——主成分分析（PrincipalComponentAnalysis），也称主分量分析，它是指将多个指标化为少数互相无关的综合指标的统计方法。"三留守"教育救助实施绩效评价综合指标是一种新的变量，是教育救助多个变量的线性组合，且彼此互不相关，能反映原来多个变量的信息的组合。"三留守"教育救助实施绩效评价综合指标叫做原来变量的主成分。该方法具有降低数据空间的维度、简化系统结构、抓住问题实质的优点，只要克服信息重叠增加分析问题复杂性，减少盲目性等问题就能对"三留守"教育救助实施做出符合实际的评价。

（四）模糊评价法

计量、经验、综合等评价方法都已经涉及一些模糊数学的理论与实践，但是把模糊数学作为一种科学的评价方法，特别是作为"三留守"教育救助实施绩效的评价方法还是首次。模糊数学是 1965 年美国加利福尼亚大学控制论专家扎德（L. A. Zadeh）教授在《信息与控制》杂志上发表的开创性论文《模糊集合》为标志而诞生的。模糊数学是因实践的需要而产生的，在日常生活中模糊概念处处存在，但是作为科学研究又迫切地需要将模糊概念和现象定量化、数学化，促进人们必须寻找一种研究和处理模糊概念和现象的数学方法。①"三留守"教育救助实施绩效评价本身涉及很多模糊概念——只能做定性的描述而无法作定量的分析，如果要做定量分析必须引进模糊数学的方法——运用模糊数学的原理把那些模糊现象条理化、程度化、层次化、清晰化、确定化——尽管仍然具有模糊的痕迹，但毕竟经过处理以后变得更清晰、更确定。由于下面将集中介绍模糊数学评价方法，在这里就不赘述了。

"三留守"教育救助实施绩效评价涉及的指标、管理层次、面临的变化都带有很多不确定性，运用任何一种方法进行绩效评价都有顾此失彼的感觉，因而需要将几种评价方法综合运用，至少以一种方法为主，吸收借鉴其他方法的优点，形成具体评价方法。这种方法选择，评价主体根据自己需要，带有极大的主观性，建议最好采用模糊评价的方法，真正得出模糊评价不模糊的结果，才能真正总结成绩、找到问题、以利再战。

第二节　农村"三留守"教育救助绩效评价指标体系及模型建构

农村"三留守"教育救助实施绩效评价指标体系是教育救助的领导、制度、机制、实施程序、实施效果等组成的有机结构。"三留守"教育救助实施绩效评价的对象是"三留守"教育救助实施过程及其效果，科学地确定"三留守"教育救助实施绩效评价指标体系是准确评价教育救助效果的基础，评价指标体系是由多个相互联系、相互作用的评价指标，按照一定层次结构组成的有机整体，是综合评价的前提。评

---

① 谢季坚、刘承平：《模糊数学方法及其应用》，华中科技大学出版社 2006 年第三版，第 1 页。

价指标借助一定的数学模型，才能落到实处。

一、"三留守"教育救助绩效评价指标体系建构

"三留守"教育救助绩效评价指标体系的构建必须遵循综合性、科学性、公正性、客观性、相关性的原则，采用经验确定和数学的方法，才能建构先进合理、针对性强的"三留守"教育救助实施绩效评价指标体系，最终做出公正、科学、客观、全面、正确的评价。

（一）"三留守"教育救助绩效评价指标体系建构的原则

科学建构"三留守"教育救助实施绩效评价指标体系就必须首先确定原则，只有在原则规范，才能促进指标设计科学、体系完善。

综合性的原则。因为"三留守"教育救助实施的绩效评价指标不是任何单向指标能够做出科学评价的，它必然是由多个指标组成的指标体系，而且这些指标既涉及"三留守"教育救助制度、实施过程、结果等，又涉及组织、实体、程序制度等，正因为"三留守"教育救助实施的复杂性、获取正确评价结果的艰巨性，运用评价方法的多样性，决定了评价指标体系的综合性。综合性的原则是确定"三留守"教育救助绩效评价体系的基本原则。

科学性的原则。"三留守"教育救助从时间上看相对较长，从空间上看涉及面广，而需要控制、评估、评价的项目很多，我们只能选择"三留守"教育救助实施绩效评价相关的指标，而选择的标准必然是能否科学的评价"三留守"教育救助实施绩效，更何况指标的筛选也要求方法科学，只有筛选那些相关、联系紧密的指标，才能做出科学的评价。

公正性原则。公平、公正、公开是"三留守"教育救助实施绩效评价活动中普遍遵循的原则，公正是最核心的。只有公正地选择评价指标体系，运用公正的手段进行指标的处理才能得出公正的结论。如果指标本身具有明显的倾向性——不公正，特别是在确定指标权重的时候有明显的倾向性，就必然导致评价结果的误差，得出非公正的结论。公平是实现公正的手段，公开是公正的保证。

客观性的原则。"三留守"教育救助实施是一个客观存在的事实。实施所取得的巨大成就以及存在的问题，都是现实存在的。我们在确定"三留守"教育救助实施绩效评价指标体系的过程中，尽量避免主观性和随意性，以尊重事实为基础；正确的、全面的、客观地对"三留守"教育救助做出正确的评价。这种客观性要求在确定"三留守"教育救助实施评价指标体系以及每个指标的权重时依据客观存在的事实，而人为地增减任何影响客观评价的指标都应该彻底删除出去。

相关性原则。"三留守"教育救助实施绩效评价指标体系本身就要求指标与指标之间，指标与评价结果之间，评价结果与评价方法之间具有联系性，没有联系——与"三留守"教育救助实施绩效评价无关或关系不大的指标，一定不能纳入指标体系中。也就是说，所有指标的针对性、目的性都很强——针对"三留守"教育救助实施绩效的评价目的是这些指标都能达到科学公正评价的关键。

（二）"三留守"教育救助绩效评价指标体系建构的方法

方法是达到目的的手段，只有运用科学的方法才能达到科学的目的。科学建构"三留守"教育救助实施绩效评价指标体系必须采用科学的方法。指标体系建构常用的方法有两种，一是经验确定法，二是数学方法。将两种方法综合使用建构"三留守"教育救助实施指标体系以保证其真理性。

经验确定法。运用经验确定法来确定"三留守"教育救助实施绩效的所有指标。具体做法是由课题组聘请十名专门研究"三留守"教育救助的专家，把《"三留守"教育救助实施指标体系的建议》送到他们手里，请他们在《建议》的基础上、根据自己的经验和知识水平来确定"三留守"教育救助实施所有的评价指标，并确定每个指标在评价体系中的权重；课题组将专家确定的评价指标和权重进行统计分析，将统计结果中占专家总数70%以上确定的指标定为评价指标；并对专家权重指标进行统计分析，用简单平均法确定权重。这样就形成了"三留守"教育救助实施绩效评价的一般指标和权重指标，这是一个基础工作。

数学方法。运用数学的方法对用经验方法确定下来的指标进行测算，也对权重进行了测算，最后确定"三留守"教育救助实施绩效评价的所有指标及其权重。具体做法是我们根据"三留守"教育救助实践提供的数据，运用统计分析的方法，进行定量分析，逐一确定具体的评价指标；运用加权的方法测算权重，运用回归的方法分析变量，然后将分析的结果和经验确定的指标进行比较，在比较后再进行进一步的测算。特别是对已经取得明显的"三留守"教育救助效果的数据进行数学分析。对《"三留守"教育救助实施指标体系的建议》付诸实践的指标做定量分析，对没有被实践证明的指标也做定量分析，根据综合权重纳入评价指标体系。

实质上是运用经验确定法确定"三留守"教育救助实施绩效评价的一般指标；用数学确定法对经验确定的指标进行定量分析，从量上确定这个指标的科学性、可靠性；而用数学确定法进行定量分析时又凭经验确定这个分析本身的现实性和可靠性。这样我们就把经验确定法和数学确定法有机地结合在一起，更增加了"三留守"教育救助实施绩效评价指标体系的科学性、公正性。

（三）"三留守"教育救助绩效评价指标体系构建

坚持以"三留守"教育救助绩效评价指标体系构建的原则为指导，运用经验确定法和数学确定法相结合的方法，参照《国务院关于加强农村留守儿童关爱保护工作的意见》（国发〔2016〕13号）的相关指标和参考《中国妇女发展纲要（2011—2020年)》、《老年教育发展规划(2016—2020年)》的相关条款，构建"三留守"教育救助实施绩效评价指标体系，为科学评价"三留守"教育救助实施绩效提供指标依据。运用经验确定和数学方法对"三留守"教育救助实施绩效评价指标作了梳理和选择，认为这个指标体系应该有以下三大类，具体情况如下图所示：

上图所示的"三留守"教育救助实施绩效评价指标体系，下面我

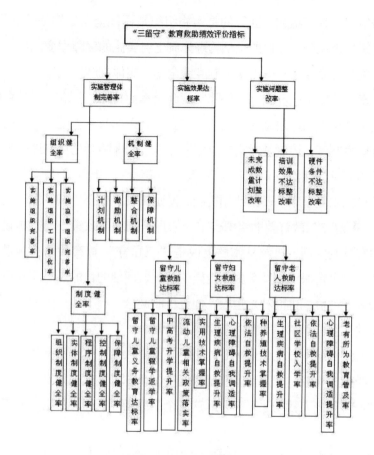

"三留守"教育救助绩效评价指标

们将分别用文字加以说明：

1. "三留守"教育救助实施的完善率

"三留守"教育救助实施绩效评价首先就涉及管理体制是否健全，这个体系尽管还没有产生绩效但是它是控制绩效的前提，这个指标体系又由三个二级指标组成，一是组织机构健全率，二是相关制度完善率，三是运行机制健全率。这三个二级指标实质上是从组织系统上潜在地影响着"三留守"教育救助的效果。

组织机构健全率——由实施组织完善率、实施组织工作到位率、实施监督组织完善率组成，回答的是实施组织是否健全、工作是否到位、监督组织是否完善，评估的是从管理体制上对实施的保障程度。

相关制度完善率——由组织制度健全率、实体制度健全率、程序制度健全率、控制制度健全率、保障制度健全率组成，"三留守"教育救助实施制度实施的对象是留守儿童、妇女、老人的教育救助，实施的过程则是程序制度，控制是对实施过程的监督，而保障则是从制度上维护实施活动的有效性。

运行机制健全率——由计划机制、激励机制、整合机制、保障机制组成，"三留守"教育救助组织实施的依据是制度或政策，而实施过程就必须有机制保证，机制从本质上说是"三留守"教育救助实施过程的必然性，也是保证制度实施不走样的基础，评估的目的是对正在运行的机制进行评价，进而补足短板，促进机制健全。

2. "三留守"教育救助实施效果达标率

绩效评价从本质上说最核心的指标是实施效果。这个指标体系是由三个二级指标构成，一是留守儿童救助达标率，二是留守妇女救助达标率，三是留守老人救助达标率，而这三个二级指标下面又分别设有三级指标：

留守儿童救助达标率——由留守儿童义务教育达标率、留守儿童辍学返学率、流动儿童入学高考政策落实率、中高考升学提升率组成，教育救助留守儿童是重点，评估指标中涉及义务教育、辍学返学、入学高考政策（流动儿童）、升学率等，其中辍学返学是政府、社会最看重的指标，权数应该加重。这些指标综合反映了留守儿童教育救助实施的绩效。

留守妇女救助达标率——由实用技术掌握率、生理疾病自救提升率、心理障碍自我调适率、依法自救提升率、种养殖技术掌握率组成，"三留守"中留守妇女任务最重，上照顾老、下照顾小，中间还需要挣钱，因而接受实用技术、种养殖技术的救助培训是为了赚钱补贴家用，而身心健康、法制培训则是特殊要求。妇女的这两大指标是评价教育救助实效的根本。

留守老人救助达标率——由生理疾病自救提升率、老年大学（社区学校）入学率、依法自救提升率、心理障碍自我调适提升率、老有所为普及率组成。老有所为对留守老人来说比较遥远，但也不能完全忽略，老人的自我救助是整个培训的核心，老年大学（社区学校）是培训载体；围绕老人教育救助需求开展教育救助是评估的着力点。

3. "三留守"教育救助实施问题整改率

"三留守"教育救助绩效评价的目的是为建立激励约束机制提供评估依据，便于总结经验、找到问题、以利再战，实施中的问题是"三留守"教育救助不能回避的，整改是解决问题的有效手段，通过调研"三留守"教育救助面临数量、质量、硬件不达标的整体状况，评估摸清问题，并搞清楚问题的严重程度，主要问题可分为三类：

未完成数量计划整改率——上级主管部门下达给具体实施部门的数量指标，一般以县为单位，将留守儿童、妇女、老人需要的救助对象以及他们对教育救助的要求进行梳理，形成不同的培训计划，由县统筹经费与人头配套，下达到乡镇（街道），组织村（居）委会实施，评估指标则是县政府下达的班次、人头的执行计划，评估发现班次或人头未按计划操作超过了30%则要求整改，整改率要求95%以上，只有这样才能在数量上保证计划的实施。

培训效果不达标整改率——任何教育救助或培训都必须坚持实效，按照培训目标，通过考试考核，检查个体效果，个体统计查明整体效果，如果按计划考核不合格率超过20%则算不达标，要求对不合格的回炉重铸，整改要求在95%以上。只有保证"三留守"教育救助的质量，才能保证花钱值。

硬件条件不达标整改率——社区学校（老年大学）要开展"三留守"教育救助的培训，教室、网络、教师、教材、试验场地都必须相对完善，"三留守"教育救助是政府运用公共权力采取的一种公权对私权的救济，因而硬件条件一般以政府投资为主，上级主管部门按资金投入检查设备数量和质量，不能满足国家规定的条件标准则要求下级部门整改，整改率要求在95%以上。硬件设施是软件的物质条件。

只有整改到位，"三留守"教育救助才能按国家规划全国一盘棋，有条不紊地进展，县级人民政府才能将国家计划分解到基层——村（居）委会，培训计划才能不折不扣地执行，"三留守"教育救助才能真正落地见实效。

二、"三留守"教育救助绩效评价模型建构

"三留守"教育救助绩效评价模糊综合评价是比较理想的，运用模糊综合评价的原理建构模糊数学评价模型，评价结论更具有真理性。

（一）模糊综合评价原理

模糊综合评价是对受多种因素影响的事物做出全面评价的一种十分有效的多因素评价方法，所以模糊综合评价又称为模糊多元评价。"三留守"教育救助绩效综合评价模型主要由三个要素组成，分四个步骤进行：

第一个要素：因素集 $U = \{u_1, u_2, \cdots, u_n\}$，其中 $U = \{u_1, u_2, \cdots, u_n\}$ 为 n 种因素或指标；"三留守"教育救助活动因素集是 n 种因素的集合体，也叫救助指标。

第二个要素：评判集 $V = \{v_1, v_2, \cdots, v_n\}$，其中 $V = \{v_1, v_2, \cdots, v_m\}$ 为 m 种评判；"三留守"教育救助活动评判的元素个数和名称均可根据实际问题需要由研究者主观规定，各种元素所处的地位不同，作用也不一样，当然权重也不同，因而评判也就不同；权重由专家意见统计数据确定。

第三个要素：单因数评判。$f: U \rightarrow \mathscr{F}(V)$，$u_i \rightarrow f(u_i) = (r_{i1}, r_{i2}, \cdots r_{im}) \in \mathscr{F}(V)$。由"三留守"教育救助的模糊映射 f 诱导出模糊关系 $R_f \in (U \times V)$，即 $(u_i, v_j) = Rf\,f(u_i)(v_j) = r_{ij}$，Rf 可以由模糊矩阵 $R \in \mu_{n \times m}$ 表示，U、V、R 构成一个"三留守"教育救助实施绩效模糊综合评判模型，U、V、R 就是构成此模型的三个要素。

四个步骤：第一步确定因素集 U，第二步是确定评判集 V，第三步是确定单因数评判矩阵 R，第四步是综合评价。由于综合评价要得出结论性的意见，在这里我们将单列进行讨论。综合评价用公式可以表示为：

$$B = A°R.$$

（其中，A = （a_1，a_2，…，a_n），取 max – min 合成运算；R ∈ μ

$_{n×m}$

根据 $B = A°R.$ 可以得出

$$\underrightarrow{A∈\mathscr{F}(U)}\boxed{\begin{array}{c}R_f∈\\ \underset{\sim}{\mathscr{F}}(U×V)\end{array}}\underrightarrow{B=A·R∈\mathscr{F}(V)}$$

若输入一重权重 A ∈ 书版无字符:0x2118（U），则输出一个综合评判 $B = A°R.$ ∈ $\mathscr{T}$ （V）

（二）数据采集及处理

1. 数据采集

"三留守"教育救助绩效模糊综合评价需要大量的数据，数据采集就成了运用模型分析的基础性工作；常规性的数据采集分实际发生的统计数据和问卷调查的统计数据两类。

实际发生的统计数据。这一类数据最好借助大数据平台，如果没有大数据平台，则依据"三留守"教育救助的政策、批件、各级的总结报告，教育部、民政局、妇儿工委公布的数据，专家学者的研究报告、论文调研的数据，相关群团组织、社会机构、网站公布的实际发生的数据。这些数据都是以原始凭证为依据的，只需要收集、整理、编印成册就一目了然。这是"三留守"教育救助实施绩效评价的原始数据。

问卷调查的统计数据。这类数据是指"三留守"教育救助实施绩效评价工作开始后，由于很多问题没有确凿的原始数据证明事实真相，特别是事实发生、发展的程度，必然涉及把定性分析量化，把不同人的意见进行综合，这就需要采取问卷调查的方式。发放问卷首先确定问卷发放的范围、数量、调查的项目，然后将问卷调查发放到对象手中，由调查对象填写后回收。"三留守"教育救助实施绩效评价需要把定性分析转化为定量分析的项目很多，比如在指标体系中涉及救助制度、组织、机制的完善率、健全率；对具体教育救助的对象留守儿童、妇女、老人又各有特色，救助的结果无法用精确的数据表示，只能用"好"、"较好"、"一般"、"差"等定性指标来获得，把定性指标通过数学模型处理转化为定量指标。问卷调查的核心问题，一是问卷的设计，二是调查对象的选择。"三留守"教育救助实施绩效评价问卷涉及的调查对象主要有四类，即"三留守"代表、行政组织系统代表、专家代表、工作人员代表，在确定对象的基础上，还要确定调查对象的人员，这样才能收集较客观的群众意见，定性分析转化为定量分析才有现实基础。"三留守"教育救助实施绩效问卷调查不可能普查，可采用典型调查或随机抽样调查的方式。典型调查的问题在于典型性的选择，特别是典型的代表性，否则，结果就很难具有普遍意义；而抽样调查则在于样框的设计，样框设计科学，随机性又符合客观事实，得来的结果才具有普遍意义。不管采取什么方法，"三留守"教育救助调查的结果都要通过统计，这也是一种原始数据，是我们运用模型评判的基础。

2. 数据的处理

"三留守"教育救助实施绩效评价需要收集的数据不论是原始数据，还是调查的统计数据，都带有直观性、个别性，数据处理成为必然。数据处理，一般可采取测算、概率统计两种方法。

数据测算。将"三留守"教育救助实施绩效评价需要的相关数据，运用一定的数学方法进行测算。数据是由绝对数和相对数构成的；"三留守"教育救助实施绩效评价采用的数据有根据要求规定的时间，对发生的同类数据进行累加而形成的绝对数，这类数据在相关部门基本上有现成的资料，而且比较准确可靠。另一部分则是依据"三留守"教育救助问卷调查结果的统计数据，实施同类数据累计相加而获得绝对数；这些数据的处理比较简单，涉及的运算方法主要是四则运算，但是这是最基础的数据。

"三留守"教育救助实施绩效评价的相对数据是指涉及两个及其以上指标的数量关系确定,它通常用百分比表示。比如,完善率、达标率就涉及计划指标与实际完成指标之间的比例关系,整改率就涉及违规或不达标的总量与整改总量的比例关系,这些比例关系一是通过统计得到一手数据,通过测算得到比率关系数据。

概率统计。"三留守"教育救助实施很多数据无法精确,大数据平台还未建立,因而问卷调查和现有数据进行统计分析找到带普遍性的问题,或者具有普遍意义的事实。但对未来发展趋势预测则必须在统计基础上,运用概率分析的方法找到与实际发展相贴近的数据,作为分析的基础数据。运用概率处理数据的方法,与前面测算的方法相比,实际上是把"三留守"教育救助实施绩效评价中的不确定因素确定,把模糊的因素清晰化,预测"三留守"教育救助实施中将出现哪些问题,可能性有多大,如何规避。

3. 综合评价

综合评价是"三留守"教育救助实施绩效评价过程的最后一道工序,这道工序实际上是通过运用数学模型进行数据分析,通过数据说明评价结论的一个活动过程。在这里值得注意的是不能简单地采用数学模型的结论,也不能简单地凭经验做出判断,要求一定要在"三留守"教育救助的系列数据分析的基础上做出经验判断,以克服单纯用数据判断的机械性局限;如果已经做出"三留守"教育救助实施绩效的经验判断,还必须用数学模型进行验证,用数据证明经验判断的客观性。在这里还值得提出的是整个评价模型在使用中要坚持科学的程序性,也就是说一定要按时间的先后性来进行——坚持历史和逻辑统一。

"三留守"教育救助是一个新课题,整个救助体系正在不断发展完善中,对其绩效的评估只能做出理论上的假设,提出的评估指标和模糊评价模型也只能以现行的"三留守"教育救助事实为依据,而"三留守"教育救助是不断发展的,肯定会出现一些新情况和新问题,因而目前提出的评估指标体系和评价模型仅仅供参考,在实际进行中还需根据情况进一步完善。

结束语

改革开放近四十年来，农民工为我国经济发展、城市化进程做出了重大贡献，党和政府不会忘记他们的功劳，记挂着他们的父母、妻子、儿女，建立"三留守"关爱体系已经成为国家顶层决策，关爱是非常必要的，也是非常及时的，关爱的核心就是把他爱变成自爱。教育救助作为一种关爱手段，就是要提升"三留守"自身素质，有自救、自助、自爱的能力，变输血关爱为造血关爱。建议国家通过教育救助提升"三留守"自身素质的同时，鼓励农民工回乡创业，加速社会主义新农村的建设和落实农民工市民化的相关政策，"三管齐下"、标本兼治，争取早日全面实现农民工或回乡创业或举家进城——"三留守""寿终正寝"，工农、城乡差别根本消除，全国人民共同享受现代化的成果，伟大的祖国繁荣富强、蒸蒸日上！

参考文献

中文文献

《马克思恩格斯全集》第16卷（上），人民出版社1979年版。

《马克思恩格斯全集》第23卷，人民出版社1972年版。

马克思：《哲学的贫困。答蒲鲁东先生的"贫困的哲学"》，1847年版。

《列宁全集》第39卷，人民出版社1986年版。

《毛泽东选集》（第四卷），人民出版社1991年版。

毛泽东：《一个受欢迎的农业技术夜校》，《学习资料》一九五五年第一号。

［法］保罗·朗格朗：《终身教育导论》，滕星等译，华夏出版社1988年版。

［苏］巴班斯基：《教学过程最优化——一般教学论方面》，人民教育出版社2007年版。

联合国教科文组织国际教育发展委员会：《学会生存：教育世界的今天和明天》，教育科学出版社1996年版。

班固：《汉书·刑法志》，中华书局1999年版。

邓启铜：《论语·大学·中庸》，南京大学出版社2014年版。

高文、徐斌艳、吴刚：《建构主义教育研究》，教育科学出版社2008年版。

国家教育发展研究中心：《2000年中国教育绿皮书》，教育科学出版社 2000 年版。

厉以贤：《社区教育原理》，四川教育出版社 2003 年版。

梅伟惠：《美国高校创业教育》，浙江教育出版社 2010 年版。

王显刚：《三峡移民工程 700 问》，中国三峡出版社 2008 年版。

夏海鹰等：《来自三峡库区和中国西部的报告》，河南人民出版社 2011 年版。

张立先、柳向阳：《中国三峡建设年鉴》，长江三峡传媒集团有限公司 2013 年版。

甄砚：《中国农村妇女状况调查》，社会科学文献出版社 2008 年版。

钟毅平、叶茂林：《认知心理学高级教程》，安徽人民出版社 2010 年版。

邹学荣：《马克思主义人学理论与实践》，青海人民出版社 1993 年版。

邹学荣：《三峡库区移民资金监管模式研究》，河南人民出版社 2011 年版。

谢季坚、刘承平《模糊数学方法及其应用》，华中科技大学出版社 2006 年第三版。

蔡群青、夏海鹰：《终身教育时代成人教育发展研究》，《成人教育》2016 年 7 期。

甘灿业：《农村留守人群面临的困境、原因及对策》，《西部经济管理论坛》2013 年第 2 期。

郝克明：《建设终身学习体系和学习型社会的研究报告》，《高等函授学报（哲学社会科学版）》2007 年第 7 期。

李春平等：《西部少数民族地区流出人口个体和家庭特征研究——以贵州省某县为例》，《西北人口》2012 年第 6 期。

刘晓兵：《农村留守群体的基本权利保护》，《首都师范大学学报（社会科学版）》2016 年第 4 期。

吕芳：《农村留守妇女的社会支持网构成研究》，《妇女研究论丛》2012年第5期。

全国妇联课题组：《全国农村留守儿童城乡流动儿童状况研究报告》，《中国妇运》2013年第6期。

覃金玲：《新农村建设过程中留守妇女的角色调适———以咸丰县官坝苗寨为例》，《湖北民族学院学报（哲学社会科学版）》2007年第4期。

王维国、李敬德：《农村"三留守"人员服务 管理体制机制的完善与创新》，《新视野》2013年第6期。

王晓莹：《新农村建设背景下农村女性人力资本的提升：意义、现状、对策》，《前沿》2010年第21期

习近平：《习近平论扶贫工作——十八大以来重要论述摘编》，《党建》2015年第12期。

夏海鹰：《农村学校艺术教育发展保障机制研究》，《教育研究》2016年第7期。

夏海鹰：《三峡库区移民社区教育模式的创建及价值研究》，《西南民族大学学报（人文社科版）》2016年第2期。

夏海鹰：《学习型社会建设动力机制探究》，《教育研究》2014年第6期。

叶敬忠：《留守妇女与新农村建设》，《中华女子学院学报》2009年第3期。

袁方成：《治理集体产权：农村社区建设中的政府与农民》，《华中师范大学学报》2013年第2期。

岳雷波：《农村留守妇女问题与新农村建设》，《湖北经济学院学报（人文社会科学版）》2007年第3期。

张希、吴双：《农村留守群体问题破解之策——去除农村儿童"留守之痛"需要各方发力协同共治》，《中国民政》2016年第2期。

赵琳、赵德全：《新农村建设与留守妇女，儿童和老人存在的问题

及对策》,《中国集体经济》2009 年第 19 期。

周福林:《我国留守老人状况研究》,《西北人口》2006 年第 1 期。

邹学荣:《民事诉讼法价值新探》,《探索》2003 年第 1 期。

邹学荣:《如何认识三峡工程的历史与时代意义》,《人民论坛·学术前沿》2016 年第 2 期。

冉丽丽:《论流浪儿童救助的法律问题》,硕士学位论文,中央民族大学 2012 年。

《1980 年代农民工总人数约 1.2 亿 75% 出自乡镇企业》,《南方日报》2011 年 7 月 1 日。

《习近平在全国高校思想政治工作会议上强调:把思想政治工作贯穿教育教学全过程 开创我国高等教育事业发展新局面》,《人民日报》2016 年 12 月 9 日 1 版。

朱新均:《未来 10 年,如何推进学习型社会建设?》,《中国教育报》2012 年 1 月 4 日。

曹曦:《老年教育惠及千万银发》,《中国教育报》2015 年 9 月 23 日。

邓卓明等:《三峡工程重庆库区教研专题调研报告》,《中共重庆市委二届九次全委会议重点课题调研报告专集》(上)。

邓卓明等:《三峡工程重庆库区教研专题调研报告》,《中共重庆市委二届九次全委会议重点课题调研报告专集》(下)。

贾丽:《换个养老地 提高晚年幸福感》,《山西晚报》2016 年 10 月 28 日。

王越等:《库区劳动力转移的途径及保障措施》,中共重庆市委、市府研究室,2006 年 6 月 18 日。

重庆市长江三峡移民工程竣工验收委员会:《长江三峡工程整体竣工验收重庆市移民工程初验报告》,2015 年 4 月。

国家统计局：《2015—2020 年中国养老医院行业发展趋势与投资咨询报告》，中国产业信息网 2015 – 11 – 13。

朱隽：《三峡库区蓝图绘就》，《人民日报》2011 年 8 月 16 日。

胡锦涛：《十八大报告》，2012 年 11 月 19 日，http://www. xj. xinhuanet. com/2012 – 11/19/c_ 113722546_ 3. htm.

《2014 年中央一号文件公布》，2014 年 1 月 20 日，http://www. sei. gov. cn/ShowArticle. asp? ArticleID = 237121.

《关于进一步加强共青团关爱农民工子女志愿服务行动项目专员队伍建设的指导意见》，2013 年 5 月 7 日，http://www. zgzyz. org. cn/content/2013 – 05/10/content_ 8381169. htm.

国务院扶贫办：《中国尚有 7000 万贫困人口 6 年内要全部脱贫》，中新网等，2015 年 10 月 12 日。http://www. guancha. cn/Rural/2015_ 10_ 12_ 337238. shtml.

《国务院关于加强农村留守儿童关爱保护工作的意见》国发 ［2016］ 13 号，2016 年 2 月 16 日，http://www. mca. gov. cn/article/yw/shgzyzyfw/fgwj/201602/20160200880164. shtml.

《教育部 国家统计局 财政部关于 2015 年全国教育经费执行情况统计公告》教财 ［2016］ 9 号，2016 年 11 月 4 日，http://moe. edu. cn/srcsite/A05/s3040/201611/t20161110_ 288422. html.

《教育部等 5 部门关于加强义务教育阶段农村留守儿童关爱和教育工作的意见》教基一 ［2013］ 一号，2013 年 1 月 4 日，http://www. moe. gov. cn/srcsite/A06/s7053/201301/t20130104_ 146671. html.

《省人民政府办公厅关于进一步做好农村留守妇女关爱服务工作的实施意见（黔府办函 ［2015］ 217 号）》，2016 年 1 月 27 日，http://www. gzgov. gov. cn/xxgk/jbxxgk/201601/t20160127_ 370232. html.

《十三五规划纲要》，2016 年 3 月 18 日，http://sh. xinhuanet. com/2016 – 03/18/c_ 135200400. htm.

《四川省人民政府批转民政厅省妇儿工委关于进一步加强农村留守儿童和留守老人救助管理工作的意见的通知（川府函［2011］121号）》，2011 年 11 月 3 日，http：//www. sc. gov. cn/10462/11279/11376/11383/11391/2011/11/3/10187309. shtml.

《习近平：在哲学社会科学工作座谈会上的讲话》，新华社，2016 年 5 月18 日，http：//news. xinhuanet. com/politics/2016 – 05/18/c_ 1118891128. htm.

《中共中央国务院关于打赢脱贫攻坚战的决定》，2016 年 12 月 19 日，http：//www. huoqiu. gov. cn/DocHtml/1/16/12/xxgk_ 2016121934573. html.

安徽省统计局、国家统计局安徽调查总队：《安徽省 2015 年国民经济和社会发展统计公报》，2016 年 2 月 25 日，http：//www. ahtjj. gov. cn/tjj/web/info_ view. jsp?strId = 1456727214920362.

参见《国务院关于加强农村留守儿童关爱保护工作的意见》，2016 年 2 月14 日，http：//news. xinhuanet. com/politics/2016 – 02/14/c_ 128717518. htm.

付聪：《李克强：决不能让留守儿童成为家庭之痛社会之殇》2016 年 1月 17 日，http：//www. gov. cn/xinwen/2016 – 01/27/content_ 5036696. htm.

教育部：《北京大学精准扶贫精准脱贫典型项目——探索"1 + 8"帮扶模式 加快推进精准扶贫工作》，2016 年 10 月 13 日，http：//www. moe. edu. cn/jyb_ xwfb/xw_ zt/moe_ 357/jyzt_ 2016nztzl/2016_ zt19/16zt19_ zsgxxm/16zt19_ zsgxxm_ sddxxm/201610/t20161013_ 284654. html.

民政部：《2009 年民政事业发展统计公报》，2010 年 6 月 10 日，http：//www. mca. gov. cn/article/sj/tjgb/201006/201006000814229. shtml.

人口处：《2013 年河南人口发展报告》，2014 年 5 月 6 日，http：//www. ha. stats. gov. cn/hntj/tjfw/tjfx/qsfx/ndfx/webinfo/2014/04/1397722155096301. htm.

四川统计局：《2013 年四川省国民经济与社会发展统计报告》，2014 年 3 月 12 日，http：//zsyz. sei. gov. cn/ShowArticle. asp?ArticleID = 238541.

新华网：《民政部：三年 64483 名流浪未成年人返校复学》，2016 年 5 月 31 日，http：//news. xinhuanet. com/politics/2016 – 05/31/c_ 129029736. htm.

中国就业网：《江西省樟树市技能培训助留守妇女就业》，2017 年 1 月 4 日，http：//www. chinajob. gov. cn/TrainingSkillAccrenitaTion/content/ 2017 – 01/04/content_ 1268348. htm.

中国新闻网：《甘肃农村"留守"群体受帮扶：老人知血压 儿童渐活泼》，2015 年 9 月 14 日，http：//news. 163. com/15/0915/00/ B3GU7BTM00014JB6. html.

重庆统计局：《2014 年重庆市国民经济和社会发展统计公报》，2015 年 3 月 16 日，http：//district. ce. cn/zt/zlk/bg/201601/27/ t20160127_ 8589856. shtml.

《甘肃会宁县"三种模式"强化教育培训推动精准扶贫》，2015 年 11 月 5 日。http：//mt. sohu. com/20151105/n425302381. shtml.

《教育部关于推进学校艺术教育发展的若干意见》，http：//www. moe. gov. cn/srcsite/A17/moe_ 794/moe_ 795/201401/t20140114_ 163173. html.

《我国老年人口将破两亿 农村留守老人达 5 千万》，2013 年 2 月 28 日。http：//news. sina. com. cn/c/2013 – 02 – 28/052926380503. shtml.

《中共中央关于全面深化改革若干重大问题的决定》，2013 年 11 月 12 日，http：//www. cnrencai. com/zhongguomeng/103291. html.

国家统计局：《2015 年农民工监测调查报告》，2016 年 4 月 28 日，http：//www. stats. gov. cn/tjsj/zxfb/201604/t20160428_ 1349713. html.

国家统计局：《2015 年全国农民工总量 27747 万人》，http：//www. ce. cn/xwzx/gnsz/gdxw/201602/29/t20160229_ 9167452. shtml.

国家卫计委：《中国家庭发展报告（2015 年）》，http：//news. xinhuanet. com/video/sjxw/2015 – 05/18/c_ 127814513. htm.

教育部：《1999 年全国教育事业发展统计公报》，2000 年 5 月 30日，http://www.moe.edu.cn/s78/A03/ghs_left/s182/moe_633/tnull_841.html.

全国妇联：《中国留守妇女人数超过五千万》，http://news.qq.com/a/20140124/001096.htm?pgv_ref＝aio2012&ptlang＝2052.

新华社：《中共中央国务院关于打赢脱贫攻坚战的决定》（中发〔2015〕34 号），2016 年 2 月 1 日，http://politics.people.com.cn/n/2015/1207/c1001－27898085.html.

新华社：《习近平给"国培计划（2014）"北京师范大学贵州研修班参训教师的回信》，2015 年 9 月 9 日，http://www.wenming.cn/specials/zxdj/xjp/zyjh/201509/t20150909_2847183_1.shtml.

新华网：《"平语"近人——习近平的扶贫思考》，2016 年 7 月 21 日，http://news.xinhuanet.com/politics/2016－07/21/c_129167164.htm.

新华网：《关于加大脱贫攻坚力度支持革命老区开发建设的指导意见》，新华社，2016 年 2 月 1 日，http://news.xinhuanet.com/politics/2016－02/01/c_1117960711.htm.

新华网：《民政部：26 省份出台关爱保护农村留守儿童实施意见》，2016 年 10 月 26 日，http://news.xinhuanet.com/gongyi/2016－10/26/c_129338066.htm.

新华网：《我国 60 岁以上老年人口已达 2.22 亿人 占总人口的 16.1%》，2016 年 7 月 11 日。http://news.xinhuanet.com/politics/2016－07/11/c_1119200343.htm.

国家统计局：《2015－2020 年中国养老医院行业发展趋势与投资咨询报告》，中国产业信息网，2015 年 11 月 13 日，http://www.chyxx.com/research/201507/331265.html.

《2014 年中央一号文件公布》，2014 年 1 月 20 日，http://www.sei.gov.cn/ShowArticle.asp?ArticleID＝237122.

《关于进一步加强共青团关爱农民工子女志愿服务行动项目专员队伍建设的指导意见》，2013 年 5 月 7 日，http://www. zgzyz. org. cn/content/2013 – 05/10/content_ 8381170. htm.

英文文献

Act, No Child Left Behind, gov , 2001.

Abas M. A. , Punpuing S. , Jirapramukpitak T. , et al. , "Rural – urbanMigration and Depression in Ageing Family Members Left Behind", *The British Journal of Psychiatry,* 2009.

Act E S S. S. 1177, 114*th Cong,* 2015.

Adams C. J. , "Integrating Children into Families Separated by Migration: A Caribbean – American Case Study", *Journal of Social Distress and the Homeless,* 2000.

Antman F. M. , "Adult Child Migration and the Health of Elderly Parents Left behind in Mexico", *The American Economic Review,* 2010.

Archambault C. S. , *Women Left Behind? Migration, Spousal Separation, and the Autonomy of Rural Women in Ugweno, Tanzania, Signs,* 2010.

Baker A. , "Afghan Women and the Return of the Taliban", *Time Magazine,* 2010.

Battistella G. , Conaco M. C. G. , "The Impact of Labour Migration on the Children Left Behind: A study of Elementary School Children in the Philippines", *SOJOURN: Journal of Social Issues in Southeast Asia,* 1998.

Binzel C. , Assaad R. , "EgyptianMen Working Abroad: Labour Supply Responses by the Women Left Behind", *Labour Economics,* 2011.

Cathryn E. Ollif, "Can There Be Any Difference Between the 28 Days? Case Study of Community – assisted Community Leadership Program in Foreign Countries" , *Australian Geographical Studies,* 2001.

Chitnis S. , Altbach P. G. , *"Higher Education Reform in India: Experience and Perspectives"*, 1993.

Commission. Towards Greater Cooperation and Coherence in Entrepreneurship Education, Report and Evaluation of the Pilot Action High Level Reflection Panels on Entrepreneurship Education Initiated by DG Enterprise and Industry and DG Education and Culture, 2010.

Dillon M. , Walsh C. A. , "Left behind: the Experiences of Children of the Caribbean Whose Parents Have Migrated", *Journal of Comparative Family Studies*, 2012.

Emadi H. , *Repression, Resistance, and Women in Afghanistan, Greenwood Publishing Group*, 2002.

Gartaula H. N. , Visser L. , Niehof A. , "Socio – cultural Dispositions and Wellbeing of the Women Left Behind: A Case of Migrant Households in Nepal", *Social Indicators Research*, 2012.

Gassmann F. , Siegel M. , Vanore M. , et al, *The Impact of Migration on Elderly Left Behind in Moldova, United Nations University – Maastricht Economic and Social Research Institute on Innovation and Technology (MERIT)*, 2012.

G. Battistella, MCG Conaco, "The Impact of Labour Migration on the Children Left Behind: A Study of Elementary School Children in the Philippines" , *Journal of Social Issues in Southeast Asia*, 1998.

G. Elspeth, LP Jordan, "Migrant Parents and the Psychological Well – Being of Left – Behind Children in Southeast Asia" , *Journal of Marriage and Family*, 2011.

Harkins E. B. , "Effects of Empty Nest Transition on Self – report of Psychological and Physical Well – being", *Journal of Marriage and the Family*, 1978.

Jia Z. , Shi L. , Cao Y. , et al, "Health – related Quality of Life of ' Left – behind Children' : a Cross – sectional Survey in Rural China" , *Quality of Life Researc,* 2010.

Khalaf M. C. , *Male Migration and the Lebanese Family The Impact on the Wife Left Behind, Journal of Middle East Women's Studies,* 2009.

Lee M. H. , "Migration and Children's Welfare in China: The Schooling and Health of Children Left Behind", *The Journal of Developing Areas,* 2011.

Leone P. E. , Cutting C. A. , "Appropriate Education, Juvenile Corrections, and No Child Left Behind", *Behavioral Disorders,* 2004.

McKenzie D. J. , Rapoport H. , "Can Migration Reduce Educational Attainment? Evidence from Mexico", *Evidence from Mexico* , 2006.

Minichiello V. , "Meeting the Educational Needs of an Aging Population: The Australian Experience", *International Review of Education,* 1992.

Ngondo S. , Djamba Y. K. , "Implications of Male Migration on Female Status in the Democratic Republic of Congo", *Journal of Social Development in Africa,* 2004.

Nobles J. , "Parenting from Abroad: Migration, Nonresident Father Involvement, and Children's Education in Mexico", *Journal of Marriage and Family,* 2011.

Otterson L. , Dufner D. , "Integrating Technology into the Mission of a Women's Center: Creating a Women's Community with Technology", *Technology and Society,* 1999.

P. Couper, Annette S. Norsman, Brenda Sulick D. , "Retired Educators as Advocates: Promoting K – 12 Education About Aging", *Educational Gerontology,* 1999.

Paris T. R. , Chi T. T. N. , Rola – Rubzen M. F. , et al. , "Effects of Out – migration on Rice – farming Households and Women Left Behind in Vietnam", *Gender, Technology and Development,* 2009.

Sarbu, A. , *Moldovan Children Struggle to Cope with their Parents' Economic Migration, UNICEF Moldova,* 2007.

Schuller T. , Bostyn A. M. , "Education and Training for the Third Age in the UK: A Preliminary Report from the Carnegie Inquiry", *International Review of Education,* 1992.

Sharma S. , *"Neoliberalization" as Betrayal: State, Feminism, and a Women's Education Program in India, Springer,* 2011.

Shenk D. , Groger L. , AgingEducation in a Global Context, Routledge, S.

Spence D. , Lonner T. , "The 'Empty Nest' : a Transition within Motherhood", Family Coordinator, 1971.

Tarnoff C. , *Afghanistan: US Foreign Assistance, Library of Congress Washington DC Congressional Research Service,* 2010.

UNICEF − Moldva, "Migration and Remittances and Their Impact on Children Left Behind in Moldova", *UNICEF Moldova,* 2007.

Ureta, Ivan, Moha Ennaji, and Fatima Sadiqi. , "Migration and Gender in Morocco. The Impact of Migration on the Women Left Behind", *Trenton,* 2008.

Weaver J. W. , "Special Issue: Aging Education: Preparing For The 21st Century, "*Introduction, Educational Gerontology,* 1999.